中央编译局文库编辑委员会

主　任：贾高建
副主任：俞可平　魏海生　王学东　陈和平　杨金海
委　员：贾高建　俞可平　魏海生　王学东　陈和平　杨金海
　　　　柴方国　何增科　季正聚　郗卫东　张文成　曹荣湘
　　　　卿学民　刘明清　薛晓源

中央编译出版社文库编辑中心编辑小组

薛晓源　董　巍　苗永姝　冯　章　侯天保　李媛媛　盛菊艳
薛迎春　董　妍

中国的民主治理
理论与实践

Democratic Governance in China
Theory and Practice

主编　俞可平
副主编　何增科

国家出版基金项目
NATIONAL PUBLICATION FOUNDATION

透明政府

TRANSPARENT GOVERNMENT

刘承礼　主编

《中国的民主治理：理论与实践》编辑委员会

主　编：俞可平
副主编：何增科
委　员：陈国权　丁元竹　龚维斌　何增科　黄卫平　姜晓萍　景跃进　蓝志勇
　　　　马　骏　米加宁　浦兴祖　王长江　王绍光　王正绪　吴建南　徐　勇
　　　　薛　澜　燕继荣　杨大利　杨光斌　杨雪冬　俞可平　余逊达　赵树凯
　　　　周光辉　朱光磊

总　序 · 俞可平 · 1
导　论　建设一个更加透明的政府 · 刘承礼 · 1

南京市阳光政府建设 · 郝继明 · 3
电子政务的成功实践
　　——芜湖"市民心声" · 朱昔群　周青 · 43
上海市徐汇区透明政府建设研究 · 吕真昌 · 69
非结构性改革、官僚组织与G市的透明政府建设 · 李　学 · 94
从政府信息网上公开看公民知情权的保障
　　——以环太湖区域五个城市为例 · 费丽芳 · 113
政府决策公开化、民主化的有益探索
　　——以浙江省杭州市"开放式决策"为例 · 王　柳 · 124
县委权力公开透明运行试点的进展、困难与思考
　　——四川省南江县试点的调研报告 · 任中平 · 153

深化政务公开　推进乡镇行政体制改革
　　——关于北京市怀柔区乡镇综合服务中心建设
　　　　情况的调研　靳江好　胡仙芝　赫郑飞　刘　杰　173
四川省巴中市巴州区白庙乡政府公务费支出明细公示
　　制度创新　高新军　186
改善城市贫困的治理机制
　　——以山东省青岛市阳光救助工程为例　丁开杰　198
区域卫生信息化
　　——厦门"市民健康信息系统"案例研究　江　洋　236
规范地方政府公共支出的治理变革
　　——南宁市实施"政府采购"的个案研究　陈家刚　257
昆明市电子政务建设模式的实证研究　冯　松　280

· 插图图次 ·

图1　杭州市政府开放式决策示意图　·　152
图2　青岛市贫困综合治理机制　·　223
图3　昆明市电子政务建设模式分类统计图　·　281
图4　委托建设和合作建设两种建设模式的满意度比较　·　283

· 插表表次 ·

表 1 徐汇区政府部门建设透明政府职责分工表 · 71

表 2 《徐汇区政府信息目录》分析表 · 75

表 3 徐汇区部分社区事务受理中心 2006 年 11 月人流量统计表 · 82

表 4 徐汇区政府信息公开查阅室（点）一览表 · 83

表 5 2004—2006 年徐汇区政府信息公开指定专职人员统计表 · 84

表 6 2004—2006 年徐汇区处理政府信息公开专项经费统计表 · 84

表 7 2004—2006 年徐汇区政府信息公开申诉情况统计表 · 85

表 8 2008—2009 年各市政府主动公开政府信息数量统计 · 116

表 9 2008—2009 年各市政府信息依申请公开数据统计 · 117

表 10 青岛市城市最低生活保障制度发展情况（1994—2004） · 202

表 11 委托建设和合作建设的效果满意度 T 检验 · 284

表 12 KMO 测度及 Bartlett 球形检验 · 284

表 13 对影响因素进行主成分法因子分析的结果 · 284

表 14 旋转后的因子负载矩阵 · 285

表 15 对建设效果进行主成分法因子分析的结果 · 286

总　序

尽管与社会经济迅速发展的进程和人们日益增长的需求相比，我国的政治体制还存在许多严峻的挑战，深化政治体制改革依然是一项极为紧迫的任务，但不能否认，改革开放30多年来中国的政治发展取得了重大的进步。30多年的改革开放进程，是一个包括政治生活、经济生活和文化生活在内的全方位的社会进步过程。然而，坦率地说，与人们对经济改革成就的评价不同，对政治改革的成就充满着争议。典型的争论呈两个极端：一种观点认为，中国的政治改革与经济改革一样，进步迅速，成就巨大；另一种观点则认为，与中国的经济发展不同，中国的政治发展几乎停滞不前，没有多少重大成就。海外一些专家甚至认为，不改革政治只改革经济，正是中国创造经济发展奇迹的原因所在。

其实，上述争论在相当程度上是因为观察问题的立场和视角不同，如果从宏观政治框架上看，那么中国的政治变迁确实很少。中共一党执政的政党体制没有变，人民代表大会和人民政协的基本制度没有变，党领导行政、立法、司法的政治格局没有变，马克思主义主导的一元化政治意识形态也没有变。然而，如果换一种视角和立场，从国家治理的角度来观察中国的政治变迁，就会发现截然不同的另一幅景象：中国的政治生活在过去30多年中也同样发生了巨大的变化。例如，从人治开始逐渐走向法治，首次确立了建设法治国家的根本目标，着手建构较为完备的法律体制，政府行为更多地受到法律的约束；从封闭政治逐渐走向透明政治，首次颁布了政务公开的法规，各级党政权力部门逐渐推行政务公开；从管制政府走向服务政府，出台一系列的措施，大幅度减少行政审批事项，同时为公民提供更多的公共服务；从高度集权走向适度分权，中央政府从财政、税收、审批等多个方面向地方政府

分权,同时将更多原先政府管制的事务转交给民间组织,开始向社会分权。

毋庸讳言,国家治理更多属于工具理性的范畴。换言之,无论哪一种社会政治体制中,统治者都希望有更高的行政效率、更加稳定的社会环境、更加完善的公共服务,从而有广泛的民意基础。但是,工具理性与价值理性之间并非存在不可跨越的鸿沟,工具理性的改革通常需要价值理性的指导,而且也或迟或早会催生新的价值理性。更进一步说,国家治理的改革虽然是达到既定政治和经济目标的手段,是一种工具理性的改革,但治理改革本身必然体现着某种政治价值,而且势必导致新的政治需求。因此,我一直坚持认为,治理改革是政治改革的重要内容,甚至也是政治体制改革的组成部分。改革开放以来,中国政治生活的进步与变革,主要体现在国家治理领域和社会治理领域的改革和进步。

迄今为止,我一直是增量改革的倡导者和践行者。我在20世纪末提出了"增量民主"理论,并且在21世纪初主持发起了"中国地方政府改革创新研究与奖励计划"。在社会各界已有广泛影响力的"中国地方政府创新奖",便是该计划的重要内容,也是以"增量民主"推动社会政治进步的一个重要尝试。从2000年开始,我与中共中央编译局比较政治与经济研究中心的同事们一道,利用"中国地方政府创新奖"这个重要平台,对过去十多年中各级政府的改革创新案例进行了搜集、整理、分析和研究,对其中的先进案例进行了奖励、宣传和推广。可以自豪地说,关于中国的民主治理改革和政府创新,我们中央编译局比较政治与经济研究中心拥有最齐全的案例数据库。我们一直希望能够通过某种方式,使我们的案例数据和研究成果能够为更多的学术同行和党政官员分享,这套丛书便是这种努力的一个重要结果。展示在读者面前的这套《中国的民主治理:理论与实践》,按主题共分十卷,分别由"中国地方政府改革创新研究与奖励计划"的骨干成员主持编选。这十卷的目录和主编依次是:《民主选举》(闫健)、《民主决策》(陈家刚)、《民主管理》(龙宁丽)、《民主监督》(何增科)、《党内民主》(靳呈伟)、《法治政府》

（李月军）、《透明政府》（刘承礼）、《效率政府》（陈雪莲）、《服务政府》（徐焕）和《社会管理创新》（周红云）。

丛书各卷的选材主要依据"中国地方政府改革创新研究与奖励计划"的案例和成果，但并非局限于此。除此之外，我们还广泛选取了在相关主题方面的经典案例和代表性研究成果。从这个意义上说，这套丛书是我国在民主治理的实践探索和理论研究方面较为重要的一个成果汇编，读者从中可以大体了解21世纪以来我国治理改革的现实进展和研究现状。所以，作为丛书的主编，我特别希望这套丛书对于党政部门的实践者来说，具有一定的借鉴意义；对于学术部门的研究者来说，则具有一定的史料价值。

俞可平
2013年端午节于京郊方圆阁

导 论
建设一个更加透明的政府

刘承礼
（中央编译局比较政治与经济研究中心）

随着互联网技术的普及，我国县级以上政府几乎毫无例外地建立了自己的门户网站，这些门户网站大都开设了政府信息公开专栏。不无巧合的是，市级以上政府网站的政府信息公开栏目大体具有相同的框架，其项目包括：政府信息公开指南、政府信息公开相关规定、政府信息公开目录、依申请公开申请流程、政府信息公开年度报告等。个别省级政府网站还在信息公开栏目下增加了监督保障机制或政府信息公开意见箱等项目。这一全国性现象既反映了中国政府在透明政府建设方面的统一认识，也反映了信息技术在透明政府建设中的媒介作用。姑且不论这些栏目所载内容的透明度如何，至少在形式上各级政府已经向社会展示了一个公开透明的姿态，这是具有开创意义的一步。不过，就此宣称我国的透明政府建设已经成熟还为时尚早。挑剔的读者会发现，各级政府所公开的这些信息，即便是在信息公开透明建设方面走在全国前列的发达地区，与理论上应该公开的信息，甚至与相关法律法规规定应该公开的信息在内容与数量上仍然有很大的差距。当然，将这一差距的成因完全归咎于政府一方并不是可取的态度。实际上，透明政府建设不是一项简单的工作，它的背后其实蕴含着一系列现代公共治理的理念。自瑞典于1776年将公众知情权首次写入其基本法[1]以来，国际社会对这些隐含于透明政府之中的公共治理理念的探索和实践从未停止过。然而，两百多年的国际经验表明，对于透明政府建设，各国说的总是比做的多。尽管如此，与发达国家的成就相比，我国的透明政府建设还任重而道远。

一、何谓透明政府

在既有文献中，读者似乎很难为透明政府找到一个通用的定义。但根据理论和实践，我们又不难总结出透明政府的理想状态，即：通过法定的程序，任何希望了解政府运作的个人或机构，均可以依法自动或申请得到政府收集或运行的信息，这些信息的获得以不危害国家安全和公共安全为前提。透明政府的这一理想状态涉及如下几个重要的元素：

——法律依据。透明政府建设需要以体现知情权（"access to information"或"the right to know"）的法律或法规作保障，如信息自由法、信息公开法、信息披露法。如果没有透明立法，政府透明度的高低将只能取决于政府的主观意愿。而政府出于自身利益考虑，其保密信息的意愿总是大于公开信息。因为信息保密一方面可以使官员在犯错误时免遭批评，免于承担责任；另一方面，可以使官员获得更多的私人利益，甚至是通过腐败得来的利益。[2]

——供给主体。政府信息的供给主体主要是政府部门，其公开信息的程度直接决定政府透明度的高低。从国际社会来看，政府信息供给的动力要么是出于提升政府形象以解决政治丑闻、腐败或危机，要么是为了遵守国

---

1. Ann Florini, "Increasing Transparency in Government", *International Journal on World Peace*, Vol. 19, No. 3, 2002, pp. 3 - 20.
2. Ann Florini (ed.), *The Right to Know: Transparency for an Open World*, New York: Columbia University Press, 2007a, pp. 6 - 11.

际条约或协定。后文将会提到，我国政府信息公开的动力与国际社会有很大的不同。[1]

——需求主体。作为政府信息的需求方，能动的个人或机构在政府信息公开的过程中决不是消极的受体，他们常常是推动国家透明政府建设的重要的力量。此处的个人是指受政府决策影响的自然人；而机构则是指从事经济社会活动的法人，包括境内外的企业、公民社会、社区组织、媒体、研究部门，以及政府间机构等。

——政府信息。世界各国对政府信息的定义有很大的差别。我国对政府信息的界定也经历过一个自下而上，逐步明晰的过程。在国家层面的政府信息公开法律法规出台之前，我国各级地方政府开展了对政府信息公开的探索，它们对政府信息有内容大体相同但表述各不相同的界定。在此基础上，2007年4月5日公布，2008年5月1日起施行的《中华人民共和国政府信息公开条例》将政府信息界定为："行政机关在履行职责过程中制作或者获取的，以一定形式记录、保存的信息。"

——信息技术。此处的信息技术是指产生、收集、整理、公布、传递政府信息的现代科学技术。这是政府信息公开的重要载体和平台。没有相应的技术，政府就有借口隐瞒相关信息，而信息的需求方则会被动地容忍这种信息隐瞒行为，并无法维护自己的合法权利。

——公开限度。并不是任何信息都可以公开，比如国家机密，或与企业相关的商业秘密等即不在政府信息公开范畴之内。各国在相关法律法规里对免于公开的信息，都有明确的规定。

——公开方式。根据信息类别的不同，有的是政府依法（主动）公开，有的则是依申请（被动）公开。

---

[1]. Laura Neuman and Richard Calland, "Making the Law Work: The Challenges of Implementation", in Ann Florini (ed.), *The Right to Know: Transparency for an Open World*, New York: Columbia University Press, 2007, pp. 181-184.

从这些元素的相互关系来看，可以得到如下判断：第一，透明政府是制度和技术发展的产物，它需要相关的法律法规作为依据，并建立在一定的技术水平的基础之上。第二，透明政府建设过程中有两股相向的作用力：一方面，作为信息供给方的政府部门倾向于保密相关信息；而另一方面，作为信息需求方的个人或机构则希望政府公开更多的信息。第三，透明政府建设应该有益于政府信息的供求双方，且供求双方可以从对方那里获益。第四，透明政府永远是相对的，不可能期望有绝对透明的政府。验证这几个判断构成了下文的主要内容。

二、透明政府何以重要

透明政府是重要的。它的重要性不仅在于通过提高政府透明度可以提高政府的责任意识，还在于它能够有效地预防腐败，改善民主体制，提高政府效率。

责任。透明和责任常常联系在一起。如果政府可以做到各项信息公开透明，那么对于其服务对象来说，政府部门的职责及其履职行为将一清二楚。这无异于进行了一项公开承诺，即政府部门承诺自己的公共行政活动经得起其服务对象的检验。然而，作为委托人的民众和作为代理人的政府部门之间常常是信息不对称的，这种不对称的信息总是偏向于代理人一方。只有建立制度化的信息透明机制，作为代理人的政府部门才有压力向作为委托人的民众提供相关信息，接受民众的监督，从而让政府为民众切实负起责任。可是，政府未必能够积极主动地建立"自上而下的透明"机制，进而政府主动公开报告其活动和绩效的信息存在激励不足；这时需要借助一些外部的手段，如审计、调查、听证等，来披露或报告政府的有关信息，这种补足机制被称为"自下而上的透明机制"[1]。显然，只有将

---

1. Jonathan Fox, "The Uncertain Relationship between Transparency and Accountability", *Development in Practice*, Vol. 17, No. 4/5, 2007, pp. 663 - 667.

这两种信息透明机制结合起来，政府信息披露才能真正有利于政府责任的建立。

反腐。美国大法官路易斯·布兰迪斯（Louis Brandeis）认为，"阳光是最好的消毒剂"。政府透明可以有效地防止公共权力的滥用，进而起到防治腐败的作用，因为增加透明度可以增强外界对政府的监督力度，而减少透明度则可能会纵容政府官员的暗箱操作行为。对于政府信息公开透明的重要性，斯蒂格利茨（Joseph E. Stiglitz）写道，"如果老百姓对政府行为一无所知，怎么能够保证他们对政府的所作所为有一个客观公正的评价呢？他们怎么能够知道政府是否在滥用职权呢？"[1] 可见，透明是防治腐败的必要前提。一般情况下，透明度越高，腐败的机率就越小。因为政府信息公开透明对腐败官员的腐败动机可以起到威慑作用。但这种威慑作用的发挥是有限度、有前提的，比如，"在印度，穷人对腐败官员没有任何可信的威慑，他们仍然需要通过支付贿赂来从国家那里获得基本的服务"[2]。

民主。在民主这种政府组织形式中，民众既可以直接行使决策权，又可以通过选举代表来进行决策。[3] 无论采取哪一种形式的民主，信息自由都根植于民主形式之中。[4] 在民主的体制下，政府由民众选举产生，因而政府信息都属于民众，属于民众的政府信息理应是公开透明的。政府信息的公开透明之所以重要，是因为信息透明可以促进民主，即，在直接行使决策权时，准确、及时、公开的信息是正确决策的前提；在间接行使决策权时，政治家是民众选举的代表，政府运行的信息是连接政治家和民众的渠道。一方面，如果政

---

1. Joseph E. Stiglitz, "Forward", in Ann Florini (ed.), *The Right to Know: Transparency for an Open World*, New York: Columbia University Press, 2007.
2. Leonid Peisakhin, "Transparency and Corruption: Evidence from India", *Journal of Law and Economics*, Vol. 55, No. 1, 2012, pp. 129 - 130.
3. Richard A. Chapman and Michael Hunt, "Open Government in a Theoretical and Practical Context", in Richard A. Chapman and Michael Hunt (eds.), *Open Government in a Theoretical and Practical Context*, Ashgate Publishing Limited, 2006, pp. 139 - 140.
4. Ann Florini (ed.), *The Right to Know: Transparency for an Open World*, New York: Columbia University Press, 2007.

府信息不公开，民众就没有评价其代表或表达其观点的基础；[1]另一方面，如果没有民众要求公开其信息的压力，政府行为的责任性就会减少。在这两种情况下，民众的代表都会脱离民众，民众与民众的代表之间将缺乏必要的信任，民主选举、民主决策、民主管理和民主监督就不可能实现，民主就成了空话。

效率。任何决策都以信息为基础，没有信息的决策是没有效率的决策。政府决策也不例外。在这个意义上，秘密的政府是没有效率的政府。[2]因为信息的公开透明有利于减少信息不对称，让政府之外的其他相关个人或机构对政府运行有一个清晰的印象，这有利于增强利益相关者的参与程度，从而提高行为主体的决策效率。这一观点在财政透明与经济绩效之间的关系方面尤为正确，例如，"跨国实证研究表明，财政透明度与经济绩效有较强的正相关关系，因为财政透明不但可以促进基本的宏观经济财政目标的实现，而且可以增加公共支出的效果"。[3]

三、如何建立透明政府

尽管人们认识到透明政府的重要性，但"文件没法自己公开"。[4]那么，如何提高政府的透明度呢？一要靠透明立法，二要靠法律执行，三要靠体制机制，四要靠信息技术。

透明立法。如果从1776年瑞典的透明立法动议算起，透明立法至今已有两百多年的历史了，但真正在国际上形成共识不过是近几十年的事情，而且

---

1. Ann Florini, "Increasing Transparency in Government", *International Journal on World Peace*, Vol. 19, No. 3, 2002.
2. Simon James, "The Potential Benefits of Freedom of Information", in Richard A. Chapman and Michael Hunt (eds.), *Open Government in a Theoretical and Practical Context*, Ashgate Publishing Limited, 2006, pp. 19 - 28.
3. Kopits, George and Jon Craig, *Transparency in Government Operations*, Washington, D. C.: International Monetary Fund Occassional Paper, No. 158, 1998.
4. Ann Florini, "Increasing Transparency in Government", *International Journal on World Peace*, Vol. 19, No. 3, 2002.

可谓一路磕磕碰碰。美国《信息自由法》（Freedom of Information Act）订立于1966年，后经多次修改才告完善。其他国家和国际组织也紧随其后，不断进行信息自由立法或立法游说活动。"过去几十年来，印度、南非、英国、日本、墨西哥等国颁布了信息自由法，世界银行和国际货币基金组织等国际组织纷纷推广新的信息披露政策；跨国公司和公民社会组织也积极推动信息披露项目。"[1] 事实上，无论哪种机构或组织，要想推进透明政府建设，其努力都要转化为国家自主地进行尊重公众知情权的信息公开立法，以法律的权威来保障公共部门和私人部门执行信息披露条款。

法律执行。从国际经验来看，信息自由法、信息公开条例的颁布只是建立透明政府的起步阶段。立法固然很重要，但法律法规的良好执行才能最终实现立法的初衷。只有得到执行的法律才能使民众能够依据法律迅速、廉价地得到政府信息。比较普遍的情况是，法律很健全，但执行很糟糕。"即使在美国，信息自由法的执行效果也远远低于人们的预期。"[2] 同样地，"英国走向政府信息自由的过程十分缓慢，直到1970年代中期，官方保密法案才开始改革"。[3] 之所以如此，有学者从信息保密传统、资源不充分、基础设施不健全、专业团队缺乏、激励机制不足等方面分析了法律执行过程中的挑战。[4] 在这些因素中，最重要的恐怕在于政府机构缺乏自愿执行信息公开法律法规的激励。

体制机制。一般来说，民主体制更加透明。[5] 在民主体制下，选举政治所形成的竞争氛围，新闻自由所形成的舆论压力，公共参与所形成的信息需求等是透明政府建设的制度激励。但是，仅有民主体制是不够的，透明政府建

---

1. Ann Florini (ed.), *The Right to Know: Transparency for an Open World*, New York: Columbia University Press, 2007.
2. Ann Florini, "Increasing Transparency in Government", *International Journal on World Peace*, Vol. 19, No. 3, 2002.
3. Michael Hunt and Richard A. Chapman, "Open Government and Freedom of Information", in Richard A. Chapman and Michael Hunt (eds.), *Open Government in a Theoretical and Practical Context*, Ashgate Publishing Limited, 2006.
4. Laura Neuman and Richard Calland, "Making the Law Work: The Challenges of Implementation", in Ann Florini, *The Right to Know: Transparency for an Open World*, New York: Columbia University Press, 2007.
5. James R. Hollyer et al., "Democray and Transparency", Manuscript, 2011.

设还需要一些支持性的制度，例如"储存信息和处理知情权请求的官僚机构；给政府施压以便其履行知情权承诺的监督群体；支持知情权法案实施的法律机构"。[1] 只有依法建立健全的体制机制，才能防止政府信息瞒报和躲避审查行为的发生。

信息技术。前已述及，信息技术对于透明政府建设的媒介作用不言而喻。"技术决定论者认为，在信息社会里，任何躲避审查的行为都是很难的。"[2] 开发和应用现代科学技术，可以使民众便捷地接触并分享政府运行的相关信息，甚至参与到政府日常活动之中，实现官民互动。信息的提供大体上采取文本、音频、视频、多媒体等形式。在现代社会里，纸质媒介的信息传播方式越来越让位于电子手段，因而需要采取先进的信息技术。这些信息技术包括宽带技术、电脑硬件、应用程序软件（如信息制作、信息存储、信息共享、信息申请、信息获取、信息反馈）。对于透明政府的建设而言，有些技术是共性的，有些技术是特性的，需要购买和开发相结合。

四、透明政府的限度

透明政府的相对性使得人们永远不可能期望政府公开所有的信息。在某些情况下，透明并不能达到应有的效果。有学者认为，"期望透明能够提高政策质量的观点并不可靠，因为与追求透明相关的制度发展有时会产生意料之外的结果。对芬兰国家信息战略的检验表明，透明既不会加快民主化的进程，也无助于提高经济效率。"[3] 这不仅是因为透明政府建设需要在透明和保密之间寻求平衡，而且因为增加透明度需要支付必要的成本。

保密与透明的平衡。并不是所有的政府信息都适合公开，这一点毫无争

---

1. Ann Florini, *The Right to Know: Transparency for an Open World*, New York: Columbia University Press, 2007.
2. Ibid.
3. Tero Erkkilä, *Government Transparency: Impacts and Unintended Consequences*, Palgrave Macmillan, 2012, pp. viii - xi.

议。因此，对政府信息应该进行适当的分类。的确，有些信息如果不公开，会加剧人们对政府的不信任，会增加政府官员腐败的可能性。但在涉及国家秘密、公共安全、个人隐私和公司商业机密的情况下，披露信息会被敌人或竞争对手所利用或滥用，有时甚至会引起灾难性的后果，此时进行适当的信息保护是有必要的，也是合法的。各国在进行信息自由立法的同时，一般都制定了相关的保密法、档案法、安全法，以此限定免于披露的领域，[1] 中国也有学者列举了信息公开规定的七个例外[2]。不过，以保密为由来隐藏政府信息则是政府无能的表现。所以，透明政府建设需要在信息公开和信息保密之间取得平衡。

成本。维持政府信息公开系统对于需求方来说也许是免费的，但对于供给方来说却要进行一定的投入。为了提供及时、准确、可靠的政府信息，进行透明政府建设必然要花费一定的成本。尽管随着信息技术的发展，为信息公开而进行的投入会有所下降，但它在行政成本中所占的比重依然不可忽视。例如，为了公开政府信息，需要建立集中信息的系统，开发信息收集的工具，购买信息存储的设备，培训并雇用信息技术人员。在有些情况下，收集、整理、发布这些信息的代价甚至大于人们从中获得的好处。当然，对于透明政府建设来说，也许进行成本—收益分析是不妥当的，因为人们无法准确地衡量供求双方的收益，特别是对于一些长期的、隐性的收益更是如此。正因如此，成本问题有时可能会成为政府保密信息的一个借口。

五、透明政府的中国实践

世界各国的透明政府建设并不遵循统一的规律，步调也不尽相同。中国

---

1. Ann Florini, *The Right to Know: Transparency for an Open World*, New York: Columbia University Press, 2007.
2. Zhou Hanhua, "Open Government in China", in Ann Florini (ed.), *The Right to Know: Transparency for an Open World*, New York: Columbia University Press, 2007, pp. 96 - 104.

的透明政府建设起步较晚，但发展迅速。究其原因，有的学者将其推动力总结为"经济快速增长、信息技术革命、2001年加入世贸组织时的承诺"。[1] 在这些推动力的综合作用下，我国各级政府的透明度不断提高。如今，普通民众对知情权、信息公开、阳光政府、通报、听证、旁听、新闻发言人制度、电子政务、预公开制度、公示制度、财产申报、公布权力清单、晒预算、网上审批等与透明政府相关的话题或概念已经耳熟能详。

在不到二十年的时间里，中国的透明政府建设之所以进展顺利，其经验不仅在于上述推动力的共同作用，更在于它在党委决策和政府执行层面达成了广泛的共识。一方面，党和政府对党务公开和政务公开给予了足够的重视；另一方面，政务公开在地方层面上进行了成功的实践。

透明政府建设首先得到了执政党中国共产党的重视和支持。党的十五大报告提出："（要）实行政务和财务公开……直接涉及群众切身利益的部门要实行公开办事制度。"党的十六大报告提出："完善公开办事制度……建立与群众利益密切相关的重大事项社会公示制度和社会听证制度。"党的十六届三中全会通过的《中共中央关于加强党的执政能力建设的决定》提出，要"扩大基层民主，完善基层政权、基层群众性自治组织、企事业单位的民主管理制度，坚持和完善政务公开、厂务公开、村务公开等办事公开制度，保证基层群众依法行使选举权、知情权、参与权、监督权等民主权利"。党的十七大报告提出，"推进决策科学化、民主化，完善决策信息和智力支持系统，增强决策透明度和公众参与度，制定与群众利益密切相关的法律法规和公共政策原则上要公开听取意见。深化乡镇机构改革，加强基层政权建设，完善政务公开、村务公开制度"。党的十八大报告提出，"推进权力运行公开化、规范化，完善党务公开、政务公开、司法公开和各领域办事公开制度"。除此之

---

1. Jamie P. Horsley, "Toward a More Open China?" in Ann Florini (ed.), *The Right to Know: Transparency for an Open World*, New York: Columbia University Press, 2007, pp. 54–81.

外,政府自身也高度重视透明政府建设。在 2004—2013 的十年间,国务院政府工作报告有七年直接提到了建立和大力推进政务公开制度,以增强政府工作的透明度,保障人民群众的知情权、参与权、表达权和监督权,让权力在阳光下运行。

在《中华人民共和国政府信息公开条例》出台之前,各级地方政府在政府信息公开方面进行了有益的探索。例如,2003 年 1 月 1 日起施行的《广州市政府信息公开规定》;2004 年 5 月 1 日起施行的《上海市政府信息公开规定》等都为国家相关政策的出台奠定了基础。可以说,中国的透明政府建设走的是一条自上而下和自下而上相结合的道路,这方面有很多关于透明政府建设的成功案例,它们体现了地方政府在透明政府建设方面的尝试。从这些案例中,我们可以发现透明政府建设在中国实践的进展、缺陷,也可以进一步了解透明政府建设的限度。

党务公开。在中国,党务公开应该被看做是透明政府建设的重要组成部分。党务公开始于 2004 年 2 月发布的《中国共产党党内监督条例(试行)》,它提出"中央委员会作出的决议、决定和中央政治局会议的内容,根据需要以适当方式在一定范围内通报或向全党通报。地方各级党的委员会全体会议作出的决议、决定,一般应当向下属党组织和党员通报,根据实际情况,以适当方式向社会公开"。2005 年 1 月,中共中央印发《建立健全教育、制度、监督并重的惩治和预防腐败体系实施纲要》,明确提出"建立和完善党内情况通报、情况反映、重大决策征求意见等制度,逐步推进党务公开"。具有标志性的党务公开有两项重要的制度,一是党委新闻发言人制度。2009 年 9 月,党的十七届四中全会通过的《中共中央加强改进新形势下党建若干重大问题的决定》提出,"推进党务公开,健全党内情况通报制度。建立党委新闻发言人制度"。实际上,2004 年至今,中纪委、中组部、中宣部、统战部、中联部、中央台湾工作办公室和中央文献研究室等中央部门和单位已初步建立了新闻发言人制度;地方党委也正在积极建立和完善新闻发言人制度。二是县委权力公开透明运行制度。2009年3月,中央纪委、中央组织部在江苏省睢宁县、河北省成安县和四川省成都市武侯区三地进行了"县委权力公开透明运行"试点,并于2010年11月印发了《关于开展县委权力公开透明运行试点工作的意见》,指出"要按照党内有关法规文件,明确划分县党代会、县委全委会、常委会及其成员,县委各职能部门的职责和权限,编制职权目录,尤其要加强对县委书记职权的规范"。本案例集收录的四川省南江县的案例具有一定的代表性。

政务公开。2000年12月,中共中央办公厅、国务院办公厅联合发出《关于在全国乡镇政权机关全面推行政务公开制度的通知》,提出了推行政务公开制度的基本原则和基本要求,强调要使政务公开制度成为全国乡镇政权机关和派驻乡镇的站所的一项基本制度。2004年3月,国务院印发《全面推进依法行政实施纲要》,要求"行政机关实施行政管理,除涉及国家秘密和依法受到商业保护的商业秘密、个人隐私的外,应当公开,注意听取公民、法人和其他组织的意见。推进政府信息公开,除涉及国家秘密和依法受到保护的商业秘密、个人隐私的事项外,行政机关应当公开政府信息。除依法应当保密的外,决策事项、依据和结果要公开,公众有权查阅"。2005年3月,《中共中央办公厅、国务院办公厅关于进一步推行政务公开的意见》提出,"要严格按照法律法规和有关政策规定,对各类行政管理和公共服务事项,除涉及国家秘密和依法受到保护的商业秘密、个人隐私之外,都要如实公开"。2008年5月1日起施行的《中华人民共和国政府信息公开条例》界定了政府信息公开的范围:"涉及公民、法人或者其他组织切身利益的;需要社会公众广泛知晓或者参与的;反映本行政机关机构设置、职能、办事程序等情况的;其他依照法律、法规和国家有关规定应当主动公开的。"该条例对各级政府重点公开的政府信息类别进行了列举,对公开的方式和程序、监督和保障进行了相应的规定。2011年8月,中共中央办公厅、国务院办公厅印发《关于深化政务公开加强政务服务的意见》,要求"创新政务公开方式方法,推行行政决策公开，推进行政权力公开透明运行，加大行政审批公开力度，深入实施政府信息公开条例，着力深化基层政务公开，加强行政机关内部事务公开"。在党和政府有关信息公开文件的指导下，在网络技术的支持下，各级地方政府均在进行政务公开的实践。本案例集编选的南京市、上海市徐汇区、G 市、环太湖流域五个城市、杭州市、北京市怀柔区、四川省巴中市白庙乡、云南省昆明市等案例均反映了政务公开在各级地方政府所取得的进展。此外，青岛市、厦门市和南宁市的三个案例虽然不直接以政务公开的名义出现，但它们却更为微观地反映了地方政府建设透明政府的尝试。

与国际经验相比，中国的透明政府建设具有鲜明的特点：一是中央定调和地方实践相结合；二是国内实践与国际经验相结合；三是政府主导与公民参与相结合；四是党务公开与政务公开相结合；五是建章立制与技术发展相结合。这与西方社会由政治危机或丑闻引发，进行民主转型、发动非政府组织或公民社会参与的路径[1]有很大的不同。

六、作为结语的评论

在世界范围内，透明政府建设已经取得了相当大的进展，透明的观念也日益为人们所接受。尽管中国进行透明政府建设的时间不长，但政府信息公开已迅速成为社会各界的共识，特别是得到了执政党的重视和支持。在经济领域、政治领域、环境领域，越来越多的立法和实践正在遵循着"公开是原则，不公开是例外"的信息公开原则。无疑，建设透明政府是公共部门的一个行动宣言，但透明不是目的，目的是如何恰如其分地以透明为手段，实现政府执政为民的承诺。从好的方面看，透明政府建设已成为各国公共管理发

---

1. Jamie P. Horsley, "Toward a More Open China?" in Ann Florini (ed.), *The Right to Know: Transparency for an Open World*, New York: Columbia University Press, 2007.

展的必然趋势；但是，"信息本身意味着权力，争夺信息无异于争夺权力"[1]，因而透明政府建设的前景仍不明朗，即使在发达国家政府，透明度也是不够的，未来的路还很长。本书编选的这些案例是近些年来涌现出来的地方实践，既有共同性，也有差异性，将其编辑成册有利于展示先行者，启示后来者。

---

1. Ann Florini, *The Right to Know: Transparency for an Open World*, New York: Columbia University Press, 2007.

南京市阳光政府建设

郝继明
(南京市委党校、南京行政学院公共管理教研部)

从 20 世纪 80 年代初开始,伴随着经济全球化和第三次科技革命的发展,西方社会乃至整个世界在经济结构、社会结构等方面发生了巨大的变化,传统的官僚制行政范式受到极大的挑战。在此大环境下,西方发达国家纷纷掀起了旨在构建适应经济全球化和社会信息化的"政府再造"工程,我国政府也兴起了服务型政府的建设热潮。20 世纪 90 年代,特别是进入新世纪以来,南京市委、市政府在构建服务型政府的过程中,着力加强阳光政府建设,以"公开透明、服务群众、预防腐败、提高效率、促进发展"为导向,不断创新阳光政府建设的载体和机制,推动阳光政府建设工作的深入开展。2007 年 9 月,南京市被全国政务公开工作领导小组表彰为全国政务公开工作先进单位,并被命名为全国首批政务公开示范点。

一、南京市阳光政府建设的基本做法

加强阳光政府建设,基础是政务公开,关键是政府权力的公开、透明运转。南京市以构建权力阳光运行机制为抓手，各级各部门多渠道、全方位实施政务公开；在重大决策和政策的制定上确保市民的广泛参与，特别是在干部的选拔任用、公共财政的投入和使用等方面，广泛吸纳市民的意见和建议；政府工作的最终评价，都由广大市民公开评判。

（一）构建权力阳光运行机制

在我国，长期以来存在的政府机关办事推诿扯皮、托人情找关系、行政不作为乱作为等问题，大多是由于权力在政府机关内部封闭运行、暗箱操作所致。为从源头上消除这些痼疾，2005年6月，中共南京市委、市政府把构建权力阳光运行机制作为当时党的先进性教育的中长期整改措施之一，成立了专题调研组，迈出了权力阳光运行机制建设的第一步。2005年7月，市领导带领调研组先后到郑州、邯郸、广州、深圳、苏州等城市取经，分门类、分层次召开了多个座谈会。2006年2月，南京市委、市政府印发《加快电子政务建设，构建权力阳光运行机制的意见》，组建专项工作领导小组。2006年5月，《南京市电子政务建设实施方案》和《南京市电子政务建设规范及标准》出台。2006年6月，南京市委、市政府召开全市动员大会，提出"一年明显见效，两年基本建成，三年巩固提高"的目标。2006年7—12月，通过举行系列培训、推进会和现场会，南京市首批40%的试点部门、区县通过专家验收，电子政务建设工作取得了明显成效。2007年9月，在全国政务公开工作电视电话会议上，南京市作了重点发言，并被评为"全国政务公开工作先进单位和示范点"。到2007年底，南京市其余60%的部门、区县完成电子政务系统的建设并通过验收。至此，南京全市54个行政部门、13个区县权力阳光运行机制基本建成。具体工作如下：

1. 建成了符合南京特色的权力阳光业务系统框架体系

目前，南京市绝大部分行政权力事项从受理到办结的全过程可以在权力阳光业务系统中完成，形成了特色鲜明的"一二三四"框架体系。"一"是指形成了统一的权力阳光运行业务系统。此系统覆盖了全市具有行政执法权的所有单位及全部行政权力事项，基本实现各单位信息共享、联网运行。"二"是指建成了市级公共平台和部门（区县）平台。市级公共平台指"市网上政务大厅"，目前有市发改委、财政局、人劳局、档案局等31个部门集中在"市网上政务大厅"办公；市地税局、房产局、公安局、交通局、建委、农林局等21个部门和13个区县自建权力阳光业务系统，并与"市网上政务大厅"对接，已基本实现数据实时上报。"三"是指权力阳光业务系统具备网上政务公开、网上办公、网上监察监控三大功能。"四"是指权力阳光业务系统满足社会公众了解行政事项办理情况、机关工作人员高效办公、各级领导科学决策和监察、法制部门实时有效监督等四个方面的需求。此外，市政府门户网站"中国南京网"以及各单位的局域网也根据权力阳光运行的要求进行了改版和完善，为建立"外网受理、内网办理、外网反馈"机制奠定了坚实的基础。

2. 建成了全市行政权力事项动态管理数据库

2006年上半年，南京市对行政执法权进行了全面清理，基本摸清了全市行政权力的分布、结构、重点以及权力运行的规律和概况，并对全市行政执法事项进行了清理审核，初步确认市级行政权力事项5878项。2007年上半年，结合南京市实际情况，相关部门对初步确认的行政权力事项再次进行了全面梳理，通过取消、挂起、合并等措施，市级行政执法事项最终核减到3731项，其中行政许可250项，行政处罚2740项，行政征收130项，行政强制114项，其他行政行为497项。同时，相关部门对区县行政权力事项进行了集中清理审核。经过两轮调整，区县行政权力事项总数削减了近50%。在对行政职权全面清理的基础上，南京市建立阳光运行机制办公室（以下简称"阳光办"），对全市所有行政执法事项进行了统一编码，使每项行政执法权都有了唯一的"身份"序列，既便于查询管理、又便于计算机识别，进一步规范了行政权力的运行。同时，科学编制行政权力运行流程图，将行政权力运行过程中的各个环节细化到具体工作岗位、具体工作人员，做到权责明晰，便于行政监察和责任追究。并通过简化办事程序、减少中间环节、缩短办理时间等措施，有效提高工作效率。在此基础上，南京市政府编制了《南京市行政职权目录》，建立了行政权力事项动态管理数据库，规定了凡未经清理核定、报备、不在职权目录中的行政权力均不得行使。所有行政权力事项及其相关信息在"市网上政务大厅"网站集中公示，由市政府法制办统一管理，中国南京网、南京政府法制网、各区县、各部门网站开设"行政权力公开"栏目，并与市网上政务大厅网站进行链接，做到同源公开、形式规范、内容详实、更新及时，保证了群众的知情权、参与权和监督权。

3. 建成了规范、透明、高效的综合应用平台

市网上政务大厅、自建系统的市有关部门和区县，充分考虑到相关单位的业务需求，做到对所有行政权力事项的个性化流程定制，确保行政权力事项网上运转能满足并优于传统纸质办理环境，基本上达到了案结卷成，实现了行政权力事项全流程网上运转，所有办事环节以图表方式清晰显现，时效考核以秒为单位精确统计，并做到全过程痕迹保留，监察监控点设置到位。同时，对交通局、房产局、质监局、农林局等单位内部已建有的若干行政业务应用系统进行全面整合，实行了统一用户管理、统一规范流程管理、统一数据库管理，并全部实现了单点登陆。市旅游局等单位还尝试将权力阳光业务系统与OA系统有机整合，建设了规范、透明、高效的综合业务平台，基本实现了无纸化办公，大大降低了行政运行的成本。从第一批目标单位的实践来看，权力阳光业务系统投入使用后，绝大多数部门行政执法事项承诺办理时限少于法定办理时限，审批事项的提前办结率和办件提速率明显上升，极

大地提高了办事效率。

4. 规范了自由裁量权行使的相关细则

为确保权力运行更加规范、透明，南京市制定了《南京市行政处罚自由裁量权指导意见》（以下简称《指导意见》），进一步细化了行政处罚执行标准。在第一批目标单位中，市地税局、房产局、白下区政府等单位根据该《指导意见》制定了自由裁量权实施细则等规范性措施，并通过建设行政执法标准数据库，建立了数据综合、交叉比对等多种机制，运用电子手段对行政执法运行和自由裁量进行监控，由权力阳光行政执法系统自动控制处罚幅度，有效限制执法人员的自由裁量空间，更好地从源头上防治腐败，成效非常明显。第二批目标单位在自由裁量权控制方面取得了新的突破，主要方法有两种：一是采用"穷举法"制定自由裁量权的幅度，处罚监控更加精确。以市建委"未领取施工许可证擅自施工行政处罚"为例，市建委根据我国《行政处罚法》和自由裁量有关规定，将该处罚细分成11个档次、85种情形，形成行政处罚自由裁量权细则库，并固化到行政处罚系统中，办案人员只要将违法行为、情节等相关要素输入，计算机就能自动生成处罚结果，使自由裁量不但不"自由"，反而更加"精确"。二是引入"逻辑数学模式"实现处罚结果的唯一性。市环保局通过设立情节裁量标准、违法行为后果裁量标准、行政处罚金额拆分标准等一系列标准数据库，并将数学方法引入处罚系统中，构建以"二维数组"为核心的环境保护行政处罚自由裁量控制系统，实现了环保行政处罚自由裁量的计算机全程控制，并由计算机自动生成唯一的处罚结果，确保了自由裁量结果的公平性和权威性。

5. 初步形成了以长效机制为核心的制度体系

构建权力阳光运行机制是一场全新的变革，涉及深层次的权力配置和利益调整，在强力推进的同时必须有制度保证，才能在取得成效的同时巩固成果。因此，南京市在推进各单位权力阳光运行的同时，加强了配套制度建设，先后出台了《南京市构建权力阳光运行机制电子政务系统建设规范》、《南京市行政执法权公开规范及维护管理要求》、《南京市电子政务网上监察监控系统功能需求》、《南京市构建权力阳光运行机制工作考核验收办法》和《南京市行政权力阳光运行机制建设和管理暂行规定》等一系列工作规范文件，并分期分批地对各单位相关人员进行业务培训。随后，又针对数据接入规范问题对各单位技术人员进行了集中培训。目前，各单位基本按照全市统一的技术标准、工作机制、时序进度完成了各项目标任务，市物价局、下关区政府等单位已经形成了规范的权力阳光运行机制和日常工作机制。

6. 初步建成了行政监察全程监控系统

要实现行政权力的透明运行，还必须对行政权力运行全程实行有效监察监控。南京市在深入调研、反复讨论、并结合权力阳光业务系统特点的基础上，制定了《网上监察监控系统建设方案》。目前，南京市网上监察监控系统软件的设计和运行已居国内先进水平。南京市网上监察监控系统与市网上政务大厅无缝连接，直接从市网上政务大厅自动实时采集行政权力运行过程所产生的相关数据信息，并通过系统自动和人工辅助相结合的方式对所采集的信息进行分析、筛选和应用。经过几年的试运行，南京市行政监察监控工作已取得初步成效：一是各单位权力阳光业务系统监察模块已全面应用于实际工作。市房产局、市交通局、市国土局已形成了比较科学的监察监控工作机制，有效提高了工作效率，群众反响良好。二是市行政监察监控系统预设功能基本实现。目前，全市各单位行政权力运行过程中所产生的信息均不同程度地上报市网上政务大厅，市行政监察监控系统能对这些信息进行分类汇总和综合分析，基本实现了对流程和时效的监察监控。三是初步形成监察监控的工作机制。市监察局、市政府法制办等部门负责对全市行政权力网上运行情况进行监督、控制、综合分析和数据的筛选应用。市级各部门监察、法规等处(室)和区县监察、法制等部门,负责对本单位行政权力事项的流程监控、效能监控、异常报警、异常处理等监督处理工作。

(二)保障市民参与公共决策

考量公共决策科学不科学、民主不民主,市民是不是参与、参与的程度如何,是非常重要的衡量指标。南京市在保障市民参与公共决策方面,从政策制定、流程运作、监督保证等方面采取了一系列行之有效的措施。

1. 重大公共政策公示听证

2003年10月,南京市政府出台了《市政府关于进一步增强服务意识,提高行政效能的通知》(以下简称《通知》)。《通知》规定,南京市政府拟定涉及全市国民经济和社会发展计划、财政预算、经济调控和改革开放的政策措施、社会事务管理、法规议案和行政规章、大型项目等重大决策时,必须提交市政府常务会议或市长办公会议决定。各部门提请市政府讨论决定重大决策时,必须经过专家或研究、咨询等中介机构的论证评估或法律法规分析;与人民群众日常生活密切相关的,一般要通过社会公示或听证会等形式听取意见和建议。2004年初,南京市第八部《城市房屋拆迁管理办法》首次实行社会公示。10万市民通过各种渠道参加了政策讨论,有关部门分类汇总获得政策修改建议1558条,其中1/3被采纳,创下了历次政府拆迁决策参与人数之最。根据该《通知》精神,各级政府、各部门领导还必须每年完成1—2篇高质量的调研报告,针对人民群众关心的热点、难点问题,提出具体的解决办法和意见,以此作为领导干部年度考核的重要内容。南京市物价、财政、人事、监察等部门还联合出台文件,加强行政事业性收费管理。根据新规定,除了实行行政事业性收费法定化、严格控制新增收费项目和提高收费标准、规范收费许可程序外,还明确规定引入收费听证制度。在全市范围内,对市民生活和企业生产经营影响大的拟设立收费项目或调整收费标准，应事先进行听证，听取各方面意见。听证会由市财政或物价部门负责组织，听证代表要保证有一定比例的企业、市民和专业人士参加。同时，所有行政事业性收费必须使用省财政厅统一印（监）制的收费票据（国家财政部另有规定的除外），必须填写符合规范的要求，凡不按规定规范使用收费票据的，被收费单位或个人有权拒绝缴费。另外，市财政、物价部门每年还按实际征收的行政事业性收费项目编制成《南京市行政事业性收费目录》，定期向社会公布。

2. 完善专家和公众参与决策机制

2006年，南京大学党委书记洪银兴等在宁高校、科研院所的30多位专家学者，被南京市政府聘请为市"第四届经济社会发展咨询委员会"委员。市政府同时下发《南京市重大行政决策专家咨询办法》，以制度化的形式明确了专家在市政府重大决策中的作用。作为市政府设立的非常设决策咨询机构，咨询委员会的职责是根据市政府决策的需要，组织专家围绕全市经济、科技、文化、社会发展和改革开放中全局性、长期性、综合性问题进行战略研究、对策研讨，提供科学的咨询论证意见。咨询委员会建立了专家信息库，市政府视情况邀请信息库中的专家参加相关咨询活动。凡涉及全市经济社会发展的战略举措、发展规划和重要政策，在提交市政府全体会议或市政府常务会议讨论决定前，原则上应由专家进行咨询论证。对于全市经济社会发展中的热点、难点问题，市政府也可委托市咨询委员会进行前瞻性和针对性研究，作为决策的参考和依据。对某些比较重要、希望引起市政府高度重视的问题，咨询委员会专家也可提出建议或写出专题报告报市政府。

从2008年开始，市政府重大事项都要通过集体决策、社会公众参与、法律审查以及决策评价问责机制四道程序才能"过关"，这是南京市科学民主、依法决策的又一项制度创新。至此，南京市下辖13个区县和98%以上的市级部门都建立了与之相应的行政决策程序制度，以保证重大决策的科学民主。

南京市还进一步健全了"四大机制"，强化决策监督环节，建立决策执行的过程监督和反馈纠错机制，加强对决策落实的督察督办。通过建立各级行政首长决策及决策问责制，对违法违规决策或决策失误的单位和个人，依法依规追究行政责任。2009年3月，南京市出台《党政领导干部问责暂行办法》，对党政干部的6类17种情形实行问责。从决策失误、责任意识淡薄，到效能低下、作风不正，分别给予告诫或责令检查、通报批评、停职检查、调离岗位，乃至责令辞职、免职的处分；凡被免职或责令辞职的，一年内不得提拔或安排到同级岗位。这是全国首创党政一体化的问责制度，改变了只问行政责任的惯例，将各级党政领导全部纳入问责范围。自启动党政领导干部一体化问责制度以来，包括1名副区长、1名副局长、20多位处级干部在内，南京市共有65名官员被问责。其中，4人被免去党内职务，5人被免去行政职务。

2011年4月，南京市政府下发《南京市人民政府关于进一步建章立制，加强政府自身建设的意见》（以下简称《意见》）。根据《意见》要求，一是要完善决策程序。建立健全重大事项集体讨论、专家咨询、公众参与、社会公示和奖惩问责制，进一步规范决策程序，出台《重大行政决策程序规则》，完善重大行政决策前置性合法审查、风险评估、绩效评估、舆论引导、跟踪反馈、责任追究等配套制度，真正做到科学决策、民主决策、依法决策。二是要完善重大问题集体决策机制。通过完善政府常务会、市长工作例会、市长办公会、集体会办等制度，对涉及全市国民经济社会发展规划和计划、财政预决算、全市性重大政策措施以及社会管理重要事务等，要经市政府常务会议研究决定。三是要完善专家咨询机制。重大项目、重点投资等，要经专家充分论证、科学评估提出咨询意见后，按决策程序进行。此外，还要完善公共参与决策机制。对涉及公共利益和群众切身利益的重大决策，要加强开放式决策制度建设，认真听取人大代表、政协委员和民主党派的意见，向社会公开征求意见，广泛征求社情民意，切实提高政府决策的民主化、科学化

水平。

3. 多渠道公开听取市民意见和建议

为加强地方行政立法的公开性、民主性和科学性，2003年，南京市制定实施了《南京市政府规章制定程序规定》，并向社会各界公开征集2004年全市政府规章立法建议项目，南京市各机关企事业单位和全体市民均可参与。建议内容可围绕广大群众关心的热点问题，重点放在如何推动城乡经济发展；规范市场秩序，改善投资环境；完善政府服务功能，提高行政效能；维护群众利益，加强社会保障；加强城市建设，提高南京城市管理水平等方面。

2004年，南京市政府在网上公开向市民征询每年为民办实事的意见建议。此次为民办实事的意见征询活动，首次改变了以往完全自上而下的方式，市民可通过电子邮件，足不出户地直接将自己的想法和建议提交给政府的相关部门。

2008年4月，南京市政府正式将"市长在线"固定为一个网聊交流平台，每隔一到两个月安排一个重点专题，并提前两天在市属媒体上进行预告。每期"市长在线"均由市长或副市长"上线"，网聊实况通过中国南京网、南京电视台、龙虎网等媒体直播。"市长在线"开通以来，已成功举办20期，先后有17万多位网友与市长们"键对键"交流，提出各种建议、意见超过10万条。

2011年6月，南京市出台了《关于进一步加强政务微博建设的意见》，要求政府部门要高度重视微博平台上网络意见领袖的作用。特别是对关注本地区、本单位的网络意见领袖，采用点对点或点对面等方式，单独或集中、线上与线下相结合，征集专题意见，邀请其参与有关民生问题的听证，回应网民的提问，最大程度满足网民的合理诉求。2011年8月19日，南京市政府专门开通"政府微门户"，市民通过手机就能快速获知南京相关的最新资讯，并和市长及政府部门互动。此次开通的政府微门户，集中了2800多项政府服务事项，在中国南京网的"市长信箱"等板块基础上新增"立法征集"、"行政复议"等互动内容。

另外，从 2002 年 4 月开始，为拉近市委市政府与市民之间的距离，提供开放式的沟通平台和渠道，南京市首创"市民论坛"。论坛每月 1 日举行，每次确定一个与全市城市建设、社会民生密切相关，而且是市委市政府和市民群众都非常关注的问题。如"我们需要什么样的市民精神"、"让个私经济'火'起来"、"关注再就业"等。论坛开办至今，已举办 110 期，南京市委、市政府以及市人大常委会、市政协主要领导、政府部门分管领导等 400 余人次与近 8000 位市民走进市民论坛，进行面对面交流。市民论坛打开了一扇窗，通过这扇窗，市民与政府工作人员可以畅快地交流；市民论坛更开辟了一条"绿色通道"，在这条通道中，政府可以快捷地为市民排忧解难。

此外，每年南京市政协全会召开期间，市政协都要举行政情通报交流会。政情通报会交流什么，通报什么，不仅委员关心，社会和市民也同样关心。

4. 加强重大决策的监督和问责

2011 年 4 月，南京市出台《中共南京市委常委会议事决策规则》（以下简称《规则》），根据该《规则》，市人大常委会、市政协党组书记列席市委常委会会议。根据工作需要，常委会会议主持人可确定市党代表、新闻媒体或有关人员列席会议。凡涉及群众切身利益的重大决策都要向社会公开，接受群众监督。常委会会议安排专人记录，各种意见和主要理由、表决结果和表决方式都要记录在案。由书记或书记委托副书记签发会议纪要，让会议纪要不再是机要室里的秘密，以此强化决策执行和监督。之后，市委办公厅督查室及时了解贯彻进度，催办落实。《规则》规定，重大决策、重要人事任免、重大项目安排和大额度资金运作事项，必须经常委会集体讨论决定，任何个人或少数人无权决定重大问题。常委会议表决时，按照少数服从多数的原则，实行一人一票，赞成票超过应到会常委人数的半数方为通过。

透明政府
Transparent Government

（三）多渠道实施政务公开

政务公开是阳光政府建设的重要内容，政务公开的方式、政务公开的程度直接关系到政务公开的效果。南京市以制度建设为重点，确保政务公开的规范性；以平台建设为载体，强化政务公开的服务性；以转变作风为目标，确保行政运作的效率性。

1. 以制度建设为重点，确保政务公开的规范性

搞好政务公开，制度建设是基础和保障。南京市在推进政务公开的过程中，注重建立切实可行、科学严密的工作制度，促进政务公开的规范和落实。

一是政府出台总体的政务公开意见或办法，指导部署全市政务公开工作。南京市先后出台了《南京市政府关于推进服务型政府建设的实施意见》、《关于进一步规范政务信息公开工作的意见》和《关于进一步推进政务公开工作的意见》、《关于加快电子政务建设，构建权力阳光运行机制的意见》等。2005年以来，市政府办公厅会同有关部门制定了《南京市政府信息公开工作考核办法》、《南京市政府信息公开工作社会评议制度》、《南京市政府信息公开工作过错责任追究办法》、《南京市政府信息公开保密审查规定》等6项政府信息公开配套制度。为适应新兴媒体特别是网络媒体的迅猛发展，从2003年起，南京市政府启动"新闻发言人制度"，新闻发言人每两周代表政府发布和解释政府的重大决策，对重大事件、突发事件和社会热点问题，临时召开新闻发布会，表明政府的态度和处理意见。此外，新闻发言人还不定期召开新闻通气会、记者招待会，邀请媒体参加政府有关会议，以此让市民更大限度地了解政府工作。2009年，南京市出台"党委新闻发言人制度"相关规定，发言人发布的党委新闻包括市委的重大决策、重点工作、重要规定和重要会议，重大事项情况和处置措施，对社会热点问题的态度及处理意见，对

新闻媒体有关报道的回应和澄清,以及党员、群众所关心的其他应予新闻发布的事项等,新闻发布会每月召开1—2场。在做好例行新闻发布会的同时,南京市还抓好党委政府新闻发布网站建设。新闻发布网站的内容包括：新闻发布预告、每次发布会实录、发言人名单、发言人论坛等。新闻发布会不但提前两天预告,而且每次发布会实况也由网络同步发布。新闻发布各单位发言人同时兼任网络发言人,市民可以直接在网上提问,解决了以往的被动发布问题。2011年6月,南京市出台了《关于进一步加强政务微博建设的意见》,要求对各类政务信息和涉及市民生活的公共信息,特别是灾害性、突发性事件,要在事件发生后的1小时内或获得信息的第一时间,进行微博发布。对于事件持续发展、事态复杂等情况,可以采取速报现象、缓报原因、速报事态、慎报处置等方法,有序有度地进行发布。该文件还提出,各政务微博要加强与"南京微博城市广场"中的同城微博以及"南京发布"官方发布平台建立链接,加强与国内具有影响力的微博建立链接,针对南京的重大事件、热点问题,集中性、规模化地开展网络发布,扩大网络发布的覆盖面。

二是制定相关的政务公开配套制度。为确保政务公开相关规范的落实,南京市建立了行政决策专家咨询制度、重大决策事项公示和听证制度、新闻发布会制度、群众民主评议制度、重大决策方案预公开制度、政务公开内容备案检查制度、政务公开考评制度、政务公开责任追究制度等。比如,2006年2月,《南京市政务公开考核办法》正式实施,明确了考核对象,细化了考核内容(考核内容分为公开组织领导、公开内容、公开形式、公开监督制约等4个大方面30多个小点,并实行量化打分标准),规范了考核程序,加大了奖惩力度。

三是领导重视,组织到位。南京市成立了由市委、市政府主要领导为组长、市政府有关部门主要负责同志为成员的政务公开领导小组和专门的办事机构,具体负责政务公开的组织协调、督促检查工作。南京市把建立电子信息网络,推行电子政务,实行政务公开当做"书记工程",作为进一步搞好全市改革开放、改善投资环境、增强经济实力的重要工作来抓。同时，市委、市政府把政务公开工作列入全市党风廉政建设的重点。目前，全市政府系统委、办、局和直属单位共 177 个单位，已全部通过网络平台，为企业和个人提供涉及综合经济、规划建设、商贸交通等 13 大类服务项目的网上直接查询和部分环节网上直接办理，并通过网络进行重大决策事项公示、咨询和评议等。

四是突出重点，规范内容。2003 年，南京市就提出政务公开"以公开为原则，不公开为例外"，各级政府及其职能部门以及依法行使职权的组织，在管理或提供服务的过程中，除涉及个人隐私、商业秘密、国家机密、正在审议过程中的政务信息（需要预公开的事项除外），以及法律法规禁止公开的内容外，都应主动向社会公开。在实际工作中，重点加强了事权、财权、人事权以及运用行政权力办理与人民群众利益密切相关的各类事项的公开。

2. 以平台建设为载体，强化政务公开的服务性

南京市充分利用网络信息技术，推行政务信息网上公开和在线服务，不断拓宽政务公开的渠道和载体，实现为企业和群众提供更为快捷、优质、高效服务的目的。

一是依托政府网站群，公开政务信息。随着南京城市信息化程度的快速提升，南京市相继建成市级机关公务内网、统一公文交换平台和中国南京门户网站等 10 多个电子政务基础应用系统，各区县政府、市政府各职能部门也相应建立局域网和门户网站，与中国南京网站链接，构成了政府网站群。南京市在中国南京门户网站设立了政务信息公开专栏，并建立网上政务服务大厅，为企业和群众网上查询、网上办事提供公共服务平台。市政府所有非涉密文件在第一时间通过中国南京门户网站向社会公开发布，目前已公开文件 3000 多件，公文电子化工作已上溯至 1949 年。市政府第一批免费为市民发放

30万个电子信箱，用于企业和群众定制或接收与自身生产、生活息息相关的各类信息。

二是强化网上在线服务，方便企业和群众办事。为更好地发挥电子政务的公共服务功能，完成市"外网政务大厅"与"内网应用服务平台"的对接，南京市建立了"外网受理、内网办理、外网反馈"的机制，实现了网上办事功能。各部门、各区县开通了短信提醒、电话通知服务，主动地将事务办理情况及时通知申办人，申办人也可凭网上申请的序列号和密码及时查询申请事项的办理情况。工商部门的"12315"消费者维权子网、劳动部门的"12333"、税务部门的"12366"、交通部门的"96196"等电话咨询服务平台也相继投入运行，为社会公众提供了多种形式的咨询、查询、投诉、维权等服务渠道。市人力资源和社会保障局开发运行了社会保险支付结算、就业服务、职业培训、技能鉴定、劳动争议仲裁等15个管理应用系统，95%以上的劳动保障事务实现了全城信息共享、电子化操作和计算机智能动态管理。市税务、社保、工商、交通、公安、房产、民政等重点部门的政务信息公开延伸到每个社区的服务终端，或直接放在互联网上，市民可随时上网查询与自己切身利益密切相关的信息。

三是畅通政府与民众沟通互动的渠道，让人民群众享有充分的知情权、参与权、决策权。为增强政府决策的科学性和可操作性，南京市依托中国南京政府门户网站建立了"市长信箱"、"区信箱"、"局长信箱"，实行政府重大决策网上公示征询意见制度；运用"市民论坛"、"市长在线"等平台，让人民群众广泛参与政府公共事务的决策和监督，广泛吸纳民众智慧，充分反映和体现民意。诸如城市地铁建设、河西开发、奥体中心、秦淮河整治、小区出行、雨污分流等重大城市规划和建设项目，决策前都曾在网上公示，向市民公开征询意见。对水、电、气、公交等涉及人民群众切身利益的收费价格调整，也及时在网上公开听取民意。"市长信箱"自2002年设立以来，目前已受理各界来信4万多封，办结率在90%以上。2010年12月28日，南京市开通"12345"政府服务呼叫中心(简称"12345"热线),作为市委、市政府创新社会管理方式,加强群众工作,畅通民意诉求的渠道,改善民生、服务群众的务实之举。至 2011 年 6 月 30 日,共收到群众呼入来电超过 41 万次,一半以上的来电均得到在线及时解答;累计派发工单 10.9 万余件,办结 10.3 万余件。群众来电的接通率、工单办结率、话务员回访群众综合满意率分别达到了 89.4%、93.52%、82.04%。

3. 以转变作风为目标,确保行政运作的效率性

一是整合管理资源,降低行政成本。通过清理、界定各项权力行使的依据,理顺权力部门的职能分工,实现管理资源整合,打破部门间的壁垒。对涉及多个部门的行政事项,通过虚拟网上政务大厅,实行"一站受理、抄告相关、并联审批、限时办结",减少推诿扯皮,缩短办事时间,让群众打开一个网站、进一个门就能办成事。市工商局与全市 23 个行政审批部门建立起企业注册登记前置并联审批网络,使行政审批办理过程更加规范透明,从申请到发照比各部门在封闭状态下所用的审批办理时间大幅度缩短。国税、地税、质监等部门建立起企业基础数据和使用信息交换系统,通过网上资源共享,堵塞监管漏洞,大大降低了管理成本。

二是以公开促效能,提高办事效率。政务公开既能促进办事公正,又能提高行政效能。在政府运行方式上,通过电子政务公开,使政府与企业、公众之间的关系趋于扁平化,改变了过去信息不对称状况。南京市按照三者之间互动关系的要求,建立了"一站式、跨部门、全天候、自助式"的政府办事平台,群众在这个开放性平台上可实时查询申请事项办理情况,监督政府部门办事过程,促进行政效能的提高。同时,政府还全面推行"服务承诺、首问负责、一次告知、限时办结"等工作制度,积极探索实行"延时默许制",提高即办率和办结率。行政执法事项承诺办理时限都大大少于法定办理时限,部分行政执法事项甚至把 20 天法定时限优化缩短到 1 天。2010 年 3 月

15日,南京市公安局在全国率先开通"网上公安局",全市16个公安分局、158个派出所、888个警务室都被"搬"到了网上。网上公安局涵盖了购房入户、消防检查审批、机动车号牌选号、赴港澳旅游二次签注等18个办事项目。自开通以来,已有72万件公安业务通过网上公安局办理,点击量超过5000万次。2013年3月初,"平安南京"微博开通,目前已有27万"粉丝"。而且,已有13个公安分局和业务处室开通微博,成为一个覆盖南京警界的微博群。警方人口、治安、交管、外管等部门的专家,不时走进直播室与网民互动,获得了网民好评。

三是加强民主监督,转变机关作风。通过互联网搭建的政务公开和政府与群众的沟通交流平台,为社会公众实施民主监督提供了有效途径和方式。南京市开展了网上"群众评议机关作风"活动,在全市设立4500个评议人联系点,拓宽群众评议监督的层面。开通了网上"政风热线",邀请部门主要负责同志与市民在线交流,接受投诉、咨询和建议,促进群众反映的热点、难点问题的及时解决。市政府各部门都建立了网上举报投诉平台,拓宽监督渠道,促进机关作风的转变,提高机关办事效能,优化发展环境。在最近几年全市开展的"群众评议机关"活动中,基层单位和市民群众对市级机关作风建设的满意率和比较满意率均超过了99%。

(四) 干部选拔任用公推公选

2002年,《南京市公推直选基层党组织领导班子实施办法(征求意见稿)》正式出台;2003年以来,南京市共开展了6次公推公选,产生了71名德才兼备、群众公认、实绩突出的"一把手"。尤其是2008年,南京市连续开展两次公推公选:2月份,对新一届市政府全部组成人员人选进行公推公选;8月份,面向全国公推公选市规划局局长和外经贸局局长,面向全市公推公选六合区区长和建委主任、市审计局长、南京电视台台长等新空缺职位人选。这两次公推公选共选拔产生了49名正局职领导干部,从而形成了干部公推公选的"南京模式",在全国产生了广泛的积极影响。

南京公推公选的主要特点有:

1. 民主推荐规模较大

2008年上半年,南京组织市管正职以上领导干部、曾担任市级领导职务的老同志、南京市出席党的十七大和省党代会的代表等300余人进行全额定向民主推荐,以产生新一届市政府全部组成人员提名人选。2008年下半年6个职位的竞职人选,通过两轮民主推荐产生。其中,第一轮组织市管正职以上领导干部参加,从123名报名者中确定49名人选;第二轮组织市委委员、候补委员及副市级以上现职领导干部参加,从49名人选中推荐出33人。第二轮民主推荐过程中,活动组织者除提供每位人选的自然情况和任职经历等书面材料外,还制作播放了本市干部每人2分钟、外地干部每人5分钟的视频录像,让参加推荐的人员更加直观地了解被推荐人选的情况。

2. 能力测试形式较多

南京市的公推公选把演讲答辩作为甄别干部综合素质和领导能力的关键环节。2008年上半年的推荐采取的是"个人演讲5分钟和回答干部群众代表提问5分钟"的方式,下半年采取的是"个人演讲6分钟、回答考官组提问6分钟和无领导小组讨论60分钟相结合"的方式。演讲答辩前,先组织竞职人选进行为期3天的驻点调研;演讲答辩时,每位竞选人按抽签顺序演讲,回答主考官的提问,然后进行无领导小组讨论;演讲答辩后,组织竞职人选通过人机对话方式,参加"党政领导干部行为情景判断自适应测验"。上半年没有设置考官组,所有参加的干部群众代表都是"考官"。下半年根据不同职位分类设置考官组,每个职位的主考官均由本行业的国内权威担任,包括中直机关、国家部委以及江苏省委省政府相关部门领导，著名高校的知名专家等。

3. 评价代表范围较广

2008年上半年，南京市组织市委委员、候补委员及副市级以上现职领导干部，市人大常委会成员，市政府工作部门主要负责同志，"两代表一委员"和基层群众代表等200人参加演讲答辩会。其中基层群众代表35人，包括农村党员、外来务工者和社区群众，以及民营和外资企业的从业人员，对拟提拔的劳动局等4个职位16名人选同时进行测评和推荐。2008年下半年，根据不同职位，组织不同层面的干部群众代表参加演讲答辩会，对6个职位的33名人选分别进行测评和推荐。这其中，既有本市有关部门和企事业单位的干部群众，也有市外有关单位的干部群众，还有相对独立的社会中介机构的专业人员等，不因某一方面代表过多而左右测评结果，多数职位的干部群众代表有70人左右。参加六合区区长职位演讲答辩会的干部群众代表扩大到120人左右，其中90%以上来自六合本区，包括驻区企事业单位代表、"两代表一委员"、老干部老党员，还有来自基层一线的工人、农民、教师、医生等。

4. 两轮差额票决结合很紧

综合民主推荐、演讲答辩和民主测评的结果，确定差额比例和考察对象。通常由市人大和政协经验丰富、威信较高的领导干部担任考察组长，进行考察预告、民主测评、民主评议、个别谈话、查阅工作资料，并和被考察对象本人见面。对近几年岗位有变动的，还要进行延伸考察，全面了解他们的个人素质和工作业绩，特别是道德品质和群众认可度。市委组织部部务会听取考察组对被考察人的综合分析后，研究提出每个职位3名人选。市委常委会差额票决产生该职位2名人选，再提交全委会差额票决，最终产生该职位的1名人选。按照法定程序，提交人大依法任命或市委直接任命。属省管职位人选,则按照干部管理权限,上报省委 2 名推荐人选。

5. 直播竞职演讲透明度较高

通过新闻媒体,及时发布相关信息,让公众了解和掌握公推公选进展情况,也是南京市公推公选活动的一大亮点。2008 年上半年,为进一步扩大干部任用工作透明度,同时考虑到劳动保障、食品药品监管等部门承担大量社会公共服务职能,与老百姓生活息息相关,南京首次尝试对市劳动局等 4 个职位 16 名人选的竞职演讲进行电视和网络直播,让群众知道市委选什么人、怎么选人,考察竞职人选直接面对公众和媒体的能力,也便于市民对竞职人选作出的承诺进行监督。

(五)提高公共财政使用透明度

2003 年,南京市政府印发《南京市市本级财政专项资金预算管理暂行办法》,规定项目预算安排应建立在科学、规范的基础上,公开、公平、公正,强化预算编制透明度。同年,《南京市政府采购方式及程序管理暂行办法》出台,规定政府采购活动应当遵循公开、公平、公正、效益及维护公共利益的原则。同时,明确政府采购采用公开招标等方式。2011 年 4 月,南京市政府颁布实施《南京市人民政府关于进一步建章立制,加强政府自身建设的意见》,要求强化本市财政专项资金管理制度。改革财政分配机制和土地收益分配机制,合理划分市、区两级政府的事权、财权,激发区县内生发展活力。政府要通过细化预算编制、强化预算约束和综合运用国库集中支付、会计集中核算、政府采购等管理手段,确保专项资金管理使用的规范、透明和高效。要进一步加大对财政专项资金的监管,强化绩效管理,建立健全规范的资金使用决策机制和资金拨付审核机制,严格审批程序,强化内部制约监督,切实做到专款专用,保证资金的安全和正确使用。大笔财政资金的使用,由市财政资金使用审批小组集体讨论决定。几年来，南京市在扩大公共财政公开，提高政府资金公开透明度方面也积累了不少经验。

1. 推进财政预算信息公开

各级政府财政部门负责本级政府预算、决算的公开。逐步规范地方财政部门报送同级人大审议的财政预决算报表的格式。经同级人大审议批准的预算、决算要按照"完整、真实、细化"的原则主动向社会公开。及时发布月度（季度）财政收支情况。对预算安排的"三农"、教育、医疗卫生、社会保障和就业、保障性住房等涉及民生的重大财政专项支出要主动公开管理办法，及时公开使用情况。

2. 规范行政事业性收费公开

健全收费公示、持证收费等制度，确保收费透明。完善行政事业性收费目录，公开收费项目、收费标准、收费主体、收费依据、收费范围、收费对象等，接受社会公众监督。收费项目发生变更时及时向社会公开。

3. 加强国有资产信息公开

依法向社会公布国有资产状况和国有资产监督管理工作情况，接受社会公众的监督。公开以国有资产出资企业生产经营总体情况，国有资产保值增值、经营业绩考核总体情况，公开出资企业国有资产有关统计信息等，不断提高国有资产信息透明度。

4. 推动政府采购公开

完善采购信息公告制度，规范发布政府采购信息，主动公开集中采购目录、政府采购限额标准和公开招标数额标准，及时公开政府采购招标业务代理机构名录，招投标过程和结果信息、采购代理机构和供应商不良行为记录

透明政府
Transparent Government

名单等。健全单一来源采购公示制度，推动采购过程公开透明。

5．加大审计公开力度

完善审计公开机制和程序，扩大审计公开领域，丰富审计公开内容，拓宽审计公开渠道，优化审计公开形式。公开年度重点审计项目计划、审计工作报告、审计整改报告。积极推进专项资金综合审计结果的公开和行业专项审计调查结果的公开。

6．强化社会公共资金信息公开

定期公开南京各项社会保险参保人员种类、享受待遇情况，各类社会保险基金运行总体情况和收支情况。定期向社会公告南京市福利、体育等彩票公益金的年度筹集、分配和使用情况。及时向社会公开专项集中性募集物品和资金的使用和管理情况，定期向社会公开南京全市经常性捐赠中募集物资的使用和管理情况。定期公开南京市住房公积金年度归集、提取、使用计划以及计划执行情况。定期公开房屋维修基金年度归集金额、划转金额。

（六）由市民评判政府工作

政府工作做得到底怎么样，市民最有发言权；政府工作中存在哪些缺点和不足，市民看得最清楚；政府工作如何改进和提高，市民的意见和建议最准确。几年来，南京市大力推进市民评判政府工作，形成了一套比较规范和成熟的做法，在全国产生了一定影响。

1．开通运行南京市"政风行风热线"

南京市"政风行风热线"开播于 2004 年 10 月，是市纠风办、市监察局、市广电局、南京人民广播电台联合举办的一档电台直播节目。节目每周 1 期，每周五上午 10:10—11:30 首播，16:30—17:00 复播。节目坚持"替百姓说话、为政府分忧"的宗旨，邀请与群众利益密切相关的部门和行业（单位）主要负责人走进直播室，通过电话接受群众咨询、建议和投诉，与广大群众对话，沟通交流，较好地实现了"真诚为民办事、接受社会监督、展现政府形象"的目标，社会反响较好。2008 年 6 月，节目拓展到互联网络，依托中国南京网、南京纪检监察网，设立网上"政风行风热线"，开通了网络同步音频、文字直播。2009 年，建立媒体联动机制，构建"四位一体"多媒体联动的组合式"政风行风热线"。2010 年 4 月，在南京电视台生活频道设立"阳光访谈——聚焦政风行风"节目，播出时间为周一至周五上午，节目内容紧扣全市中心工作，贴近民生、贴近群众、贴近基层；南京日报设立"政风行风透视"专栏，进行深入分析，跟踪报道；南京人民广播电台设立节目，每周五上午 10:10—11:30 直播，邀请有关部门"一把手"与市民零距离沟通；在中国南京网站设立"政风行风热线"网上咨询投诉办理平台，每日 24 小时受理群众各类咨询、建议和投诉。

南京人民广播电台"政风行风热线"节目开播以来，共举办 162 期。各区县、市级机关部门、行业主要领导轮流走进广播电台直播间，通过电波接受群众咨询、建议和投诉，与广大群众直接对话，共接听电话 3525 个，其中受理投诉 1331 个、咨询 1662 个、建议 532 个，办结率为 99%。总的来说，南京市并不是将政府工作停留在创新形式的表层，而是通过创新工作方式更好地实现为群众服务。

一是实行多种媒体联动。根据形势发展需要，以"替百姓说话、为政府分忧"为指导原则，不断丰富"热线"的播出形式，创新工作载体，努力提升"热线"的功能和水准。在南京人民广播电台"政风行风热线"节目的基础上，积极筹办把"热线"的载体拓展到报纸、电视、网站。通过宣传政策、答疑解惑、热线追踪、深度报道、典型示范、媒体曝光、办理投诉等措施，发挥不同媒体的优势，适应不同媒体的受众群，形成了以电台为主，电台、电视台、互联网、报刊等各种新闻媒体的互动格局，配套建立政风行风热线电话、行风网站、政风行风热线短信平台、开展网上同步直播等组合，使群众的举报投诉、收听收看、反馈结果的查询实现全天候。

二是建立政风行风媒体联动常态机制。2011年，南京市进一步巩固完善联动机制，把电视、电台、网络、报纸四位一体媒体联动监督与"12345"政府服务热线有效对接，进一步升级媒体联动监督体系，形成覆盖全市、资源共享、互相配合、保障有力的"五位一体"政风行风媒体联动全天候服务和监督体系。具体安排是：每日根据政风行风热线网上投诉办理平台和"12345"政府服务热线受理的群众咨询、投诉和建议情况进行汇总分析，把群众反映的突出问题纳入媒体联动监督工作中；每周组织一个市级机关部门或公共服务行业单位"一把手"走进电台直播间，参与政风行风热线节目，与听众、网民互动交流；每月安排一个区县开展户外多媒体直播活动，邀请区县政府主要领导带领委、办、局负责人上线，与现场群众面对面交流，并借助多媒体与在线听众、观众、网民互动，接听热线、答复咨询、解决问题，实现政风行风热线节目三大跨越，即节目现场由直播间到户外现场的跨越，参与人群由服务对象到广大市民的跨越，在线对象由单一部门专题访谈到多部门同步受访的跨越。另外，南京市每年年底还开展"向人民汇报"民主评议政风行风直播活动，组织各部门向服务对象述职，请人民评判。

2011年，南京市已在浦口区、六合区、栖霞区成功举办过政风行风热线户外直播活动，其中，2月25日在六合区的活动，吸引了近500名群众参与，20多家中央、省、市级媒体争相到现场采访，尤其是央视"新闻综合频道"的多个栏目对活动进行了深入报道，营造了良好的社会舆论氛围。

三是建立政风行风咨询投诉平台。2009年，南京市研发运行了网上咨询投诉办理工作平台。在中国南京网设立"咨询、建议、投诉、举报"信箱，建立政风行风媒体监督联动处理信息系统，对民主评议活动及日常工作中群众反映的政风行风问题进行分办、督办。全市各政府部门、公共服务单位、各区县纠风办以及南京日报社、南京电视台生活频道、南京电台、中国南京网站等四家媒体共同参与。对市纠风办及各家参与单位,设立专门的用户名和密码,确定专人负责回复群众来信,群众可直接在网上对办理回复情况进行满意度测评。2010年,共受理群众各类电子邮件3069件,其中咨询建议类1978件,投诉举报类1091件,公众信件回复办结率为85%,满意率达92%。南京全市的政风行风热线咨询、建议、投诉网上办理平台得到省纪委监察厅的肯定,并拟在全省推广。

四是强化问题整改落实力度。南京市始终把问题的整改落实作为民主评议政风行风活动的落脚点,坚持"以评促改、以评促建、狠抓落实、注重实效",要求参评部门认真、及时地办理行风评议中查出的各种问题、意见或建议,能够办理的迅速解决到位,因政策问题难以办理的做好解释说明工作,并在1周之内就办理整改情况向市纪委、市监察局和市纠风办作出反馈。2010年,通过民主评议政风行风活动,共处理各类投诉、咨询和建议1110个,问题办结率达95%以上;尤其在"向人民汇报"10场直播活动中,共搜集问题、建议768条,网上留言1167条,办结719件,办结率达93.6%。

五是建立完善群众投诉办理、考核、通报制度。《南京市政风行风热线投诉和咨询件办理工作试行办法》、《市级政风行风热线媒体联动工作细则》、《市级政风热线媒体联动栏目组例会制度》等规定的出台,对咨询投诉件办理的基本原则、职责分工、受理范围、办理程序、督办问责以及政风行风热线工作流程等作了明确规定。同时,制定出台《部门和单位领导上线、受理、承办群众咨询投诉考核指标体系》,对各单位"一把手"上线率、政务和事务公开、服务承诺、办理咨询和投诉的质量、办理和回复时效、群众满意率等内容提出刚性要求,规定咨询类问题在5个工作日内答复,投诉类问题在10个工作日内办结,做到"件件有落实、事事有回音"。同时,将各单位办理情况,纳入民主评议政风行风工作中进行考核,确保群众投诉得到较好的解决。建立政风行风建设信息管理系统,对媒体联动监督反映问题设立电子"督办员",对不按规定时限办理和答复咨询、投诉的有关单位发出提醒通知。同时,对因工作不力、对群众投诉不闻不问的单位或个人,给予通报批评或公开曝光;对造成不良影响和严重后果的,严格追究责任。

2. 举行民主评议政风行风多媒体直播活动

南京市民主评议政风行风工作始于1998年,至今未曾间断。1998—2008年,民主评议政风行风工作按照"一年评议、两年巩固、三年提高"的原则,以3年为一个周期,确定15个"公权性、公益性、公共性"较强的部门和行业作为评议重点,每年评议5家单位,3年全部评完后重新确定参评单位。每年年初,参评单位向社会作出改进政风行风、提升服务水平的"公开承诺",并开展践诺守信活动。至年底,召开行风评议大会,进行述职评议,并由市行风办统一组织开展群众满意度测评。同时,聘请政风行风监督员明查暗访,发现问题及时反馈参评单位限期整改。从2009年开始,南京市改变了"三年一轮"的评议方式,实行一年评议公共服务行业,一年评议政府部门的做法。2009年,首先选择中小学校、医疗机构、供水、供电、供气、公交出租、通信、旅游等8个公共服务行业深入开展民主评议活动,面向服务对象公开述职并接受测评。2010年,依托媒体联动机制,开展"向人民汇报"民主评议政风行风直播活动;10场直播活动中仅南京地区参与人数就达520余万人次,其中电视观众420余万人次,电台听众80余万人次,中国南京网评议专栏点击人数20余万人次。中央、省、市级69家新闻机构参与报道,刊载新闻、消息、评论208篇次。2010年11月26日晚,央视"新闻联播"、"东方时空"、"新闻24小时"等栏目滚动播报南京市评议直播活动。2011年,南京建立"政风行风热线走进区县"户外直播常态机制。

(1)创新民主评议机制。一是合理确定参评对象。按公权性、公益性、公共性原则,确定20个政府部门为重点评议对象,其中市质监局、药监局、住建委、工商局、环保局、公安局、城管局、人社局、交通局、物价局等10

家与群众生产、生活密切相关的部门领导班子，逐个走进南京电视台多媒体直播现场，向服务对象述职、接受群众评议；其余10家单位面向服务对象组织召开述职评议大会，接受社会监督。二是民主选择评议代表。每场参与评议的现场代表共80人，其中，市政风行风监督员20名，媒体观察员10名，服务对象代表50名，并根据群众意见实时调整评议代表。政风行风监督员由市纠风办从人大代表、政协委员、民主党派成员和社会各界人士中聘请；媒体观察员由南京电视台、南京广播电台、南京日报、中国南京网四家媒体推荐产生；服务对象代表由市行风办从各参评部门提供的500名服务对象名单中随机抽取。由于服务对象在工作中与各参评部门直接接触，对参评部门的政风行风建设情况相对熟悉，更有发言权，因而在评议代表名额中占比相对较高。而引入媒体观察员是本次评议直播活动中的一个创新举措，此举旨在利用媒体在收集民情民意上的优势，更敏锐地提炼出群众普遍关注的热点问题。三是积极推动媒体联动监督。本次民主评议直播活动，在通过南京电视台进行现场直播的同时，还依托政风行风媒体监督联动机制，组织南京人民广播电台现场连线听众，中国南京网开通聊天室与网友交流，南京日报开设专栏深入跟踪报道，实现"广播有声音、电视有画面、报纸有版面、网络有互动"，形成联动共享、优势互补的评议机制。同时，以开放心态主动邀请并积极引导各类媒体进行深度报道，推动了直播活动更加深入人心。新华日报的跟踪报道得到中宣部肯定。

（2）直播民主评议全过程。一是面向群众公开述职。要求参评部门主要负责人围绕"依法行政、政务公开、办事高效、便民惠民、践诺守信、廉洁从政、文明服务"等七个方面的要求，作政风行风建设情况报告。市政风行风监督员代表作政风行风监督检查报告，当场指出政风行风建设中存在的问题和不足。二是强化互动沟通。市政风行风监督员、媒体观察员和服务对象代表，对参评单位工作中存在的问题进行现场提问，参评部门领导当场逐一回答。同时，通过卫星连线、接听电话、网络互动等形式，为场外群众参与提供便捷的快速通道。每场评议直播活动，参评单位分管市领导、省业务主管部门领导均到场进行现场点评。三是现场民主测评。根据参评单位有关负责同志回答群众提问情况，以及参评单位日常政风行风建设情况，由80位评议代表当场填写《政风行风满意率现场测评表》，对被评部门进行满意度的测评投票，并在市纠风办和媒体监督下，现场统计、公布测评结果。

（3）优化评议结果应用模式。一是公开整改承诺。每场"向人民汇报"直播活动测评结果公布后，参评部门主要负责人进行表态性发言，向社会作出改进政风行风、提升服务水平的公开承诺，有关情况在各媒体同步公开。二是督促抓好整改。评议活动结束后，要求参评部门梳理评议中收到的问题和意见建议，能够办理的迅速解决到位，因政策问题难以办理的做好解释说明工作，并在一周之内就办理整改情况向市纪委、市监察局和市纠风办作出反馈。三是强化综合运用。通过对民主评议直播活动满意度测评结果的公布，直观地给出群众的评价，使民意的"压力"成为各部门转变作风、改进服务的"动力"。10场直播活动进行的同时，全市77个市级机关部门还分3组同步开展"万人评议机关"活动，评价权全部交给群众。"万人评议"得分列各组排序末位的单位，被确定为"机关作风建设重点整顿单位"，由市纪委、市委组织部对其领导班子进行责任考核，并提出处理意见，进一步强化评议工作的刚性约束力。

（4）树立"评议组织者接受评议"新理念。在已经开展10场"向人民汇报"民主评议直播活动的基础上，南京市纪委、市监察局、市纠风办作为组织单位，首次走进多媒体联动直播现场，推出了一期"我看评议"特别访谈节目。活动邀请政风行风监督员代表、媒体观察员代表、新闻记者代表，以及参评单位领导、学界专家等参加访谈，市委常委、市纪委书记作为主访谈人，专题就"向人民汇报"评议直播活动的意义、影响、效果与公众互动、答疑解惑，进一步倾听民声、汇集民智，共同探讨改进评议工作的有效对策和发展方向，提高了评议直播活动的认同度和影响力。

二、南京市阳光政府建设存在的主要问题

虽然南京市阳光政府建设取得了一定的成绩，某些方面甚至走在了全国同类城市的前列，但客观地说，南京市阳光政府建设基本上是在政府的强力推动下进行的，各级各部门工作的主动性有待提高；另外，与广大市民不断提高的要求相比，南京市阳光政府建设在很多方面还需要加强。

（一）理论和实践的探索都有待深入

阳光政府建设，对我国来说是一项全新的尝试，没有现成的经验可供借鉴，也没有现成的道路和模式由我们选择。虽然各地对于阳光政府建设的一些做法已基本达成共识，但到底什么是阳光政府，其基本特点和内容有哪些，建设阳光政府的基本任务和目的是什么，关键是什么，核心是什么，本质是什么，建设阳光政府与构建服务型政府有哪些联系，又有哪些区别，如何处理二者之间的关系等，理论界尚研究不够。由于理论认识的不足，阳光政府建设就缺乏明确的理论指导，会不可避免地出现理论指导不强的问题。所以，南京市阳光政府建设的实践还属于摸着石头过河的探索。

（二）权力阳光运行机制有待健全

权力阳光运行机制到底顺不顺、科学不科学，要经过实践的检验。经过几年的运作，我们发现南京市权力阳光运行机制取得了很大的成绩，但也有待完善。比如，为保证权力阳光运行机制的协同运作，虽然制定了《南京市构建权力阳光运行机制电子政务系统建设规范》、《南京市行政执法权公开规范及维护管理要求》、《南京市构建权力阳光运行机制工作考核验收办法》和

《南京市行政权力阳光运行机制建设和管理暂行规定》等政策性文件，但这些规定在实践中某些环节的可执行性不强，使权力运行的全过程监控难以达到效果。监控中的人力物力财力成本过高，而且往往是事后监控，并且人为监控占比过高，直接影响了监控的威慑力。另外，长效机制的建设也不是一朝一夕就能做好的。

（三）公众的参与互动意识和水平有待提高

所谓参与互动，是"处在社会语境下的两个或多个参与者彼此进行的意见交换与协商"。目前互联网上各类民意的表达，实际上是公众期待与政府形成互动，期盼得到政府的回应，是公众对政府设置的议程反映。然而，网络民意表达参与的人数在目前毕竟是有限的。比如，市政府的官方微博南京发布开通一年多来，第一时间发布了很多市政府的重大信息，参与互动的市民也日渐增多。但是，与南京市700万市民相比，南京发布的20万粉丝显然是个很小的数目。所以，政府要正视大部分人目前还难以做到网络参与和互动的事实，尽快想办法提高市民的参与意识和水平。在具体的参与行为上，一些部门在市民参与公共政策、行政执法监督、公共产品供给、政府绩效评估等方面还缺乏具体的法律规范，多数情况是市政府各个部门在建设阳光政府过程中探索性地制定相关文件，随意性强。市民参与的广度、深度和有效度主要由政府的重视程度决定，部分区县或部门无形中将公民参与的权利变成了政府的自由裁量权，很容易造成对公民参与权的损害。

（四）政务公开的广度和深度有待加强

一是公开数量不足。有的部门公开的信息量少，部分信息陈旧，更新缓慢；有些只提供照片、地址、机构设置等基本信息；有的只是公布一些文本式的文档；有的则完全是"死链接"。有的形式上公开多，实质上公开少；结果公开多，过程公开少；宏观方面公开多，微观内容公开少；一次信息公开多，二次、三次信息公开少；政府部门"想"公开的主动公开多，政府部门"不想"公开的即使市民申请也公开少。此外，信息公开还存在着"报喜不报忧"的现象，也就是说，只向公众公开正面的信息，而对于负面信息，公开明显不力。二是公开途径不广。南京市政务公开的主要途径是通过政府自己建立的门户网站来实现的，有的部门甚至明确地把非政府网站公开政府信息的方式排除在外。当然，政府网站公开有诸多优势，而且要求通过政府的网站来公开政府信息，可以显示出政府信息公开的严肃性和权威性，但是这种单一的公开方式却不利于政府信息的全面公开和传播。三是服务性不够。政务公开的主要目的应该是更好地为市民和企业服务，而不应是为了公开而公开。南京市目前已建立了"外网受理、内网办理、外网反馈"的服务机制，实现了网上办事功能。然而，很多市民和企业反映，前置条件过多，手续办起来并不简便。而且，网上办事的速度特别是反馈并不及时。

（五）公推公选的制度构建有待完善

公推公选的关键在"公"。所谓"公"，就是公开、公平、公正。在推的时候要公推，在选的时候要公选。公推公选的基础在"推"。推就是推荐，包括组织推荐、个人自荐和群众推荐的有机结合。公推公选的核心在"选"。由谁来选，以什么标准选，选的程序和方式如何，这几个问题直接关系到什么样的人才最终能够脱颖而出。南京市的公推公选，虽然在全国起到了样板效应，但公推公选的制度构建还不完善。像公推公选的范围、公推公选的时间、公推公选的监督等关键问题还没有一个完备的政策，人治的特征还比较明显。今后，必须把注意力更多地放在公推公选制度层面

透明政府
Transparent Government

的构建与完善上，把公推公选工作纳入整个干部选拔任用制度体系中去，规范运作，稳步推进。比如：要规范公推公选的适用对象、适用范围、适用情形，特别要规范操作程序。要出台一些规范性的文件和法规来保障制度的合法、稳定和有效。要在公推公选的基础上，科学制定领导干部岗位职责，积极探索科学完善的干部考核评价体系。

（六）公共财政的透明度有待提升

有关市民切身利益的教育、就业、医疗、社会保障、住房等民生事业的财政预算与支出，应该及时公开，透明化运作，让广大市民不但心中有数，而且可以进行有效和有力的监督。目前，南京市在这方面做得还不够。一是公共服务方面的财政预算公开不够，往往只有一个大的数字，而对普通老百姓而言，一个大的数字对他们基本无意义。二是公开的渠道不多。只是在每年两会召开时，向代表、委员作关于财政预决算的报告，然后公布在相关的网站上，很多市民无从知晓。三是公布的财政支出太笼统、太简化、太专业。公开的形式意义往往大于实质意义。此外，广大市民特别关注的政府各部门的"三公"经费公开仍然是"雷声大、雨点小"。

（七）民主评议政风行风的细节有待改进

南京市民主评议政风行风和多媒体直播活动作为一个新生事物，还有很多不足和亟待改进的地方。比如，参加评议的代表到底如何选取才能更科学？目前的市民代表只有10位，是从有线电视机顶盒使用者中随机抽取的。10位代表显然数目太少，而且这种随机选取的方式本身就不够科学。再比如，评议的范围如何确定更合适？市民的评议关注点更多的在那些看起来非常具体的"鸡毛蒜皮"的事，因为这是他们的切身利益，他们关注是理所应当的。而政府要思考的是，如何站在全局的高度，评议这些部门的工作在南京市整个经济社会发展中所起的作用。另外，直播活动的被评部门范围还可进一步扩大，直播时间还可进一步延长，满意率测评结果的科学性还可进一步提高等。

三、进一步加强南京市阳光政府建设的几点建议

下一步的阳光政府建设，应该在总结经验的基础上进一步提高，应该在发现问题的基础上对症下药，创新观念，与时俱进，进一步加强南京市阳光政府建设。

（一）强化理论研究的科学指导作用

强化理论研究的科学指导作用，主要是解决目前理论研究的指导性不强的问题。对此，我们应该在实践探索的基础上加强理论研究，真正实现理论指导实践前进、实践又推动理论进步的良性互动的发展态势。各级政府和部门要下大力气重视和支持阳光政府建设的理论研究。一是要有规划。阳光政府建设本身就应该有近期、中期和远期的规划。二是要有特色。南京的阳光政府建设要有南京的特色，要能适合南京的实际。在现有实践经验的基础上，借鉴其他国家、地区的经验，通过深入的理论研究，形成适合中国国情的、富有南京特色的阳光政府建设理论。

（二）进一步理顺权力阳光运行机制

一是推进权力阳光业务系统的应用。权力阳光业务系统建设的最终目的是应用，通过应用推动行政权力规范、透明、廉洁、高效运行，进而全面打

造法治政府、效能政府和服务型政府。今后，南京市应该进一步加大督查力度，推进权力阳光业务系统的应用，并在应用中发现和解决出现的问题，通过问题的解决，使权力阳光业务系统发展成为一个成熟的、无纸化程度较高的综合工作平台，确保除行政强制外的所有行政权力事项均可网上运行，所有信息全部网上单轨流转，并能实现对权力运行的全过程监控。二是全面规范监察监控系统的运行机制。进一步完善行政监察监控系统功能，并形成完善的督查督办工作机制，做到对所有行政权力事项的实时监察，实现对各类异常信息的预警纠错，完善绩效评估和数据综合分析模块，不断增强系统的辅助决策功能。要确保该系统能有效解决机关"中梗阻"、群众到政府办事难等问题，实现行政监察由事后监察为主转变为事前、事中、事后监察相结合，由个人行为监督为主转变为个人行为与行政程序监督并重，由人为弹性监察转变为有标准的刚性监察，全面促进行政权力廉洁运行。行政监察监控系统的运用可以采取"三步走"的方式，逐步规范督办机制：第一季度按照时间段统计异常信息，签署督办意见后交由相关单位进行批量处理，并对处理结果进行批量统计；第二季度实现对异常信息的分类督办处理，并对处理意见按件跟踪统计；第三季度起对异常信息实行实时督办和后台处理。三是进一步完善行政权力动态调整机制。在2007年国家和江苏省开展行政审批清理和法规规章清理工作的基础上，结合我国《城乡规划法》、《行政强制法》等一批法律法规的实际情况，南京市对市、区县两级行政权力不断进行清理和确认，以确保行政权力行使的合法性、规范性和行政权力事项公示的准确性、及时性。进一步加大对行政权力流转信息上报、环节信息查询和结果信息反馈的检查力度，切实做到办理细节职能部门可监控、环节信息相对人可查询、审批结果信息对社会公开。四是加快市网上政务大厅的升级改造工作。通过软件升级、硬件改造，全面提高市网上政务大厅的承载能力和系统可拓展性能。同时对市网上政务大厅门户网进行改版，增加相关综合服务信息、增强便民服务功能，使市网上政务大厅不仅成为行政权力事项的办事窗口和查询窗口，而且成为一个服务市民和企业的综合平台。在此基础上，组织和推动各部门、各区县进行网络资源整合，彻底消灭"信息孤岛"，实现以市网上政务大厅为枢纽、全市信息互连互通、审批结果互为应用。五是强化长效机制建设。要对《南京市行政权力阳光运行机制建设和管理暂行规定》、《南京市构建权力阳光运行机制电子政务系统建设规范》进行修改完善，使之更能长久地促进权力阳光运行机制工作。同时，加强权力阳光业务系统应用情况检查、评比和考核，并形成定期通报制度。在此基础上，还要有计划地在行政监察监控机制、绩效考核机制等方面进行探索，形成具有长期指导性的规范措施。

（三）营造政府与公众、媒体良性互动的公共决策参与环境

政府除了通过提供学习和接受教育的机会培养公民获取和了解、评估公共政策的能力，正确表达利益诉求的能力，熟练运用参与方法与技巧的能力外，更重要的是引导公民由分散的个体参与，走向组织化的参与。一是构建以人为本的科学决策机制。各级政府想问题、拿方案、做决策，都要始终坚持把人民群众的利益放在第一位，要把决策前的调查研究纳入决策程序，深入了解民情，充分反映民意，广泛集中民智，切实珍惜民力，做到科学决策、民主决策。对事关人民群众切身利益的重要决策事项，要及时向社会公布或者通过举行座谈会、听证会、论证会等形式，广泛听取群众意见，建立健全决策信息反馈机制、决策后评估机制和纠错改正机制。二是构建顺畅的利益诉求表达机制。利益诉求表达机制是有关利益诉求表达的各项制度和办法的总称。构建顺畅的利益诉求表达机制需要从根本上构建、完善有关制度措施和相关机制。比如：从根本上完善人民代表大会制度和政治协商制度，充分发挥人大和政协的利益表达功能，使之成为社会公众进行利益表达的合法的主渠道；完善和拓展决策听证制度和政务公开制度，使弱势群体平等地参与

政府决策;加快社会协商和对话机制的形成,发挥其表达民意、解释政策、提供决策帮助等方面的作用;建立健全公众传媒的组织机构和体制,使其也能成为广大民众表达利益诉求的窗口等。三是完善绩效评估考核与监督机制。必须构建社会公众参与绩效评估的有效渠道和机制,杜绝领导干部在公共服务供给过程中的不作为和乱作为;彻底消除目前广泛存在的执行不力和乱执行的问题,以执行力的提升作为政府绩效考核的主要指标。

(四)进一步拓展政务公开的广度和深度

目前的政务公开基本上是采用自上而下的方式,由政府主导。公开什么,以什么渠道公开,什么时候公开等,都是由政府自己说了算,公众是比较被动的。这种公开方式反映了行政公开的政策主导,具有浓厚的清官意识和不确定性。在这种公开方式中,政府处于绝对主导地位,政务公开的出发点很大程度上出于政府改善自身形象和自身管理的需要。这种权力型公开方式与阳光政府的理念是不完全相符合的。我们可以看到,在制定信息公开法的国家,一般均将信息公开与公众知情权保障结合起来,并赋予公众请求政府公开信息的权利。与此相应,政府便负有公开信息的法定义务,这是一种权利型公开。2008年5月1日正式实施的《中华人民共和国政府信息公开条例》,明确了扶贫、教育、医疗、社会保障、就业以及突发公共事件的应急预案、预警应对、社会公益事业、救灾、优抚、救济、社会捐助以及征收征用等方面的信息都必须及时公开。当前的主要任务就是使政府工作人员真正将政务公开作为一种工作习惯,并将这种习惯贯穿于行政程序之中,确实实现从权力型公开走向权利型公开。所以,南京市加强阳光政府建设,还需进一步破除"固步自封"的思想,树立"自觉公开"的观念;破除"被动公开"的思想,树立"主动公开"的观念;破除"要我公开"的思想,树立"我要公开"的观念;破除"低质低效公开"的思想,树立"优质高效公开"的观念。在强化公开理念的同时，仔细梳理国家公布的法律法规与南京市自己制定的有关规定是否有不衔接和不协调之处，真正以制度营造出公正、高效、公开的氛围。

开拓政务公开的广度，必须保证五个公开：一是信息的透明和公开；二是办事程序的透明和公开；三是办事结果的公开；四是行政职务较高的公务员个人相关信息的公开；五是政府及部门财务收支账目的公开。开拓政务公开的深度，要切实保证群众的四大权利：一是获取信息的权利；二是理解信息的权利；三是听取的权利；四是批评的权利。南京市在政务公开的制度建设方面，下一步要将上述的内容落实到相关制度和政策中去。

（五）完善公推公选的相关政策和措施

一是做好公推公选与其他干部选拔方式的衔接工作。实现公推公选与公开选拔、竞争上岗等其他干部选拔方式相互融合、互为补充，满足政府工作选人用人的需要。探索把公推和竞争的方式引入政府部门"一把手"后备人选的产生过程，为提高公推公选质量奠定基础。二是坚持党内民主和人民民主的有机统一。正确处理党管干部、扩大民主、依法办事三者之间的关系，把握好制度创新与现行制度之间的合理张力，使公推公选与选举制度更好地融合，始终在法律及有关规定的框架内稳步有序推进。三是加强对公推公选干部的后续考核与管理。建立科学完善的考核评价机制，引导干部既要"讲得好"、更要"干得好"，把竞职承诺和任期目标落到实处。四是改进和完善一些具体操作环节。在民主推荐时，科学界定参加民主推荐人员范围，补充完善人选信息，合理设置民主推荐票权重。在演讲答辩环节，对答辩考题由谁来出、出什么题、谁来提问等，作出明确规定。在考官组和干部群众代表的组成上，结合拟选拔岗位的特点，合理确定领导干部和专家学者的比例；既有组织安排的干部群众代表，还可以拿出一定比例面向社会公开征集代表。

（六）将公共财政的重点更多地转向公共服务

目前，我国政府职能的重点已经逐步向公共服务转变，但转变的力度和迅速发展的公共服务需求之间还有很大差距。政府职能的转变最终会反映在财政支出结构上，公共服务支出占财政总支出的比重对公共服务能力的实际发挥起着非常重要的作用。一定意义上，甚至可以说公共财政的制度安排往往比其他的制度改革更重要，因为它是具体的、决定性的。提高南京市政府财政制度的创新能力，一是要加强财政法律制度建设，从法律层面约束预算管理，明确区县政府（部门）在预算管理方面的责、权、利，重新界定公共财政预算范围，维护预算的严肃性；二是要调整和优化支出结构，财政支出要向就业、教育、医疗、社会保障、住房等与民生密切相关的基本公共服务倾斜，向农民和贫困阶层等弱势群体倾斜，确保将有限的财力更多地用于公共服务和公共服务的均等化发展；三是要推进财政科学化、精细化管理水平，提高公共财政资金效益。要做到使财政资金的分配、执行、监督既紧密协调又相互制衡，确保财政资金用在刀刃上。四是落实在财政资金的使用透明、公开上。南京市要带头公开部门"三公"经费支出，以自己的实际行动取信于民。

（七）继续深化民主评议政风行风活动

1. 继续完善民主评议政风行风工作机制，不断提高评议的开放性和科学性

一是赋予群众评议部门选择权。在保证群众知情权、监督权、评价权的基础上，进一步将对参评部门的选择权直接交给群众。可以通过有线互动电视、《南京日报》、中国南京网等途径和载体，征求群众意愿来确定参评部门和单位。二是扩大"向人民汇报"活动的范围和数量。在 2010 年组织 10 个

部门向人民汇报的基础上，2011年以后保持每年增加5个左右的部门，使开展"向人民汇报"民主评议多媒体现场直播活动的部门逐年增多。三是增强直播活动的互动性。进一步延长评议直播活动的互动时间，直播活动全程可以增加到2个小时。同时，在直播活动的筹备期，提前征集群众意见和热点问题。在直播中，通过大屏幕或请群众代表当场提问的方式，将群众普遍关注的热点问题提交参评单位。四是增加评议代表层次和界别。将现场评议代表从服务对象、行风监督员和媒体观察员三个界别扩大到四个界别，增加从参与"请人民选择"活动的市民中海选出的群众代表界别，将服务对象代表从50位减为40位，增加群众代表10名，保持80名现场评议代表总数不变。五是改进民主评议方式。在活动前，可通过"12345"政府服务呼叫中心电话调查或发放无记名、预付邮资《测评表》的方式，在13个区县内广泛征集社会各界群众的意见，并将场外测评结果在"向人民汇报"活动现场公布，作为现场评议代表测评的补充。

2. 切实发挥民主评议推进阳光政府建设的积极作用，不断提高评议的针对性和实效性

一是丰富政风行风热线节目内容。以政风行风热线为载体，努力将民主评议成果转化为服务型政府建设的实践措施。积极追踪解决社会关注、群众关心的新问题，把承担纠风专项治理责任的部门作为参与热线的重点部门，及时了解民情、纾解民怨，切实维护群众利益。坚持把热线与民主评议、创建群众满意基层站所相结合，推动政府及部门更加心系群众、关注民生，积极为群众办实事、办好事。二是完善维护民利的协作配合机制。针对年度民主评议政风行风工作中群众反映的涉及多部门的疑难问题，在政风行风热线节目中探索建立多部门协作机制，共同接受群众的咨询提问，现场明确责任部门和牵头单位，不断提高处理群众意见的办理效率。三是加大群众投诉办理监督力度。坚持"群众利益无小事"的宗旨，完善政风行风热线网上咨询投诉办理平台,做好投诉办理工作,做到"件件有回音,桩桩有落实"。严格责任追究,把解决群众反映问题与具体承办部门、办结时限、办理质量、相应责任挂钩,防止对群众反映的难点问题不办少办慢办、敷衍塞责。

3. 建立健全五位一体政风行风媒体联动长效机制,不断提高评议的系统性和常态性

坚持以"替百姓说话、为政府分忧"为指导原则,积极探索电视、电台、网络、报纸四位一体媒体联动监督与"12345"政府服务热线对接的有效办法,努力建成覆盖全市、资源共享、互相配合、保障有力的五位一体政风行风媒体联动全天候服务和监督体系。可以每日根据政风行风热线网上咨询投诉平台和"12345"政府服务热线受理的群众咨询、投诉和建议情况进行汇总分析,把群众反映的突出问题纳入媒体联动监督工作中。每周组织一个市级机关部门或公共服务行业单位"一把手"走进电台直播间,参与政风行风热线节目,与听众、网民互动交流;建立政风行风热线户外直播活动常态化机制,每月安排一个区县开展户外多媒体直播活动,邀请区县政府主要领导带领委、办、局负责人上线,与现场群众面对面交流,并借助多媒体与在线听众、观众、网民互动,接听热线、答复咨询、解决问题。同时,更高水平地组织好每年年底开展的"向人民汇报"民主评议政风行风直播活动,切实发挥民主评议政风行风工作在推进阳光政府建设中的积极作用。

(原载《电子政务》,2009 年第 1 期)

电子政务的成功实践
——芜湖"市民心声"

朱昔群（中央编译局世界发展战略研究部）
周　青（北京市政协研究室理论处）

一、全球视野中的电子政务

（一）从电子政府到电子政务

1993 年，美国总统克林顿委托副总统戈尔，研究如何才能重塑美国的政府系统，使它的运行变得更为合理和高效，同时使其能为民众提供更为便捷的服务。戈尔为此发起了一次名为"国家绩效考察"（National Performance Review）的行动，用以检视美国政府在管理和提供服务方面所存在的弊端，并提出相应的改革建议。在这次行动中，构建"电子政府"（Electronic Government 或简称 e-government）作为一项改革举措被提出。随后，英国、日本等国也相继提出了构建"电子政府"的计划。

"电子政府"最初的意思是指利用网络技术来构建一个"虚拟政府"，使民众能够随时随地地享受各种政府服务。因此，其重心更多的是放在利用信息技术来改造政府服务的提供方式,即政府部门与民众之间的电子政务之上,而很少涉及部门内部和部门之间的电子政务活动。但是,随着人们认识的深化,"电子政府"的内涵和外延日益扩大,逐渐发展出了"电子政务"。

"电子政务(Electronic Government 或简称 e-government),是各级政府部门运用先进的信息技术手段来实现政务信息化,即实现政务公开化、办公高效化、服务网络化等目标。也就是说,电子政务是政府机构运用现代网络通信与计算机技术,将其内部和外部的管理和服务职能经过精简、优化整合、重组后到网络上实现,它打破了时间、空间及部门分隔的制约,为社会公众及自身提供一体化的高效、优质、廉洁的管理和服务。"[1] 和电子政府相比,电子政务包括三个组成部分:一是政府部门内部的电子化和网络化办公;二是政府部门之间通过计算机网络进行信息共享和实时通信;三是政府部门通过网络与公众进行双向的信息交流。一个完整的电子政务系统,应当是上述这三类系统的有机结合。

(二) 电子政务的功能和特点

电子政务作为新型的、先进的、革命性的政务管理系统,它不是简单地将传统政务原封不动地搬到互联网上,而是对现有政府形态的一种改造,即利用现代信息技术和通讯技术来构造更适合信息时代的政府结构和运行方式,促进政府与公民之间的信息交流,以向公众提供更优质的公共服务。因此,和传统政务相比,电子政务具有以下功能和特点:

首先,在办公手段上,电子政务使信息资源数据化、信息交换网络化。

---

1. 赵菁华:《电子政务题解》,载《人民日报》,2002 年 12 月 6 日,第 7 版。另一种定义认为,所谓电子政务,就是政务活动的信息化和电子化,其中最为主要的是政府管理(政务活动)的信息化、电子化。参见胡仙芝:《政务公开与政治发展研究》,北京:中国经济出版社 2005 年版,第 129 页。

传统政务是利用纸质文件传递信息，办公手段落后，效率低，成本高，而电子政务是通过现代信息技术尤其是互联网来传递和交换信息，如通过电子邮件可以将大量信息瞬间发往世界各地，人们可以随时传递、交换、共享各种信息资源，这不但加快了信息传递的速度，还提高了信息利用率，降低了成本。

其次，在政务流程上，电子政务能使行政业务流程集约化、标准化和高效化。传统政务的机构管理层次多、管理幅度小，决策层与执行层之间信息沟通速度较慢，成本高，信息失真率较高，所以上级的决定在执行过程中会发生不同程度的偏离，从而影响政府职能的有效发挥。电子政务降低了政府获取信息的难度，政府可以根据需要，适当地减少管理层次，扩大管理幅度，降低管理成本；另外，借助电子信息技术，政府还可以使行政流程实现标准化和规范化，使大量常规性、例行性的事务电子化，这样既能减轻工作人员的劳动强度，又能减少主观因素对业务处理流程的干扰，从而提高办事效率。

再次，在与公众沟通方式上，电子政务可以实现政府与公众进行实时和双向的信息沟通。传统政务下，政府主要靠各种公共传媒如广播、报纸等发布政务信息，而公众主要靠信件等传统手段向政府传递信息，其缺点是速度慢，政府与公众之间无法及时沟通，且纸质文件管理不方便。电子政务使政府与公众之间的沟通变得异常便捷，政府可以通过电子政务系统实时地向社会各界发布各种信息，公众则可以通过政府开放的电子邮件提出自己的看法、批评和建议，参与政府经济与社会发展的各种决策活动，促进社会主义民主的建设，提高人民参政议政的意识。[1]

最后，在行政效果上，电子政务易于创造一个高效、透明、廉洁的政府。

---

1. 参见赵晓侠、李向阳、潘晟昊、田春瑾：《信息时代的政务处理——电子政务》，载《昆明理工大学学报》(社会科学版)，2005年第3期。

实行电子政务后,政府部门的各项政策信息可以通过互联网很方便地传递给公众,公众也可以通过网上服务平台办理各种事项,如办理结婚登记、办理护照、缴纳个人税款等,这些无疑提高了政府服务效能。同时,电子政务使政府处于透明状态,接受公众监督,各部门办事效率如何,办事效果如何,都处于公众监督之下。公众监督也使政府工作人员更加严格要求自己,廉洁从政,这易于打造廉洁政府。

由此可见,电子政务虽是对传统政府的再造,却并非是全新的事物,它继承了传统政府追求效率、民主、廉洁、亲民的基本价值,并努力通过现代化的技术手段实现这些价值。

(三)以民为本的美国电子政务

正是由于电子政务具有传统政务所不具备的功能和特点,所以"电子政府"概念提出后,各国纷纷推出电子政务计划,电子政务正在以迅猛的势头在全球开花。限于篇幅,本文仅对以民为本的美国电子政务作简要介绍。

美国是世界上最早提出构建"电子政府"的国家。鉴于国会和选民削减财政预算、提高行政效率的呼声,1993年总统克林顿提出"电子政府"的构想。经过十多年的发展,目前,美国的电子政务已经进入了全面发展的阶段。政务电子化已经在联邦、州、地方等各级机构中得到普及,而且在优化政府职能、沟通公民、服务公民等方面成效显著。

美国电子政务发展的最大特点是,以服务公民为中心,注重实际应用,利用现代信息技术全方位打造电子政府,提高政府公共服务效能,方便民众生活。1994年12月,美国政府信息技术服务小组(Government Information Technology Services)提出了《政府信息技术服务的前景》报告,要求建立以顾客为导向的电子政府,为民众提供更多获得政府服务的机会与途径。2001年,小布什总统重新审视战略和目标,决定将美国电子政务从"以信息技术为中心"变为"以公民为中心"。[1] 为实现以民为本的目标，美国各级政府都建立政府网站。从联邦政府、州政府、地方政府到地处偏远地带的一些不起眼的小地方都建立了网站。各级政府不仅拥有网站，而且实现了网站链接。在政府网站之间，美国各级政府的网站都实现了网络链接，即不仅有本级政府的内容，还可以通过链接进入上级政府或者下级政府的网站。更为重要的是，建立了全美性的"超级大网"。目前美国最大的电子政府网是"第一政府网站"（www.firstgov.gov），该网站是了解美国政府的"百宝囊"，是"通往所有政府信息库的大门"。从这一网站中可以搜索到的网页超过了 5100 万，既可链接到联邦行政、立法、司法部门的网站，也可链接到各州和地方的网站以及外国政府网站。

建立政府网站仅仅是美国推行电子政务的前提，在此基础上，美国电子政务更注重实际应用，注重为民众提供更优质的服务。主要表现在：（1）用于政务公开。美国各级政府都通过政府网站向社会公开大量政务信息，包括政府领导人的重要活动及演讲，政府工作的最新动态，民众到政府办理注册、登记等事项的有关信息等。这样不仅使政府拥有了一条更加便捷的信息传播渠道，而且满足了民众了解政治的需要。可以说，大部分与民众相关的政府事务，都能及时通过政府网站获得详尽的信息。（2）提供网上服务。在政府网站的首页头版位置大都设有网上服务栏目，用于为民众提供各种查询、申请、交费、注册、申请许可等服务。由于这些栏目充分发挥了网络的优势，将分属政府各部门的业务集中在一起，并与相应的网上支付系统配套使用，因而具有了"单一窗口"、"一站式"、"24 小时"、"自助式"等特点，体现了网上虚拟政府的发展方向，极大地方便了民众办事。（3）实现资源共享。各级政府通过政府网站，向大众提供政府所拥有的公用资料库信息资源，从

---

1. 马连杰、Jongpil Chung (韩国)、Stuart J. Thorson (美国)：《美国电子政务发展战略分析及借鉴》，载《中共福建省委党校学报》，2005 年第 2 期。

而实现公共信息资源的增值利用,节约了大量的社会成本。例如,弗吉尼亚州政府网站所建立的数据资料有 90% 对市民开放。据 2002 年数字政府有关情况统计,有 3300 个相关的网页被市民或工商业者浏览并下载,46% 的资料被政府部门广泛采用。仅此一项,每年州政府可节省费用 110 万美元。(4)实现政府内部办公电子化。政府机关内部的办公事务主要依靠电子邮件来传递信息。会议通知、信息传达、政策宣传、法规颁布、意见调查等,都以电子邮件方式处理,以加快信息的流通。政府内部办公电子化,缩减了政府业务流程,极大地提高了政府办事效率。[1](5)注重政府与公民互动。美国电子政务十分注重政府与民众之间互动沟通,帮助民众解决实际问题。据洛杉矶市政府信息技术局介绍,市民有事求助政府帮助时,只要拨打"311"就可以进入市政府网络服务系统,该系统容纳了各类服务项目。工作人员接到电话后,有些事项可立即作出答复;有些事项交待市民上网填写申请表,然后转相关部门处理,并负责落实和反馈。现在"311"每个月要受理 6 万多个咨询或求助电话,每年要处理 70 多万项服务事项。蒙可马利郡政府为提高服务质量和速度,在网上开发了多个应用系统,比如垃圾处理系统、路灯修理系统等。这些应用系统都是为居民服务的,市民或工商业者从某个服系统进入并提出申请后,有关部门可即时派人进行处理。[2] 这些服务在给政府带来税收的同时,也给市民带来了方便。

正是由于美国电子政务以民为本,注重实际应用,所以它优化了政府管理,提高了政府效能,节约了行政成本。仅 1992—1996 年,美国政府员工就减少了 24 万人,关闭了近 2000 个办公室,减少开支 1180 亿美元;在对居民和企业的服务方面,政府的 200 个局确立了 3000 条服务标准,作废了 1.6 万多页过时的行政法规,简化了 3.1 万多页规定;美国全国雇主税务管理系统、

---

1. 参见中国信息协会美国电子政务考察团:《美国电子政务考察报告》,http: //www. hnii. gov. cn/mylt/yjdt1. asp? theid =1260。
2. 余建平:《美国电子政务中的民本思想》,载《信息化建设》,2006 年第 1 期。

联邦政府全国采购系统和转账系统等网络的建立，不仅节省了大量的人财物，而且提高了政务透明度。在优化政府管理的同时，也提供了更优质的公共服务，方便了民众生活。2003 年，有 340 万纳税人使用了美国国税局（IRS）免费申报程序报税，比 2001 年增加了 21%；已有 15000 个用户在政府灾难救助网站上登记，有 43 个应急机构和 226 个灾难准备训练计划；有超过 6500 万的求职者访问了 USAJob.com 网站，建立了 60 多万个新的网上简历。正是由于电子政务成效显著，所以美国表示，美国电子政务将继续利用信息技术减少繁文缛节，促进水平的（联邦政府部门之间的）和垂直的（联邦政府、州政府和地方政府之间的）信息共享，建立以公民为中心、以客户为重点的政府，为民众提供更为优质的公共服务。

（四）电子政务在中国的发展历程及其面临的主要问题

电子政务虽然在美国等发达国家获得了很大发展，取得了显著成效，但是在中国却刚刚起步，而且在发展过程中遇到诸多问题亟待解决。

中国电子政务发展从 20 世纪末期至今，大致经历了基础硬件设施建设和应用系统建设两个阶段。前者主要解决办公自动化、文档信息化等问题，表现形式主要集中在基础硬件的购买上；后者核心标志是"金字工程"和"数字城市"。工商、税务、财政、公安等专业性比较强的政府部门开始了自身业务系统的建设，表现形式是重在应用软件系统的购买上。目前我国大部分地区已经历了前两个阶段，正向以"信息资源共享交换平台"为主题的电子政务建设第三个阶段过渡。经过第三个阶段，电子政务将进入高级阶段，建立数字城市，构建电子政府，即建立空间化、网络化、智能化和可视化的技术系统支持的电子政府。如上海、深圳、广州、天津等沿海开放城市纷纷提出建设数字化城市的目标。

尽管一些沿海发达地区提出了建设数字化城市的目标，但从总体来说，中国电子政务还面临着许多问题，主要表现在：(1) 对电子政务的认识还存在不少误区。有的地方政府把电子政务等同于政府部门的计算机化，用计算机系统去模仿传统的手工政务处理模式。有的地方政府把电子政务等同于政府上网，以为把政府的政策、法规、条例搬上网络就万事大吉，没有把传统的政务工具同网络服务有机地结合起来。这些认识都未能把电子政务建设与政府职能转变结合起来，真正树立为人民服务的观点，只注重信息技术手段而忽视电子政务的实质。(2) 电子政务基础信息建设落后。从整体上看，虽然中国电子政务已经进入第三阶段，但是由于发展不平衡，部分落后地区的硬件设施尚未完成。即使在较发达地区，由于信息高速公路的建设还未全面完成，网络的运行速度还很慢，各地政府的计算机、电信设施、网络设施的建设普及率还不高，这些都制约了电子政务功能的发挥，妨碍了政府与民众的沟通。(3) 信息共享问题亟待解决。信息共享包括两个方面，一是共享信息资源库建设，二是信息资源共享交换平台模块标准化的研发。共享信息资源库是指国家基础信息系统，包括人口信息系统（包括电子身份证和居民登记系统）、企业管理信息系统、地理信息系统和全球定位系统等，这些是整个电子政务系统工程的基础，但目前尚未完全建立起来。共享信息资源库建立后，还要实现信息共享，就需要信息交互平台。然而现在各级政府及其各部门使用的信息系统互不兼容，条块分割严重，造成很多信息孤岛，难以实现信息共享，因此需要由国家授权相关政府部门规范研究与应用模块相关的业务流程，进而建立标准化的业务模型和数据模型，实现信息资源共享。只有实现信息共享，各部门才能更便捷地为公众提供优质的公共服务。(4) 电子政务网络内容有限，互动效果差。电子政务运行的重要平台是政府网站，政府网站的质量如何直接关系到电子政务运行的效果。当前，中国各级政府网站离电子政务的要求还相差甚远。主要表现在：网站内容有限，相当多的政府网站满足于部分法律、法规、政策、条文上网，一些重要政治信息不予公开；网页信息单一，栏目形式呆板，更新速度太慢；各级政府之间网站链接较少,很难找到像美国"第一政府网站"(www.firstgov.gov)那样的"网中网";政府网站重视网页的介绍宣传的静态功能,而对于政府部门的信息未有动态的反映;部分政府网站虽然也设有"为民办事"、"市长信箱"之类的栏目,但真正发挥办事效能的很少,有强行制度规定的更少;更为重要的是,由于政府网站缺乏与民众互动沟通,所以登录政府网站的网友很少,政府网站人气不旺、没有公众登录政府网站,意味着政府网站很难发挥电子政务利民便民、提供优质公共服务的功能。

然而,就在各地政府网站人气不旺、电子政务功能难以发挥之际,也有个别政府网站如沙漠中绿洲,人气旺盛,发挥着沟通政府与公众、优化政府职能、便利公众生活的功能。在这极少数的政府网站中,芜湖"市民心声"就是成功实践电子政务的典型代表。用国信办副主任陈大卫的话说,"市民心声"的做法"代表了今后地市级政府网站发展的方向,真正发挥了政府网站的作用,起到了沟通政府与市民的桥梁和纽带作用"。

二、电子政务的成功实践——芜湖"市民心声"

(一)概况:发展历程与主要做法

芜湖市地处安徽省东南部,是安徽省东南部一个重要的地级市。近年来,芜湖市经济和社会发展较快,已经成为安徽省开放的前沿和经济快速增长区域。但随着社会经济的发展,一些新的矛盾和问题也相继出现,市民在遇到问题时越来越渴望得到党和政府快捷、方便的咨询服务和政策指导。芜湖市委市政府在加快经济发展步伐的过程中清楚地认识到,要解决新的矛盾和问题,化解民怨,构建和谐社会,迫切需要一种更为便捷的收集民意、集中民智的方式来加强与市民之间沟通,适应社会变革。为此,2003年1月,芜湖市在政府网站上设立了"市民心声"栏目(网站http://www.smxs.gov.cn),

开始进行实践电子政务，构建民意政府，引导市民参政议政，监督、改进政府工作，以逐步实现政府与市民的互动。

据有关人员介绍，芜湖"市民心声"栏目的宗旨是"倾听民声、了解民意、广纳民智"，其核心是以民为本，尊重民意，畅通渠道，把倾听民意、关注民生作为工作的着力点和落脚点，使各项工作都"自听取民意始，至实现民意终"。"市民心声"从开设至今经历了三个阶段，即 2003 年"联动"阶段、2004 年"互动与执行"阶段、2005 年创新的"政民互动"阶段。

2003 年"联动"阶段

2003 年初，在确定"市民心声"栏目后，为了保证该项目的顺利实施，市政府开展了一系列的联动活动，扩大了该栏目的影响力，树立了"市民心声"在市民中的品牌效应。其主要做法是：（1）与政府联动。市政府办公室与政府网站密切配合，使其得到了市委市政府领导的肯定和热情支持。（2）与督办联动。2003 年 6 月 17 日市政府督查室在"市民心声"中开设"督查反馈"栏。通过这个热点视窗，收集大家有关政务督办的意见和建议，重点开展领导关注、市民关心的问题和事项的督办，及时反馈督查办理的进程和结果，从而帮助市民切实解决问题。（3）与媒体联动。2003 年 5 月起，开始实施报纸、电台、电视台等媒体联动。一方面增加"市民心声"的宣传力度，另一方面利用媒体的监督力量，深化和扩展新闻监督。

2004 年"互动与执行"阶段

为强化政府在与市民通过网络交流后的执行效果，2004 年市政府施行了 3 份文件，将互动与执行以制度的形式确立下来。（1）建立部门反馈的在线回复机制。为了将市民意见和部门回复的互动行为纳入制度化、规范化轨道，市政府办公室印发了《关于开展市政府网站"市民心声"在线回复的通知》

（芜政办秘〔2004〕82号）。《通知》要求，对于市民的咨询投诉，各相关部门要在5个工作日内作出答复，市政府督办部门加强催办、督办，并对回复情况及办理情况进行检查，结果在网上公开通报。部门答复情况纳入年度目标考核范围。通过这一制度的实施，在政府的行政干预和网络的舆论监督作用下，两年来各部门共答复市民网上咨询投诉4000余条，解决了一批群众关心的热点、难点问题。（2）建立了民意征集的在线谋划机制。近年来，凡有关城市规划、经济发展战略、重大项目建设等每一项重大决策出台前，均通过"市民心声"征求市民意见。鉴于整合"市民心声"论坛方面资源呼声很高，市政府办公室下发《关于开辟市民论坛的通知》（芜政办秘〔2004〕94号），明确了以政府推荐、征集话题和市民自主出题等方式，在"市民心声"栏目定期推出经济发展、政府工作、社会生活等方面具有现实意义的各类话题，引导市民参与讨论。同时，重视发展中出现的新情况、新问题，建立采纳利用制度，认真吸收、利用市民的有益建议和建设性意见。（3）建立了直接沟通的在线访谈机制。为实现政府与市民即时、零距离接触，按市政府下发《关于组织开展市政府网站"在线访谈"有关事项的通知》（芜政办秘〔2003〕144号）确定每月邀请一个市直部门的主要负责同志，与广大网民进行在线即时交流，现场回答网民问题。在线访谈不预设话题，不限定内容，不设主持人，全部由网友自由提问咨询，部门负责人直接网上答复。两年来已经先后有市公安局、建委、财政局等18个部门的负责同志，通过这种方式与市民实现了网上"面对面"。

2005年创新的"政民互动"阶段

进入2005年，论坛已经完成了向民意社区的转化，"市民心声"围绕"互动"、"执行"和"创新"等主题，议论、研讨、阐发民间的声音。（1）从简单留言到互动的民意社区。"市民心声"栏目在最初只是一个简单的留言板，没有注册、没有查询、没有分类、没有统计，甚至没有分页。到2005年

"市民心声"已经发展成为分类齐全、功能完善的网上民意社区,并从市政府网站中独立出来,成为相对独立的"市民心声"网站。新网站在原有板块的基础上,整合"市长热线"、"网上信访"、"城市管理"、"新闻督办"和"市长信箱"等内容,成为"政民互动"的综合性网络平台。(2)变民间智慧为政府行为。随着对"市民心声"认识的深化,市政府更加注重其对政府治理的资政作用,更加注重对"市民心声"话题的引导。2005年先后组织网友就"关注两会"、"和谐芜湖"、"中部崛起"、"遏制房价过快增长"、"节约型社会"、"东向战略"等诸多话题进行专题研讨,变网友自发的建言献策为政府部门主动引导参与,充分发挥民间智慧,为经济建设和城市发展服务。因为有了导向,网民们出谋划策的水平越来越高,越来越有针对性和建设性,提出了许多颇有价值的建议。网民们围绕芜湖改革开放、经济建设和社会发展中的重大问题,从各种各样的角度出发,分析讨论,引发了讨论热潮,引起了政府部门内部不可能有的效果。市政府及其相关部门注意吸收和采纳网友的意见和建议,例如市政府在充分听取、吸纳网友建议的基础上调整了一系列的房地产管理政策,遏制了芜湖市房价过快增长的势头,优化了商品房结构,受到了市民的欢迎。[1]

(二) 主要特点

在电子政务建设过程中,各地政府网站都创办了类似的栏目。和其他地方类似的栏目相比,芜湖"市民心声"办出了自己的特色,其主要特点有:(1)互动性。具体表现为:"市民有投诉,政府有回复。群众有意见,政府有解答。"相对于其他同类网站、论坛,该栏目最大的特点体现在这种良性的互

---

1. 参见丁祖荣主编:《民意社区——芜湖市利用网络实行政府与市民互动》,合肥:安徽人民出版社2005年版,第297—330页。

动机制上。在很多地方政府网站,市民虽然也能投诉,提出意见和建议,但这些投诉、意见和建议往往石沉大海。在芜湖,各级政府和部门都十分重视"市民心声"上的群众意见,基本上做到了有投诉有回复、有意见有解答。正是政府直接参与互动,才带来市民的更多关注,使"市民心声"人气旺盛。从人气上说,"市民心声"的在线人数,从早晨8点到晚上10点,都是在500人左右,最近发展到1000多人。(2)务实性。"市民心声"栏目的宗旨是"倾听民声、了解民意、广纳民智",其核心是以民为本。这一宗旨不仅仅表现在通过回复实现互动,而且表现在市民反映问题的切实解决上。很多地方政府网站,虽然也进行了回复,但是问题解决率不高,为市民办实事不多,因此,市民参政议政缺乏热情。而"市民心声"在市政府的支持下,狠抓问题解决率,注重问题解决的实际效果,深受市民好评,也激发了市民参政的热情。据统计,开办3年来,已经答复各类网友咨询投诉近7000条,2004年的回复率为86%,2005年1—9月的回复率为97.3%。其中,对于政策解答、咨询类和行风、政风投诉的问题,解决率为100%;对城市违章举报、占道经营、环境卫生等直接影响百姓生活方面的问题的解决率为100%。(3)宽容性。一般的政府网站对一些批评性的意见,特别是尖锐的批评性意见,很难以平和的心态对待,更难以允许其在政府网站上出现。对此,"市民心声"持开放宽容的态度。只要不是反党反社会主义的言论,只要不是攻击政党部门或者人身攻击的言论,只要是实事求是的、建设性的意见和建议,即使言辞激烈,"市民心声"也允许在网站上出现。因此,各部门在开会时听不到的声音,在报告中看不到的问题,都能在这个虚拟空间中看到、感受到。这不仅有利于改进政府工作,而且有利于给党政部门以警示。(4)娱乐性。"市民心声"虽然仅仅是政府网站中一个栏目,但是其内容丰富,它不仅有"市民论坛"、"咨询投诉"、"督办反馈"、"城市管理"等栏目,而且有"百姓话题"、"社区生活"、"乡土生活"、"情感码头"等生活栏目。在工作之余,市民登录"市民心声"不仅可以反映问题,发表对市政建设的意见和建议,而且可以沟通思想、抒发情感、了解生活资讯,这就赋予网站以人性化的生活气息。这也是"市民心声"能够在市民中产生影响、获得很旺人气的重要原因。(5)联动性。由于网络媒体仍处在发展阶段,与传统媒体比较,其覆盖面、影响力仍有一定差距,因此,芜湖市将"市民心声"与日报、晚报、电视台、电台进行联动。在这些媒体上开辟专栏,每周挑选一批精华帖子予以登载、转播,进一步扩大栏目的受众面,增强其影响范围,进而使栏目的作用得到更大的发挥。(6)扩展性。由于该栏目目前已经具备的上述几个特征,为下一步开展电子政务、网上办公奠定了良好的群众基础、技术基础。以此为起点,芜湖市将对各部门的工作内容进行细化分解、对工作流程进行重组、对工作单元进行再造,逐步实现在线办公、网上办事。

(三) 评价机制和成效评价

芜湖"市民心声"作为电子政务建设的探索,需要有一套科学的评价机制对其成效进行评价。但是,和电子政务的技术评估体系不同[1],作为政府与市民沟通的平台,"市民心声"的评价更应该从社会效益而不是从技术角度进行评价,也就是,要从网站自身状况、政府管理优化程度、市民受益程度、社会发展程度、社会影响力和社会评价程度等几个角度进行评价。

(1)从网站自身状况来看,"市民心声"已经成为功能齐全、人气旺盛、独具特色的政府网站。创办之初,"市民心声"仅仅是个留言板,功能单一,现在不仅拥有"市民论坛"、"咨询投诉"、"督办反馈"、"城市管理"等栏目,而且有"百姓话题"、"社区生活"、"乡土生活"、"情感码头"等生活栏目,已经发展成为集政务沟通和生活娱乐为一体的政府与民众沟通平台。据

---

1. 从技术角度上说,电子政务绩效评估体系主要包括评估模型、指标体系、评估方法、绩效确定方法。参见彭细正:《电子政务绩效评估体系探讨》,载《信息化建设》,2005 年第 5 期。

统计，2004 年，"市民心声"栏目总访问量达 400 万人次，日均访问量达 1 万人次以上；共发帖 16 万条，日均发帖 500 余条，其中共发表主题帖 7250 篇；共发表文字 2532 万字，图片 9044 幅；各部门开展意见征询 8 次，在线访谈 12 次，公布议案、提案共办理 30 件；新增注册用户 3.7 万个，累计注册用户已达 5 万个，涵盖了北京、上海、江苏、浙江、福建、广东、新疆等 20 多个省市和港澳台地区及美国、英国、日本、澳大利亚、挪威等 10 多个国家。新华社以及新浪网、搜狐网等数十家媒体、网站进行了报道，并转载栏目中的一些好文章。就是这样优秀的网站，其软硬件投入不到 5 万元，属于花小钱办大事的典型。因此，从网站自身建设情况来看，"市民心声"已经成为集政务咨询和思想交流于一体的具有地方特色的政府网站。2005 年"市民心声"名列"中国优秀政府门户网"站名单，2004 年和 2005 年连续两年荣获"安徽省优秀政府网站"一等奖。

（2）从政府管理优化程度来看，"市民心声"促进了政府职能转变，提高了行政效率，刷新了政府形象。"市民心声"作为政府与民众的沟通平台，为政府提供了除主渠道之外一个掌握信息的新渠道，便于了解民风、民情和民声。创办伊始，当时的芜湖市长沈卫国就十分注重通过"市民心声"了解芜湖情况，汲取民间智慧。他说"市民心声"使他"看到了报告中看不见的问题，听到了汇报中听不到的意见"。现在，各级党政机关、人大代表、政协委员在进行决策或提交议案前都要把重点议案和提案在网上发布，供市民讨论，汲取民智，以求完善。这不仅提高了收集社情民意的效率，提高了办事效率，而且促进了政府职能转变。另外，通过在线访谈、在线回复等公开透明的行政方式，实现了政府与民众的直接沟通交流，刷新了政府形象。

（3）从市民受益程度来看，"市民心声"不仅为市民参政议政提供了平台，而且帮助市民解决了实际问题。过去，市民对市政建设、党政部门有意见和建议，都没有地方说，说了也没有用。"市民心声"为市民参政议政提供了透明而畅通的渠道。近年来，每当党政部门推出有关城市规划、经济发展战略、项目建设等重大项目征求市民意见时，市民都踊跃参与讨论，贡献才智。"市民心声"帮助解决了许多市民关心的实际问题。前两年各部门共答复市民网上咨询投诉4000余条，解决了一批诸如"长宁路改造"、"驾照年审难"等一大批群众关心的热点、难点问题。作为"市民心声"的最大受益者，广大市民对"市民心声"评价很高。

（4）从社会发展程度来看，"市民心声"促进了芜湖市社会经济的和谐发展。通过"在线访谈"机制、"在线回复"机制，市民提出的各类咨询、投诉、建议等问题都能得到及时回复，各种问题都能得到较满意的解决，从而实现真正的互动。通过党政部门与市民的互动，双方加强了思想交流，增进了理解和信任。党政部门与市民之间信任的积累，有力地促进了社会信任机制的形成。市政府通过"市民心声"这个平台，把网友组织起来开展各项社会公益活动，产生了良好的社会效益。此外，很多外地商人也是通过"市民心声"了解芜湖，在芜湖寻求商机的。因此可以说，正是通过"市民心声"，对内优化了政府管理，帮助市民解决了实际问题，对外吸引了战略投资者，才促进了芜湖社会经济的蓬勃发展。

（5）从社会影响力和社会评价程度来看，"市民心声"显示的良好互动效应和政务功能，受到了社会各界的高度评价。2004年出版的《中国互联网发展报告》一书，以芜湖政府网的"市民心声"催生电子政务为题，单列章节，收录了"市民心声"的发展历程、具体举措和工作成效。此外，"市民心声"还受到《人民日报》、《中国计算机报》、《安徽日报》、《互联网周刊》等多家媒体的报道和称赞。安徽省内17个地市中的绝大多数政府网站都是按照"市民心声"的模式建立了互动论坛，部分区县的政府网站也开设了互动栏目。省外包括南京、邯郸、襄樊、焦作、常德、海口等城市都前来考察学习。以"市民心声"为载体的"安徽省芜湖市政府：'政府利用网络实行政府与市民互动'"项目受到了很多专家学者的好评，获得第三届（2005—2006年度）"中国地方政府创新奖"入围奖。

（四）起因与动力机制

芜湖"市民心声"取得今天的成效，绝非偶然，而是由于它植根于改革开放的伟大实践，发端于社会发展中新的矛盾和问题，成功于由多种因素构成的动力机制。

要使"市民心声"真正运行起来，需要各方面支持，需要各种动力支持。具体来说，这些动力要素包括：（1）市民的需求和江城参与文化。江城经济的迅速发展为广大市民带来发家致富的机遇和诸多困惑，广大市民迫切需要政府的咨询和指导。因此，市民的呼唤是"市民心声"诞生和发展的重要原因。广大市民通过这个无障碍的网上平台，把自己的投诉和咨询问题直接向政府部门提交，既促进了问题的解决，又消除了怨气，化解了矛盾。政府部门通过及时办理百姓的建议和投诉，新修了道路，规范了物业，整顿了占道经营，打击了违法犯罪，改进了工作流程。政府的积极互动更激发了市民通过"市民心声"参政议政的热情。同时，广大市民热情参与"市民心声"还根源于江城传统的参与文化。江城地处长江沿岸，早在晚清之际就与西方开展贸易活动，广大市民心胸开阔，思想开放，热心公共政治生活。（2）市政府领导的热情支持和政府观念的转变。市政府领导的支持至关重要。市长沈卫国思想开放，对网络这样的新事物很感兴趣，对"市民心声"给予极大的关注，亲自答复网友提问，并多次督促各部门对网友的意见和建议给予答复。在他的支持下，市政府通过多份文件规范"市民心声"运作，规范各级政府和职能部门的从政行为。各级政府和职能部门领导观念的转变为"市民心声"的有效运行提供了动力保证。如果没有市政府领导的热情支持，没有各职能部门领导和广大工作人员观念的转变，就不可能有政府与市民的互动，就不可能有"市民心声"的有效运行和迅速发展。（3）媒体和社会各界的推动。"市民心声"栏目设立之初虽然只是芜湖市政府网站的一个栏目，不怎么引人注目，但是随着其成效的显现，影响日益扩大。新华社、《人民日报》、《安徽日报》等国家和省级重要媒体多次对"市民心声"所取得的成绩和做法给予高度肯定，这在很大程度上促使"市民心声"不断创新，不断提高互动与执行的效果，不断提高服务质量。特别是2003年8、9月，新华社在20天之内连发两篇通稿，介绍"市民心声"与市民互动的做法，并称之为是实践"三个代表"的具体体现，更是坚定了芜湖市把"市民心声"办好的决心。2005年注重沟通的"中国芜湖"（www.wuhu.gov.cn）名列优秀门户网站，2006年"市民心声"获得第三届"中国地方政府创新奖"入围奖，这些都为继续推进"市民心声"网站建设提供了推动力。（4）具体工作人员和核心网友的辛勤工作。"市民心声"虽然受到各方面的支持和推动，但是具体工作还离不开丁祖荣、周晓霞、马军等有关领导和工作人员以及"平湖秋月"等核心网友。从栏目策划到具体审帖、删帖，从信息收集到一些重大问题的处理，都离不开信息办工作人员的辛勤劳动。"市民心声"的年度报告很多都是在核心网友的帮助下完成的。总之，正是在市民、市政府、媒体、具体工作人员和核心网友等各方面的共同支持下，才形成了推动"市民心声"发展的动力机制，促进了"市民心声"有效运行，取得显著的成效。

（五）问题与阻力

"市民心声"虽然已经取得了巨大的社会效益，但是仍然面临着诸多的问题和阻力。概括起来，大致有技术性问题和政治性问题两个方面。

就技术性问题而言，随着芜湖市社会经济的发展，"市民心声"功能日益健全，现有的技术设备和各种软件已经无法满足电子政务发展的需要，需要更新换代。从项目实施至今，"市民心声"几乎再没有什么资金投入。"市民心声"的服务器是2000年建立政府网站时购置的，直到2004年6月，由于访问者众多，造成原有服务器的超负荷运转，已经严重影响访问速度的时候，

"市民心声"才购置了一台价值2.5万元的低档服务器,用于数据库软件的运行。这算是"市民心声"最大的一笔资金投入。在其他技术和维护方面,支持"市民心声"运行的操作系统软件和数据库软件是原来政府网站所使用的软件;"市民心声"所使用的网页、后台管理程序是自己的技术人员开发的;"市民心声"的全部维护人员包括版主是由信息办和核心网友兼任,所有这些都是不需要资金投入的。但是,随着"市民心声"功能日益健全和电子政务资源的整合,现有的技术设备和软件系统已经难以适应新的发展需要,迫切需要添置高档的服务器和选择更高版本的应用软件来提供更加安全、稳定、快捷的服务。

除技术性问题外,"市民心声"的发展也面临着一些政治性问题,主要表现为:(1) 答复的时效性依然没有能达到满意的效果。目前,虽然绝大多数单位都能在规定的时间内及时回复网友的咨询投诉,但是仍有部分单位由于种种原因不能及时回复。由于时效性是"市民心声"得以发展的重要前提,时效性的降低无疑会影响"市民心声"在网友心目中的地位,所以必须首先解决这个问题。解决的途径,不能仅仅依靠人工催办,而且要通过手机短信的方式进行电子催办。对于逾期三日未答复的帖子,将通过手机短信通知各单位的具体联系人,逾期一周以上的,将通知分管科室的负责人,逾期半个月以上的,将直接把催办信息发送到部门主要负责人的手机上,并且每日催办一次,直至答复为止。(2) 解决问题力度有待加强。市民愿意与党政部门进行沟通,关键在于党政部门能够帮助市民答疑解惑,解决问题。如果党政部门回复敷衍了事,不能真正解决问题,市民就会逐步丧失参与的热情,放弃这个沟通渠道,因此,切实帮助市民解决问题是党政部门和市民得以持续互动的动力源泉。虽然大多数部门对市民的问题进行了认真解决,但是还有一些部门敷衍推诿。因此,要对这些敷衍了事的部门加大督促和惩处力度,进一步提高市民的满意率。(3) "市民心声"的影响力有限,网络群覆盖面有限,市民参与程度尚嫌不足。现在"市民心声"平均在线人数约500人,高峰时段也不过 1000 多人,对于芜湖区域 10 万互联网用户来说,实在微不足道。另外,由于经济发展的限制,广大农村还没有普及电脑,互联网难以通到农民家中。即使通到农村,受知识水平等因素制约,很多农民仍不会使用互联网,更难以通过"市民心声"与政府互动,所以在广大农村,"市民心声"几乎没有什么成效。为此,要继续通过各种途径宣传"市民心声",通过增设社区信息服务站等方式扩大互联网覆盖面,扩大"市民心声"覆盖面,增强其效果。(4)"市民心声"办事功能有待扩展。"市民心声"网站的最大功能就是能够帮助市民切实办事,既方便市民,又提高政府效能。因此,要把"市长热线"、"市长信箱"、"信访"和行政服务中心都集中到这个虚拟化的工作平台上,为推行电子政务优化升级奠定基础,增强市民参政监政的力度。[1]

(六) 小 结

芜湖"市民心声"对电子政务的成功探索和实践,实际上是一个打造善治政府的过程。善治(good governance),简单地说,就是使公共利益最大化的社会管理过程。善治的本质特征,就是政府与公民对公共生活的合作管理和良性互动。"市民心声"的宗旨是"倾听民声、了解民意、广纳民智",其核心是以民为本。在此宗旨的指导下,"市民心声"通过在线谋划机制、在线访谈机制、在线回复机制,实现政务信息公开透明,不仅市民很容易获得政治信息,而且政府较便捷地了解社情民意,从而使市民和政府能够通过"市民心声"形成良性互动。良性互动的形成,激发了市民参与政治的热情,这不仅发展了社会主义政治民主,而且促进了公共治理主体的多元化。在政务

---

[1]. 本部分所用数据主要来自作者实地调查和丁祖荣主编:《民意社区——芜湖市利用网络实行政府与市民互动》,合肥:安徽人民出版社 2005 年版。

公开透明的情况下，市级以下各级政府和相关职能部门必须依法行政，在市民的监督下履行工作职责，任何违反法规的行为都会遭到投诉，有利于提升社会法治水平，增强政府工作人员自身的廉洁自律。通过"市民心声"，透明政府、法治政府、廉洁政府、责任政府的形象得到展现，从而刷新了政府形象，赢得了市民的信任，增强了政府的合法性。而政府合法性的增强，又有效地化解了社会矛盾，促进了社会和谐和社会稳定。因此，芜湖"市民心声"成功地实践了电子政务，无论在主观上还是在客观上都促进了善治政府的形成。从这个意义上说，芜湖"市民心声"代表了中国电子政务的发展方向。

三、芜湖"市民心声"实践电子政务引发的思考

芜湖"市民心声"作为电子政务的成功实践，作为地方政府善治的重要助推器，有很多值得我们思考的地方。具体来说：

（一）领导的意志推动还是制度化？

"市民心声"栏目的诞生虽有改革开放和社会经济发展的深刻背景，但它首先是领导意志的结果。随着社会经济的发展，市政府迫切需要了解社情民意，因此，市政府领导都在思考通过何种方式优化网络沟通。市长沈卫国思想开放，对网络这样的新事物尤感兴趣。在他的支持下，政府秘书长丁祖荣和信息办周晓霞、马军等同志，共同制订方案，推出了"市民心声"栏目。市长沈卫国对"市民心声"给予极大的关注，亲自答复网友提问，多次督促各部门对网友的意见和建议给予答复，并根据网上提供的线索，走街串巷，核实情况。在他的支持下，市政府施行了《关于"市民心声"专栏与媒体联动的方案》、《关于开展市政府网站"在线访谈"有关事项的通知》、《关于开展市政府网站"市民心声"在线回复的通知》、《关于开辟市民论坛的通知》

等6份文件予以制度化,从而使政府—市民互动得以规范。文件的颁布改变了领导意志对"市民心声"运作的支配。在文件没有颁布之前,虽然市政府要求各部门也要认真回复市民,解决市民遇到的实际问题,但是还是有不少部门有抵触情绪。文件颁布后,情况完全不同。各部门必须按照制度规定,及时回复市民诉求,必须定期搞在线访谈,现场解答市民提问,必须实事求是地接受市民监督。对于违反规定的,要受到相关规定的处罚。在制度约束下,各部门领导上班后的第一件事就是登录"市民心声",查看市民投诉,督促回复。现在,"市民心声"运作已经实现了制度化,按照制度要求履行职责,已经成为每个党政部门的自觉行动。即使发生市政府领导人更替,也不会影响"市民心声"的有效运行。

(二) 政务手段还是新政治空间?

"市民心声"设立的初衷是为了了解社情民意,优化政府管理,化解社会矛盾。从这个意义上说,"市民心声"仅仅是一种政务手段,即利用互联网及时便捷的优势传递社情民意,使政府部门更快捷地了解社情民意,更及时地解决问题。这和"市长信箱"、"市长热线"、信访等渠道在本质上是一样的,是政府沟通市民的桥梁和纽带。但是,随着在线回复机制、在线访谈机制、在线谋划机制的制度化,"市民心声"的性质发生了根本性的变化,逐渐发展成为新的政治空间。说它成为新的政治空间,是因为"市民心声"已经成为芜湖市民政治生活不可缺少的组成部分,一部分市民和干部访问"市民心声"已经成为一种习惯。芜湖市政府及其各部门都无法忽视"市民心声"的存在。在线访谈机制使各部门定期到网上与市民直接沟通交流,现场回答市民提问,无法回避问题。在线回复机制使各部门及时回复市民投诉,帮助解决实际问题,任何敷衍了事的回复,都会受到网友的追问和谴责。在线谋划机制更是使各项政策法规制定公开透明,广集民间智慧,体现民主、民意、正义。任何部门的法规政策如果不经过"市民心声"征集意见和建议,就缺乏民意基础。更为重要的是,"市民心声"这个政治空间虽然是虚拟空间,但并不是虚假空间,它以公开透明的方式反馈着各项政策的执行效果,反映着各部门工作的成效。哪个部门工作的效果如何,"市民心声"反映得清清楚楚;哪个领导亲民爱民,"市民心声"也写得明明白白。因此,作为芜湖市社会政治生活"晴雨表"的"市民心声"已经成为各部门工作评议的重要指标,成为各部门领导干部升迁与否的重要依据。所以,从这个意义上说,"市民心声"不仅仅是政务手段,而是新政治空间,它和每个部门的绩效评估、每个部门负责人的仕途升迁紧密地联系在一起。

(三) 网络民主还是网络民意社区?

互联网的广泛应用,不仅影响着社会经济生活,而且影响着政治生活,改变着政治民主的表现形式。从20世纪末开始,很多发达国家已经出现了从代议制民主向直接参与民主转变的新动向。"网络民主,亦称电子民主、数字民主,它是随着以电子计算机为中心的电子网络的发展而兴起的一种新型的参与手段和模式,主要是指民主过程及方式的电子化,包括通过网络和在线服务实现价值观和政治立场的交流、反映和集中,主要形式有在线竞选、在线选举、在线民意调查、候选人与选民在线交流、在线听证与立法以及在线政治意愿表达等等。"[1] 在互联网刚刚起步的中国,离西方式网络民主还相距甚远。但是,芜湖"市民心声"却展现了网络民主的初级形式,即利用互联网手段使更多的市民参与到政府决策之中,参与到对政府的监督之中。"市民心声"通过在线谋机制,使有关城市规划、经济发展战略、重大项目建设等重大决策出台前,均能征求市民意见。通过在线回复和在线访谈,使广大市民

---

1. 参见孙国锋、苏竣:《电子政府促进民主和发展》,载《清华大学学报》,2001年第5期。

能够监督政府执政行为，督促其依法行政。此外，政协委员和人大代表也征求网友建议形成议案和提案，并在提交大会之前征求网友意见，予以完善。这些既体现了政府民主执政、科学执政，又扩大了市民直接参与范围，表现出了网络民主的新形式。不过，随着"市民心声"的不断发展，"市民心声"已经超出了网络民主的层面，发展成为网络民意社区。民意社区意味着不仅有民意存在，而且有市民网络共同体的客观存在。"市民心声"网站上不仅有市政投诉栏目，而且有"情感码头"、"百姓话题"等生活栏目。民意不仅包括投诉咨询等信息，而且包括各种生活资讯。广大市民通过"市民心声"不仅能够反映情况、解决问题，而且能够抒发个人情感、交流思想、结交朋友。旅游、摄影、钓鱼、文学、电影等各类业余爱好和精神追求都能在这里找到志同道合者。所以，有的市民说，"市民心声"是我们的精神家园，它使我们老百姓真正感到我们的政府是以民为本的政府。

（四）大众参与还是精英参与？

尽管"市民心声"已经成为民意社区，广大市民都可以登录网站反映问题，提出意见和建议，但是由于受知识、专业、经济等条件的制约，现在的市民参与主要还是精英参与，而非大众参与。精英参与主要是指政治精英、文化精英和经济精英的参与。从"市民心声"的诞生来看，它本身就是政治精英的杰作。没有政治精英的努力，"市民心声"是不可能出现的。从参政议政市民的身份来看，能够提出真知灼见和系统性意见和建议的多是地方精英。正如我们前面分析的，受经济发展水平的限制，广大农民基本上无法通过"市民心声"参政议政，广大劳工忙于生计，无暇关心政治生活，能够上网的市民主要集中在城市，主要集中于知识阶层。从"'市民心声'社会知名度百人问卷调查"中可以看出，城市中"有上网习惯的"占66%，而知道"市民心声"栏目的占56%，知道"市民心声"网上论坛的占47%。然而，就是这

47%中主要集中于知识阶层,包括官员、教师、学生、节目主持人、私有企业主、公司经理等。据调查,"市民心声"网站上长篇的建议书大都出自官员、政协委员、人大代表、教师或者新闻记者之手,他们有专业知识、政治经验和深入的调查研究,能够抓到问题的核心,能够对城市定位、功能布局、发展方向、经济建设、招商引资、政府工作等问题提出有价值的意见和建议。例如,"渔桥问答"网友发表"我想向两会提一个议案:2005年动工兴建大戏院",受到人大代表重视,并最终动工兴建。这个"渔桥问答"网友并不是普通的职员,而是市图书馆馆长,后到芜湖县火龙岗镇大埠村挂职书记。他曾经以"退思园主"等网名发表多篇文章,提出很多有价值的意见和建议,并参与多项核心网友献爱心活动。有的网友本身是政府官员、人大代表、政协委员或者私有企业主,为了表达个人政见,假借网名更为方便,通过网友呼应,扩大观点的影响。市政府信息办把这些经常发表政见的网友称为"核心网友"。

(五)"民意社区"是电子政务的全部吗?

芜湖"市民心声"虽然是电子政务的成功实践,代表着中国电子政务的发展方向,但它还不是电子政务的全部。完整的电子政务系统包括三个部分:一是政府部门内部的电子化和网络化办公;二是政府部门之间通过计算机网络进行信息共享和实时通信;三是政府部门通过网络与公众进行双向的信息交流。"市民心声"仅仅涉及政府部门通过网络与公众进行双向的信息交流。从系统论的角度来说,政府与市民的沟通是三个组成部分中最为重要的部分,因为一个系统是否具有生命力,关键在于它能否及时获得充足的真实信息,能否及时地对外部信息作出反应。尽管如此,"市民心声"仍然不是电子政务的全部。不过,随着芜湖电子政务工程的实施,政府各部门内部的电子化和网络化办公已基本实现,这在很大程度上提高了网上办事的能力,但问题是

政府部门之间通过计算机网络进行信息共享和实时通信还存在诸多问题。全国电子政务建设中存在的网络多、应用少、柔性差、应变难、零散多、整体少等问题在芜湖同样存在。各部门处理市民投诉和咨询的具体过程,市政府督办和网站还无法具体查询,很多数据还不能实现信息共享。政府部门之间的信息共享,实际上涉及对应用软件进行支撑的中间层软件即软件平台技术的开发和应用,涉及政府流程再造。只有利用科技创新手段,进行政府流程再造,打破行政信息壁垒,实现不同业务之间、不同政府机构之间的信息互联互通、协同应用,才能把电子政务建设向纵深推进,全面提升政府的社会化服务能力。

(原载俞可平主编:《中国地方政府创新案例研究报告2005—2006》,北京:北京大学出版社2007年版)

上海市徐汇区透明政府建设研究

吕真昌
(上海交通大学国际与公共事务学院)

徐汇区是上海市九个中心城区之一。20世纪90年代以来，徐汇区在上海市委、市政府"两级政府、三级管理"体制的框架下，抓住了难得的发展机遇，使区域经济建设和社会发展迈上了快车道。目前，徐汇区综合经济实力位居上海各中心城区前列，产业结构不断优化；人文资源集中，特别是科技资源、教育资源、文化资源、卫生资源具有较为明显的区位优势，居民文化素质的平均水平较高；城市基础设施集中，现代服务业发达，不仅是上海的交通枢纽区，而且是上海的城市副中心。经济的快速发展，社会的不断进步，极大地改变了我国政府的运作环境。面对区域经济和社会发展的内在要求，徐汇区从战略高度思考新时期的功能定位，适应时代发展要求，在2004年7月召开的区十三届人大二次会议上提出了建设"透明、高效、职业化"公共政府的目标和举措，并把透明政府建设放在首要位置。这是推进政府自身改革创新发展的积极探索，并取得了一些初步成效。

透明政府
Transparent Government

一、徐汇区建设透明政府的指导思想

2003年的SARS事件，引起人们对政府信息不公开的批评，这些批评直接推动了我国《突发公共卫生事件应急条例》的出台，也直接推动了我国的透明政府建设。

围绕建设透明政府，徐汇区依据2004年1月19日市政府第29次常务会议审议通过、2004年5月1日起施行的《上海市政府信息公开规定》（以下简称《规定》），全面推进政府信息公开工作，切实让行政行为在信息公开中得到实质性的规范。结合徐汇区的实际，于2004年初出台了《徐汇区贯彻落实〈上海市政府信息公开规定〉的实施办法》（以下简称《实施办法》），并于2004年5月1日起实施。这一《实施办法》的出台，使得徐汇区建设透明政府的责任更为明确。

（一）明确职责分工

根据《实施办法》，区信息化委员会负责编制《徐汇区政府信息公开指南》（以下简称《指南》）和《徐汇区政府信息目录》（以下简称《目录》）并负责每年更新。同时，由区信息化委员会指导上海市徐汇区人民政府门户网站做好区市民咨询服务（呼叫）中心的相关工作。区政府办公室负责协调相关部门编制《上海市徐汇区政府公报》（以下简称《公报》）。区政府门户网站运管中心牵头负责将《公报》、《指南》、《目录》及应当主动公开的政府信息全部上网，等等。经简要梳理，徐汇区政府部门建设透明政府的主要职责分工详见表1。

表1 徐汇区政府部门建设透明政府职责分工表

政府部门	职责分工
各政府部门及街道、镇	①及时更新本部门（单位）电子版《指南》和《目录》 ②适时参与编制《公报》 ③及时更新本部门（单位）政府信息 ④负责本部门（单位）信息依申请公开工作 ⑤编制本部门（单位）信息公开年度报告等
区信息化委员会	①编制和更新电子版和纸质版《指南》和《目录》 ②指导上海徐汇门户网站做好区市民咨询服务（呼叫）中心的相关工作 ③公布本区政府信息公开年度报告，对全区政府信息公开工作总结分析
区政府办公室	①协调有关部门编制《公报》 ②负责区政府的信息公开受理工作
区档案局	①负责区档案局公共查询场所的管理 ②政府信息公开集中受理窗口工作
区文化局	负责区图书馆公共查询场所的管理
区监察委员会	负责政府信息公开落实情况的监督、检查和评议，设立监督电话和举报信箱，鼓励干部群众积极参与对政府信息公开工作的监督

（二）明确工作要求

在工作原则上，徐汇区根据上海市政府的规定，进一步明确：政府信息公开是公共政府透明化的重要举措，各政府部门要坚持以人为本，坚持以"公开为原则，以不公开为例外"，全面落实政府信息公开的措施。比如，在受理申请上，徐汇区各政府部门必须根据统一的政府信息公开申请受理格式文本，规范程序，妥善办理。关于收费的原则，根据市财政局和市发展改革委员会制定的有关收费标准，在规定许可的范围内收取实际发生的成本费用，并全部上缴财政。又比如，关于公开的时限，明确当事人在集中受理窗口提出申请的，集中受理窗口应当在2个工作日内将申请转送掌握该政府信息的政府机关。该政府部门应当在 10 个工作日内将答复送集中受理窗口。因正当理由不能在 10 个工作日内答复的，经受理机构负责人同意，可以延长 10 个工作日。各政府部门通过集中受理窗口向当事人提供政府信息的，应当在当事人办妥申请手续的 7 个工作日内将政府信息送集中受理窗口。因正当理由不能在 7 个工作日内提供的，可以延长 7 个工作日。

二、徐汇区建设透明政府的主要措施

（一）制定政府信息公开指南

依据《上海市政府信息公开规定》，徐汇区制定了《徐汇区政府信息公开指南》。此《指南》包括三大项内容：一是政府信息分类与获得；二是获得政府信息的期限；三是监督与救济。主要有以下几个特点：

1. 确定政府信息公开的内容

徐汇区根据政府信息的性质对其进行分类，即：应当主动公开的政府信息、依申请公开的政府信息和免予公开的政府信息这三类。在《指南》中明确了政府信息公开的内容：（1）管理规范和发展计划方面的政府信息；（2）与公众密切相关的重大事项方面的政府信息；（3）公共资金使用和监督方面的政府信息；（4）政府机构和人事方面的政府信息；（5）法律、法规、规章规定应当公开的其他政府信息。对于以上政府信息，公众可以免费获得。

同时，《指南》也明确了公众不能获得的政府信息，主要有：（1）属于国家秘密的；（2）属于商业秘密或者公开可能导致商业秘密被泄露的；（3）属于个人隐私或者公开可能导致对个人隐私权造成不当侵害的；（4）正在调查、讨论、处理过程中的，但法律、法规另有规定的除外；（5）与行政执法有关，公开后可能会影响检查、调查、取证等执法活动或者会威胁个人生命安全的；（6）法律、法规规定免予公开的其他情形。但是，《指南》规定，对于第二项、第三项所列的政府信息，权利人或者相关当事人同意公开的；公开的公共利益超过可能造成的损害的；法律、法规规定可以公开的，公众有权通过申请获得；对于第四项、第五项所列的政府信息，如果公开具有明显的公共利益并且公开不会造成实质性损害的，公众也有权通过申请获得。

2. 确定政府信息公开的途径

根据《指南》，获得徐汇区政府信息主要有这样几个途径：（1）徐汇区人民政府公报或者徐汇报；（2）上海徐汇政府门户网站（http://www.xuhui.gov.cn）或者徐汇区政府呼叫中心（网址：http://962345.xh.sh.cn，电话：021-962345）；（3）徐汇区政府新闻发布会以及徐汇有线电视；（4）徐汇区图书馆、档案馆等地设立的公共查阅室（点）。

3. 确定政府信息依申请公开办法

一是关于依申请公开的途径。《指南》规定，如果通过前文所述途径无法获得所需要的政府信息时，权利人或相关当事人可以采用信函、电报、传真、电子邮件等形式向掌握该政府信息的政府机关申请获得。

二是关于依申请公开的受理机构。《指南》规定，区政府办公室、区政府各委、办、局及街道、镇的办公室（秘书科、综合科）、区档案局设立的区政府信息公开集中受理窗口为依申请公开的受理机构，并以公开方式告知了各受理机构具体的联系地址、联系电话、传真号码、电子邮箱等。

三是关于对依申请公开的要求。《指南》规定，提出申请时，应当包括下列内容：姓名或者名称、身份证明、联系方式；所需政府信息的内容描述，也可以按照《上海市政府信息公开申请表》填写，该申请表可以在上海徐汇政府门户网站上下载。申请者提出申请后，有关政府机关会安排适当的时间和场所，提供当场阅读或者申请者自行抄录，政府机关提供打印、复制等服务；对于选择以邮寄、递送、传真、电子邮件等形式获取政府信息复制件的，以申请者要求的形式提供；如果因为技术原因无法满足，上述政府机关会选择以符合该政府信息特点的形式向申请者提供。

四是关于依申请公开的收费原则。《指南》规定，政府机关依申请提供政府信息，将收取实际发生的检索、复制、邮寄、递送等成本费用。但是，申请者如果属于低收入者，可以向政府机关申请免费提供。

五是关于依申请公开的时限。《指南》规定，除可以当场予以答复的外，有关政府机关将在15个工作日内作出书面答复；如果已经办妥申请手续，有关政府机关将当场提供所需的政府信息；不能当场提供的，将在10个工作日内提供。有关政府机关因正当理由不能在上述时间之内答复或者提供，政府机关必须书面告知申请人或相对人，并在15个工作日内答复或者提供有关政府信息。

（二）编制政府信息目录

为了方便公民、法人和其他组织对属于徐汇区政府应当主动公开范围的政府信息进行查询，徐汇区编制了《徐汇区政府信息目录》，主要包括：信息名称——反映信息主要内容的标题；内容描述——信息内容简介；发布机构——产生信息的政府机关；产生日期——信息的形成时间，等等。徐汇区各委、办、局，各街道、镇的政府信息亦纳入了此《目录》。目录每年更新，最新版本在上海徐汇政府门户网站上可以查阅。本文以2007年5月版的《徐汇区政府信息目录》为样本，就目录内容简要作一个分析，详见表2。

表 2 《徐汇区政府信息目录》分析表

一级目录	二级目录	三级目录	信息总数/占比
管理规范和发展计划方面	各政府机关制定的规范性文件以及与经济、社会管理和公共服务相关的其他文件	1. 区政府发布的文件 2. 区政府办公室发布的文件 3. 各委、办、局发布的文件	301/32.2%
	经济社会发展的规划、计划及其进展和完成情况	1. 规划、计划 （1）区政府编制的经济社会发展规划、计划 （2）区政府委办局编制的经济社会发展规划、计划 2. 进展和完成情况 （1）区政府编制的经济社会发展规划、计划进展和完成情况 （2）区政府委办局编制的经济社会发展规划、计划进展和完成情况	24/2.6%
	城市总体规划、其他各类城市规划以及土地利用总体规划等		2/0.2%
与公众密切相关的重大事项方面	影响公众人身和财产安全的疫情、灾情或者突发事件的预报、发生及其处理情况	1. 疫情（甲类传染病、乙类传染病、丙类传染病）的预报、发生及处理 2. 灾情（台风、暴雨、风暴潮、龙卷风、赤潮、浓雾、高温、雷击、地质、地震、道路、交通事故、火灾、化学事故）生命线工程事故（水、气、电、通信工程）或者其他突发性事件的预报、发生及处理	16/1.7%
	扶贫、优抚、教育、社会保障、劳动就业等方面的标准、条件及实施情况	1. 扶贫的标准、条件及实施情况 2. 优抚的标准、条件及实施情况 3. 教育的标准、条件及实施情况（中小学、幼儿园教师职称评定的标准、条件及实施情况） 4. 社会保障与劳动就业方面的标准、条件及实施情况	82/8.8%
	土地征用、房屋拆迁的批准文件、补偿标准、安置方案等情况	1. 徐汇区土地征用方案公告 2. 徐汇区征地补偿安置公告 3. 徐汇区拆迁许可证公告 4. 新建住宅交付使用许可证	242/25.9%

续表

一级目录	二级目录	三级目录	信息总数/占比
公共资金使用和监督方面	重大城市基础建设项目的公开招标、投标、中标情况及工程进度情况	1. 重大城市基础建设项目的公开招标、投标、中标情况 （1）河道建设项目 （2）市政道路建设项目 2. 重大城市基础建设项目工程进度情况 （1）河道建设项目 （2）市政道路建设项目	1/0.1%
	政府集中采购项目的目录、政府采购限额标准、采购结果及其监督情况	1. 政府集中采购的目录 2. 政府采购招标信息 3. 政府采购结果 4. 政府采购监督情况	3/0.3%
	政府财政预算、决算和实际支出以及审计情况	1. 徐汇区政府财政预算执行情况 （1）财政收入情况 （2）财政支出情况 （3）财政预算管理 2. 徐汇区政府财政预算情况 （1）收入预算安排 （2）支出预算安排 3. 政府财政预算及其他资金审计情况	39/4.2%
政府机构和人事方面	各级政府工作部门的管理职能及其调整、变动情况	1. 区政府委、办、局的管理职能 2. 调整、变动情况	8/0.9%
	公务员招考、录用以及公开选任干部的条件、程序、结果等情况	徐汇区公务员录用情况	11/1.2%
法律法规规章规定应当公开的其他政府信息	原来政务公开已经公开的政府信息，上述四个方面都无法纳入的，放入此类		207/22.1%

（三）推进电子政务建设

徐汇区高度重视以信息化促进透明政府建设，提高政府自身建设水平。早在 2003 年，徐汇区就成立了徐汇区政府门户网运行管理中心，建立区政府网站工作联席会议，由中共徐汇区委宣传部作为主管部门，直接负责对网站的日常管理。2005 年 10 月，制定实行了《徐汇区政府网站管理暂行办法》。这些都在一定程度上推动了电子政务建设，推动了政府信息公开全面、规范、有序开展，稳步推进了政府与公众互动交流工作，实现了"一站式"服务，进一步提高了为企业服务和为民服务的水平和质量。

1. 徐汇区电子政务建设的指导思想

徐汇区电子政务建设的指导思想是：以邓小平理论和"三个代表"重要思想为指导，全面落实科学发展观，按照构建社会主义和谐社会的要求，认真贯彻国家关于电子政务建设的一系列决策和部署，牢固树立以社会和公众为中心的理念，着力突出政务特色，坚持统筹规划、协同建设、分级管理，努力把徐汇区政府网站真正办成政务公开的重要窗口和建设服务政府、效能政府的重要平台。在互联网上及时准确发布政府信息，搭建与公众互动交流的平台，拓宽社情民意的表达渠道，着重为公众和企业提供在线办事服务、提供公益性便民服务。

2. 建立徐汇区公务员门户系统

徐汇区现已建成的公务员门户系统，实现了统一身份、统一授权、统一桌面、统一信访系统、统一日程安排、统一会议安排、统一 OA 系统等，借助于网站、呼叫中心、短信平台等多种服务形式，构建符合群众需要、便于群众操作的电子政务前台——后台服务体系。

透明政府
Transparent Government

3. 构建徐汇区政府门户网站群

徐汇区目前打造的"上海徐汇"（网址：http：//www.xuhui.gov.cn）是徐汇区人民政府门户网站，徐汇区各政府部门网站以及街道、镇、社区网站是其子网站，同时还包括徐汇区政府呼叫中心（网址：http：//962345.xh.sh.cn；电话：021-922345）、徐汇区公共服务地理信息系统（http：//publicgis.xh.sh.cn）、徐汇区企业服务平台等，已初步构建了徐汇区政府门户网站群。已建成的各政府子网站都在首页显著位置做好与"上海徐汇"的链接，切实加强了与区政府门户网站的内容整合和服务整合，逐步形成资源共享、协同共建和整体联动的政府网站群。对于尚未建设政府网站的单位，可以依托"上海徐汇"来保障本部门政府信息公开和网上办事等各项工作，不再独立建设本部门网站。对于确有建站需要的，也将直接纳入到徐汇区政府网站群框架之中，以资源共享为目标，以部门特色工作为重点，集中力量建设特定的内容栏目和服务功能。

4. 完善徐汇区政府门户网站群功能

一是信息公开功能。按照"严格依法、全面真实、及时便民"的政务公开要求，依据《上海市政府信息公开规定》，结合徐汇区政府信息公开实施办法和上海徐汇政府门户网政务公开和政府信息公开栏目内容设置，确保政府各部门集中统一在"上海徐汇"政府门户网站及时、主动发布各类政府信息，内容准确，着力体现政府工作的公开透明。区政府各部门也主动按照政府信息公开的要求在区政府门户网站及时发布行政法规、规章、规范性文件、各类会议、公示公告等重要信息，及时更新政府负责人简介、机构职能等信息。同时围绕公众生活与工作需求，提供重大工作部署、国民经济统计数据、政府办事、行政处罚结果等相关信息。及时发布预警信息，普及应急知识，有效增强公众安全和防范意识。对重大突发公共事件，尽量主动、及时发布权威信息，为事件的妥善处理营造良好的舆论环境。

围绕政府重点工作、当前经济社会发展中的热点、难点问题，推出政务专题、政策法规解读等信息，引导公众理解、支持和配合政府工作。各单位指定专人负责在"上海徐汇"上发布和维护本单位主动公开的政府信息。各单位子网站上政府信息公开栏目原则上可以运用技术手段来共享区政府门户网相关内容，如在子网站自行设立栏目发布，其发布的信息应当与区政府门户网上本单位负责维护的部分内容相同和时间同步。政府信息依申请公开在政府门户网上切实做到"前台一口受理，后台协同办理"。"上海徐汇"发挥网站信息检索功能，提供政府信息的分类检索和全文检索服务，方便公众查找、利用。

这里，简要介绍一下徐汇区政府呼叫中心和徐汇区公共服务地理信息系统。

徐汇区政府呼叫中心，是集自动电话语音、传真、电子邮件和互联网等为一体的政府公共信息服务多媒体呼叫中心，现已开通劳动与社会保障、质量技术监督、法律援助、招商指引、教育咨询、民防业务、规划局、民政局、市容局、人事局、总值班室、医保中心、房管局、环保局、纠风办、监察委等16个部门的"每周7天、每天24小时"的咨询服务。如果公众想获得更多的服务信息或对呼叫中心的自动服务有疑问，可以选择人工服务，也可以为呼叫中心留言，留下联系方式和服务请求，呼叫中心将认真办理并及时回复。同时，公众还可以在网上及时查询反映情况的处理结果。

徐汇区公共服务地理信息系统是全区统一的综合服务平台，为全区各相关单位提供基础数据支持。重点开发利用地图、交通、教育、科技、文化、卫生、社会保障、公用事业等与公众生活密切相关的公益性信息资源，努力提供各类便民服务。公众可以通过网络免费查询系统内的所有信息。因为各政府部门的业务，要么与人打交道，要么与企业打交道，或者是对区域内的地、物等进行管理，所以这些业务都离不开自然人、法人及空间地理基础数

据库的支撑。通过建立全区统一的基础数据库，一方面，可以方便公众对政府所掌握的地理信息、行业信息、交通信息等的查询；另一方面，也避免了各单位自行采集、维护数据库的重复劳动和重复投入，保证了基础数据的一致性。

二是在线办理功能。徐汇区成立了政府电子政务（网上办事）工作领导小组，结合行政审批制度改革，全面推进行政许可、行政审批事项上网。全面梳理行政许可、行政审批事项，优化业务流程，规范内部机制，制定切实可行的上网计划。目前，已经建立了徐汇区网上市民办事大厅和企业服务大厅，落实了网络用户统一注册和登录管理，实现了网上办事在线受理、状态查询、结果反馈的网上办事"三个环节"工作。各部门和街道社区服务受理中心也对现有政府行政审批事项和行政许可事项办理工作实现了信息化，要求各专门业务办理信息化系统必须开设或新增互联网上受理、结果反馈和状态查询接口，并与区政府门户网站网上办事大厅实现无缝连接。这在某种程度上也推进了政府行政审批方面信息的公开。

目前，徐汇区各个办事项目必须在网上清楚公示下列11个要素：（1）事项名称；（2）事项性质（行政许可、行政审批、公众服务、便民服务等）；（3）服务对象（自然人、法人、旅游者、投资者和残疾人等若干特定人群）；（4）办理机构；（5）相关法规依据；（6）办事指南（网上办理须知、办理条件、所需材料、办事流程、现场办理地点、工作时间、联系电话等）；（7）表格下载；（8）在线办理（包括网上提交资料、网上预约、网上办理状态和结果告知、网上直接在线办理等情况）；（9）状态查询；（10）结果反馈；（11）常见问答。同时，还在办事网页清楚提供下列服务的链接：政府咨询服务平台、监督投诉和行政复议。此外，还明确要求，各办事事项的内容提供和更新维护工作由该事项承办单位负责。网上公示的内容必须与现场实际办理内容相一致，发生变化时应由事项承办单位主动同步更新。

三是公众参与功能。徐汇区按照"总体规划、分步实施、严格审理、确保安全"的原则,稳步推进政民互动类栏目建设,通过现有的"区长信箱"、"领导信箱"、"监委信箱"、"徐汇区信访公众服务平台"、"政府咨询平台"、"政府实事项目意见征询"和"公众评议"等栏目,倾听民声、广纳民意、集中民智,充分发挥桥梁和纽带作用。特别需要说明的是,徐汇区"区长信箱"的受理情况也在网上进行公示,及时告知来信者的处理进度和结果等情况。此外,徐汇区还围绕政府重点工作和公众关注的热点问题,逐步推出"在线访谈"、"热点解答"、"专题互动"、"区长网上办公会"、"嘉宾聊天室和市民论坛"等互动形式,形成具有影响力和品牌效应的互动栏目,做好宣传和答疑释惑工作,正确引导舆论。

(四) 建设社区事务受理中心

建设社区事务受理服务中心,不仅是徐汇区政府的实事项目之一,也是徐汇区推进透明政府建设的重要载体。自 2005 年 10 月开始,徐汇区高度重视、加强组织,各街道、镇和相关部门通力合作、全力推进,至 2006 年 12 月,全区 13 个中心已经全部建成并启用。目前的服务项目主要有:劳动保障部门的失业、就业和社会保险等;民政部门的救济救助、福利帮困、助老助残、优抚优待等;医保部门的就医记录册办理、医疗帮困卡申领,费用报销等;工会的职工住院医疗补充保险、支援内地回沪人员生活补助等;计生部门的各类婚育证明等;房管部门的房屋出租登记备案等;经委的副食品补贴以及外来人员居住证办理等。凡列入中心的服务项目,都有相应的项目告知单,包括项目名称、政策规定、办事程序、所需材料、审批时间、协办部门、受理点地址、联系电话等信息要素。对徐汇区湖南街道、斜土街道、长桥街道、虹梅街道、康健街道、凌云街道和龙华街道等 7 个社区事务受理中心运作情况的统计分析发现,2006 年 11 月总计接待 37519 人次,其中业务咨询 6446 人次,业务办理 31073 人次;每个中心日均接待 179 人次,其中业务咨询30人次,业务办理149人次(分析情况见表3)。分析表明,社区事务受理中心的一些举措,确实促进了公众对政府信息的了解,有效地推动了透明政府建设。

表3 徐汇区部分社区事务受理中心2006年11月人流量统计表

(单位:人次)

单位	接待人次	业务咨询	业务办理	日均接待	日均业务咨询	日均业务办理
湖南街道	8317	2347	5970	277	78	199
斜土街道	6132	1286	4846	204	43	161
长桥街道	6535	452	6083	218	15	203
虹梅街道	1340	610	730	46	20	26
康健街道	8760	1231	7529	292	41	251
凌云街道	2914	216	2698	97	7	90
龙华街道	3521	304	3217	117	10	107
合计	37519	6446	31073	179	30	149

(五)设立政府信息公开查阅室(点)

徐汇在通过信息化手段建设透明政府的同时,还注重通过传统手段来推进政府信息公开。在全区13个街道、镇的居民委员会、社区事务受理中心、社区文化活动中心、社区党员服务中心、老年活动中心、图书馆等处设立了378个信息公开查阅室(点)(分布情况见表4),配备了工作人员和电脑以及上网设施,为广大群众提供政府信息的在线查询和《徐汇区政府公报》的取阅服务。这样,方便了一些在家上网不便、浏览互联网能力不强以及习惯于阅读纸质文档的公民获取政府信息。从表4可以看出,目前政府信息公开查阅室(点)主要集中在居民委员会。

表 4　徐汇区政府信息公开查阅室（点）一览表

（单位：个）

地区	居民委员会数	查阅室（点）数
徐家汇街道	32	34
天平街道	21	31
湖南街道	16	19
枫林街道	33	33
斜土街道	19	22
田林街道	30	34
长桥街道	29	32
虹梅街道	13	15
康健街道	24	38
凌云街道	28	30
龙华街道	27	29
漕河泾街道	31	31
华泾镇	11	31
总计	314	378

（六）构建透明政府保障制度

1. 确立政府信息公开联席会议制度

徐汇区确立了区政府信息公开联席会议制度，由区政府主要领导任联席会议召集人，成员由区委宣传部、区政府办公室、区信息化委员会、区监察委员会、区政府法制办公室、区财政局、区文化局、区档案局、区保密局及区行政学院有关负责人组成，负责研究协调推进有关政府信息公开过程中的重要问题的解决。联席会议成员单位还可以根据情况予以增加。

2. 确立政府信息公开工作人员和经费保障制度

徐汇区明确规定，政府信息公开工作由专职人员（包括全职和兼职人员）

负责，遇到重大工作可以从有关部门抽调相关工作人员。（详见表5）涉及透明政府建设比如电子政务建设的相关经费列入年度财政预算，一些突发的工作经费可作为专项申请追加。（详见表6）

表5 2004—2006年徐汇区政府信息公开指定专职人员统计表

（单位：人）

专职人员数	2004年	2005年	2006年
全职人员	4	13	12
兼职人员	60	69	85
总数	64	82	97

表6 2004—2006年徐汇区处理政府信息公开专项经费统计表

（单位：万元）

年份	专项经费数	实际支出数
2004年	73	76
2005年	89	87
2006年	14	15.1

3. 确立政府公报制度

徐汇区明确规定，区政府办公室负责协调相关部门编制《上海市徐汇区政府公报》，主要刊登规范性文件、预决算执行摘要、审计报告及绩效评估等内容。出版周期原则上为2个月1期，也可根据需要适时出版。2004年5月—2007年12月，已经出版22期。

4. 确立政府信息公开监督与救济制度

徐汇区规定，凡认为徐汇区政府及其所属各政府机关不依法履行政府信息公开义务的,可以向监察机关或者上级政府机关举报。接受举报的机关会予以调查处理；认为徐汇区政府及其所属各政府机关违反《规定》的具体行政行为侵犯了其合法权益的,可以依法申请行政复议或者向人民法院提起行政诉讼；认为徐汇区政府及其所属各政府机关违反《规定》的具体行政行为造成其经济损失的,可依法请求赔偿。2004—2006年徐汇区政府信息公开申诉情况统计详见表7。

表7　2004—2006年徐汇区政府信息公开申诉情况统计表

（单位：件）

申诉情况	2004 年	2005 年	2006 年
行政复议	0	3	25
行政诉讼	1	1	4
总数	1	4	29

从上表可以看出,关于政府信息公开的行政复议和行政诉讼案件在不断增加,主要涉及城市规划和房地产领域,充分表明公众的知情权意识在增强。

三、徐汇区建设透明政府的成效分析

(一) 徐汇区建设透明政府的主要特点

2004年5月以来,徐汇区推进政府信息公开、建设透明政府,一定程度上掀开了政府机关的"神秘面纱"。公众既可以通过徐汇区政府门户网站,也可以通过徐汇区政府呼叫中心、《徐汇报》、徐汇有线电视等渠道了解政府发布的各种信息,比如机构设置、工作职责、办事依据、办事程序、办事时限、办事（收费）标准、办事结果、廉政规定、监督办法和责任追究等,知悉涉及公众利益的重大事项和各项政策性的规定。现在,政府机关在老百姓的心目中已不再森严陌生。如果说在实行政务公开以前政府机关还是令人生畏的"衙门",那么实行政务公开以后政府机关已经成为了为民服务的"窗口"。

从以上统计分析情况来看,2004—2006年徐汇区政府信息公开呈现出以下五个特点:

第一,主动公开信息数量逐年增加,2005年比2004年增加55.8%,2006年比2005年增加19.3%,且100%实现了全文电子化。

第二,申请信息公开数量逐年增加,2005年比2004年增加179.6%,2006年比2005年增加68.6%。

第三,政府信息咨询总量逐年增加,2005年比2004年增加245.3%,2006年比2005年增加106.6%。

第四,答复申请信息公开的比例逐年下降,2004年是100%,2005年是95.6%,2006年是85.3%。

第五,否决申请信息公开的比例逐年上升,2004年是26.5%,2005年是42.0%,2006年是59.9%。

(二)徐汇区建设透明政府的主要成效

归纳起来,徐汇区的透明政府建设成果主要体现在以下几个方面:

1. 促进了政府机关工作作风的转变

过去人们到政府机关办事,人们感到政府机关总是存在"门难进、人难见、脸难看、话难听、事难办"的衙门习气和作风。尽管政府机关也反复加强职业道德教育,要求政府工作人员摆正"公仆"和"主人"的位置,要善待群众,要切实改变工作作风,但是收效都非常有限。实行透明政府建设以来,政府机关的服务在网上接受群众的评判,推动政府的工作作风发生了较大转变,热情周到的服务也塑造了徐汇区政府开放、开明的良好形象。

2. 提高了政府机关办事效率

在我国,计划经济带来政府部门机构重叠,效率低下等问题。人民群众要找政府办成一件事,往往需要找不同的部门,很可能最后跑来跑去都没有任何结果。透明政府建设较好地促进了徐汇区政府流程再造。比如上海市工商行政管理局徐汇分局经过流程再造,将原来不同科室分别办理的三项业务——企业登记、广告登记和市场登记进行了整合,让企业"一点接触"就可以解决三项审批。政府机关的服务窗口逐步实现了"一门受理、一口办理",过去要跑几周、要盖好几个公章才能办成的事,现在一天或几天就办成了。这些变化在徐汇区社区事务受理中心体现得尤为明显。

3. 增强了工作人员能力素质

过去,政府机关的运作处于不公开的状态,推进透明政府建设,有关办事的程序、要求、时限都公开了,工作人员要直接与群众见面,要接受群众的监督,并对其工作的结果承担责任。所以,每个工作人员都有一种无形的压力,必须努力提高自己的素质和工作能力,以适应群众的要求,避免工作出错。特别是几次政府信息公开方面的行政诉讼案件的处理,在某种程度上增强了工作人员依法行政和为人民服务的意识,相应的能力得到进一步提高。

4. 加强了对政府机关权力运行的监督

比如,徐汇区实施的"阳光动迁"、"阳光采购"等制度,有力地推动了重大建设项目、公共资金安排的公开,让权力"在阳光下"公开运作,在一定程度上可以预防幕后的钱权交易,使掌权者不敢贸然滥用权力和弄虚作假。虽然,这还不能完全杜绝腐败行为,但毕竟开了一个好头,也切实增强了人民群众对惩治腐败的信心。

5. 提高了公众参与管理的热情

在透明政府建设中，徐汇区通过搭建公众参与平台，让公众能够根据工作规范对不合理的政府行为及时向有关部门或单位提出异议，阐述自己的意见和建议，加强了政府与群众之间的沟通，消除不必要的误解，使政府的行为能得到群众的理解和支持，同时也在一定程度上减少了政府工作和决策的失误。

6. 促进了电子政务建设水平的提升

电子政府建设和透明政府建设是相互促进的。徐汇区通过透明政府的建设，较快地促进了电子政务建设。徐汇区政府网站连续多年跻身上海市区县政府网站工作的先进行列。2007年4月，在全国政府网站国际化程度测评中，徐汇网英文版位居全国直辖市区县政府网站层级第二名。同年7月，在北京召开的第二届中国特色政府网站评选活动中，"上海徐汇"在各直辖市下属政府门户网站中脱颖而出，凭借"在线服务一体化，打造效率政府"（政府在线服务平台）、"咨询服务人性化，时刻关注民生"（政府咨询服务平台）、"信访一体化，造就智能互动型政府"（区信访公众服务平台）三项特色应用，获得这个层次唯一的"综合创新"大奖。

7. 促进了政府机关信息资源的整合

透明政府的建设，既推动了政府信息的对外公开，同时也推动了政府信息对内的公开，有效了整合了各政府机关的信息资源，方便了各机关对各类信息的搜索、收集、利用，提升了工作的速度、质量、水平和效益。总之，建设透明政府后，徐汇区政府机关的政务活动开始在群众的监督下进行，各级政府机关的职责进一步明确，公务员的精神面貌也为之一新，服务态度进一步改善，服务质量进一步提高，徐汇区政府为民、务实、清廉的形象进一步树立，并越来越得到公众的认同。

四、徐汇区建设透明政府的问题分析

诚然，徐汇区建设透明政府取得了不少成效，但是还存在着一些问题，归纳起来主要有以下几个方面：

（一）透明政府理念有待强化

众所周知，理念是行动的先导。建设透明政府首先要求树立透明行政的理念，加大信息公开，鼓励公民参与。但从当前徐汇区透明政府建设的实践来看，透明政府的理念建设相对迟缓。对政府机关工作人员来说，存在着重结果轻程序的意识。有些政府机关工作人员认为，把事情办好就行了，不必事事都要告知。还有些人认为，政府透明不利于政府权威形象的维护，表现在信息公开上，他们认为公开的信息应当仅包括有利于政府的正面信息，而不应当包括不利于政府的负面信息。如果将政府信息全面公开，会导致政府工作受到公众的监督，会影响工作的效率，也会将政府工作中的少量失误、不足、违法行为乃至腐败等问题全部暴露出来，这样会损害政府在民众心中的形象，简言之，就是认为，建设透明政府不利于政府机关对社会实施有效的管理，不利于维护政府权威和保持社会的稳定。但是，在现代国家，透明是公众对政府的必然要求，保密思维不仅与民主价值背道而驰，也损害了民主过程。这样会造成管理者与被管理者之间彼此不信任，而其结果必然是进一步加剧了彼此的不信任。此外，对于老百姓来说，对国家政权机关及其工作人员有一种浪漫主义的信任和期待，觉得自己已经当家做主了，政府的事我们没必要管那么多，也管不了那么多，只要结果是公正的，何必管它的过程呢。以上这些观念层面的因素都影响着徐汇区透明政府建设的进程。

(二) 信息公开制度有待完善

1. 政府信息公开的范围难以正确把握

依《规定》第二条,政府信息是指:"政府机关掌握的与经济、社会管理和公共服务相关的,以纸质、胶卷、磁带、磁盘以及其他电子存储材料等载体反映的内容。"该条规定对政府信息的定义比较宽泛,除《规定》第十条中的免于公开的政府信息范围外,其余政府信息均应公开。但实践中,对于哪些信息属于应当公开的政府信息争议较大,而且在具体案件中经常需要通过个案分析进行认定。有些信息虽然不属于《规定》免于公开的政府信息,但信息本身比较敏感,不适宜公开,如房产信息中涉及社会主义改造和政府接管房屋等信息,一旦公开容易造成负面影响,对社会管理和稳定来说是弊大于利,类似信息公开的实际效果并不好。

2. 缺乏申请信息公开的主体条件限制

根据《规定》第七条,任何公民、法人和其他组织均具有要求政府机关向其提供有关政府信息的请求权,该请求权经政府机关审查后,根据《规定》第十二条来决定其是否得到了满足,而该《规定》对要求信息公开的主体资格是没有任何限制的。司法实践中存在有些公众滥用请求权之情形,造成政府行政成本大大增加,也给司法审判带来难题。因为根据我国《行政诉讼法》及其司法解释的规定,具体行政行为侵犯公民、法人或者其他组织的人身权、财产权的,可提起行政诉讼;对公民、法人或者其他组织权利义务不产生实际影响的行为不作为行政诉讼的受案范围。因此,如果原告要求获取的信息与原告在法律上无任何利害关系,其是否可以提起行政诉讼要求政府信息公开,仍然存在法律上的争议。对政府机关来说,依《规定》不应限制申请人的资格,但申请人一旦就政府信息公开活动中的作为/不作为诉讼至法院，对原告诉讼主体资格的限制条件法院应如何把握目前尚不明确。

3. 商业秘密的内涵和外延存在理解上的争议

在实践中发现，徐汇区政府机关在拒绝公开政府信息的理由中，以保护第三人的商业秘密为由拒绝当事人请求的情况经常出现。对于何种信息属于"商业秘密"，政府机关、行政相对人和法院之间的认识并不一致。司法实践中法院一般根据我国《反不正当竞争法》第十条的规定，将商业秘密认定为"不为公众所知悉、能为权利人带来经济利益、具有实用性并经权利人采取保密措施的技术信息和经营信息"，而政府机关的理解则较为宽泛，远远突破了民商法中对商业秘密的界定。因此政府以保护商业秘密为由拒绝公开的行为会引起行政相对人的不满，认为政府机关扩大了"政府信息"的概念。

4. 信息公开制度与其他法规之间的冲突

徐汇区人民法院在审理案件中遇到的最大法律障碍是《规定》与效力较高的法律、地方性法规之间存在的冲突。比如，《中华人民共和国档案法》（以下简称《档案法》）及其实施办法和《上海市档案条例》（以下简称《档案条例》）中均规定，机关、团体、企事业单位和其他组织以及公民利用档案馆未开放的档案以及有关机关、团体、企事业单位和其他组织保存的档案，应当经档案馆或者有关机关同意。由此可见，对档案是否能够公开利用，法律、法规将决定权授予了档案保存单位，除非法律、法规有公开的特别规定，否则保存单位对是否公开利用档案具有考量决定权。实践中，政府机关通常以此作为拒绝行政相对人查阅政府信息的法律法规和规章依据，但依《规定》第十条，除免于公开的政府信息外，其余信息均应公开。从法律效力上看，《档案法》属于法律，《档案条例》是地方性法规，而《规定》系地方政府规章,其效力位阶低于前述法律和地方性法规。

5. 信息公开不全面与不及时问题突出

从理论上说,除《规定》第十条中明确的"免于公开的政府信息"外,其余政府信息均应公开。但从徐汇区透明政府建设的实践来看,目前的政府信息公开多局限于政府组织、机构职责、办事制度和决策结果的公开,而对于决策过程特别是有关决策依据的资源、数据和决策程序等深度信息公开很少。公众比较关心的所谓"敏感"信息很少,而且更新速度慢,存在着一定的滞后性,公开什么、什么时候公开都由政府机关自己说了算,政府和公众之间存在着信息不对称。对此,《规定》看似有要求,但是对于政府机关产生的大量信息主动公开的范围规定还不够具体、时限要求也不够明确。这都有待在今后的修改中加以完善,从制度上抑制政府机关隐藏信息的主观动机。

(三)依法行政能力有待提高

正如前文分析特点时指出的,徐汇区政府机关近年来对申请信息公开的答复比例在逐年下降,2004年是100%,2005年是95.6%,2006年是85.3%。但是按照《规定》,都应对申请信息公开作出明确答复,这足以说明政府机关依法行政的能力还有待提高。同时,从徐汇区人民法院近年来审理要求履行政府信息公开法定职责案件中也发现,政府机关在处理信息公开申请时存在一些需要改进的地方,如信息不予公开的理由告知不正确、对行政相对人申请的内容和实质等理解有偏差或沟通不够等。

(四)透明保障机制有待健全

目前,徐汇区各政府部门由于工作职责不同、重视程度不同等原因,对透明政府建设的积极性也不尽相同，有些高，有些低，这决定了政府信息公开质量参差不齐。虽然徐汇区有政府信息公开的监督和救济制度，但是这都是事后监督。公众对信息公开不满意了，然后通过行政复议和行政诉讼来进行监督和救济，维护自己的知情权。目前，徐汇区缺乏的就是信息公开的事前监督和事中监督，应该建立一种机制来全程监督政府机关推进信息公开的行为和成效。

（五）公众参与机制有待建立

徐汇区建设透明政府的过程中，在有序推动公众参与方面虽然积累了一些经验，但是由于受经济社会发展诸多因素的制约，公众参与仍然存在一些问题。比如，公众参与的主动性和自觉性较低，真正出于自主意识自愿参加的参与行为较少；还有一些政府官员不尊重公民的权利，致使公众参与流于形式。又比如，公众参与的理性程度还不高，相当数量的参与者不是基于责任感，不是出于对自己的权利和义务的认识，而是凭着激情和冲动参与的，有时甚至只是为了发泄心中的不满情绪，因而未能采取规范化、程序化的参与形式。再比如，公众参与的制度程序还比较缺乏，参与的渠道、载体、平台、方式、方法还有待加以规范和健全。

（节选自上海交通大学2008年硕士学位论文）

非结构性改革、官僚组织与 G 市的透明政府建设

李 学
(厦门大学公共事务学院)

一、研究问题的提出

　　现代行政国家的形成极大地改变了人类社会的生活状态。尽管在国家治理方面一直存在着市场与政府之争,但是人类社会的发展日益凸显出政府的作用。世界上各个国家的政府无不利用官僚组织向公民提供重要的服务,官僚组织在社会生活中的作用正日益增强。然而,官僚组织也存在诸多的弊端,其经常被描述为刻板、官样文章、浪费和效率低下,民众对官僚组织的认知,日益蒙上一层令人厌恶的色彩,"重塑政府"、"抨击官僚制"、"超越官僚制"等改革口号的提出,折射出社会大众对官僚组织弊端的不满。为了有效地减少官僚组织的负面影响,各个国家的政府在利用官僚组织提供公共服务的同时,对其进行改革的呼吁和实践从未停止过。人们对官僚制度的批评主要来自两个方面:"一是从行政管理角度所提出的批评,一是从民主政治的角度所提出的批评。"[1] 与行政管理角度提出的批评相联系,政府所采取的措施是进行

---

1. 王名扬:《美国行政法》,北京:中国法制出版社 2005 年版,第 222 页。

行政组织的调整，概称之为结构性改革；而与从民主政治的角度所提出的批评相联系的改革措施则是民主与法治，概称之为非结构性的改革。所谓非结构性的改革，主要是力图通过民主和法治的原则，控制官僚组织的权力，使官僚组织在公民的监督之下，承担提供公共服务的功能。虽然由于信息不对称、自由裁量权和专有知识的影响，如何通过非结构性的改革控制官僚组织，迄今仍处于探讨和改进之中，然而，人类政治文明发展的成果，已经为我们提供了一些有益的策略。其中，通过行政公开建设透明政府，即是一种非常有效的手段，在世界范围内得到了广泛的运用。不仅西方发达国家普遍建立了行政公开制度，许多发展中国家也陆续建立起行政公开制度，推进政府信息公开。建设透明政府和阳光政府，已经成为公共行政发展的一个基本趋势。

虽然"官僚组织"一词来自于西方国家，但官僚组织和与之相伴生的官僚政治在中国则历史悠久，影响深远，弊端甚重。由于中国有漫长的封建统治历史，因此，与封建王权相联系的官僚思想在中国文化中根深蒂固。中华人民共和国成立后的较长时间，由于建立了高度集中的计划经济体制，为了维护国家机器的运转和实现国家的赶超目标，官僚组织不仅控制着一切政治资源，而且渗透到经济、社会、文化、艺术等各个层面。官僚组织涉入社会各个层面的国家行为，不仅极大地窒息了社会创造力，而且降低了国家的行政效率，成为诸多政治、社会问题的根源。改革开放后，我国确立了以经济建设为中心和建设社会主义市场经济的发展目标。为了实现这一目标，在既有的政治空间下，国家采取了一系列的改革措施，开始了重塑国家官僚体系的努力，力图提高行政效率，服务社会经济文化建设。但实践证明，这种官僚组织内部的结构性改革，由于缺乏对权力的监督和制衡，难以取得根本的成效。因而，国家逐步把依法行政和行政公开等非结构性的改革列入议事日程，并采取了许多措施。受制于政治体制和经济、社会发展水平，此类非结构性改革在改革的力度和成效方面，还不可与西方民主国家政府的改革同日而语。然而，必须看到非结构性改革是一种赋权于民、增强民众权利,实现以权利制约权力的制度性努力,具有非常重要的理论意义和实践意义,是建设现代国家的根本途径。推行政务公开,建设透明政府,即属于这种非结构性改革。改革开放以来,我国政府已经采取了诸多的措施,推进政务公开。然而,长期以来,国内公共行政的研究非常重视结构性行政改革的研究,而非结构性行政改革的研究显得比较薄弱,这也反映在对行政公开问题的研究方面,许多有价值的研究都是法律学者所作的贡献,行政学的同仁在此领域的努力非常不足。本文尝试从实证的角度入手,以沿海某发达城市 G 市为例,结合《中华人民共和国政府信息公开条例》(以下简称《信息公开条例》)的颁布实施情况,从行政与法律的双重视角,研究我国透明政府建设。本研究试图回答的问题包括:地方政府是如何执行《信息公开条例》的?地方政府行政公开工作取得了哪些成效?我国的透明政府建设面临哪些挑战?

二、文献综述与研究方法

行政公开是现代公共行政发展的基本趋势,推进行政公开对于提高行政透明度、推进政治民主、保障公民的合法权益、防止腐败现象的发生,具有重要的意义。建立信息公开制度,可以有效地扫除封建特权思想,提高公民意识,推进社会主义民主政治的进程。伴随着社会经济的发展和公民意识的觉醒,行政公开的研究日益引起学术研究群体的关注,逐渐成为学术研究的一个焦点问题。已经形成的研究成果为研究行政公开提供了良好的基础。国内关于行政公开的研究,从研究方式的角度出发,大致可以划分为两个大类:一种是从实证角度所作的研究;另外一种是从规范角度所作的研究。从文献的数量上看,规范性的研究居多,而实证性的研究较少。规范性的理论研究可以根据研究问题的差异,划分为以下几种类型:一是行政公开的意义和作用,这些理论研究多从规范的角度,从行政公开的功能角度,论证推进行政公开的社会意义和作用。二是对国外行政公开制度的研究,此类文献研究的重点是国外行政公开的法律制度和实践,及其对我国建构行政公开制度的借鉴意义。三是行政公开法律问题的研究,这些研究多半是由法学界所做的,他们多半秉承法律研究的基本路向,探讨了建构行政公开制度的相关法律问题。四是关于行政公开制度建构方面的研究,此类研究探讨了建构我国行政公开制度的相关问题。相对而言,实证性的研究文献相对比较匮乏,这一方面受制于社会外部环境,我国行政公开的程度不高,限制了实证研究的学术空间;另一方面,亦受制于研究者研究方法和研究思维水平。

综上所述,国内关于行政公开的研究存在下述不足之处:(1)研究的视野比较狭窄,规范性的研究多半从应然的角度出发,缺乏对实际问题的关怀;(2)实证研究比较薄弱,对我国推进行政公开的困境和挑战,缺乏深入的分析;(3)理论研究缺乏对实际法律执行过程的关注,忽视了推进行政公开的政治因素。因此,以《信息公开条例》的执行为研究对象,分析我国实施行政公开过程中存在的问题,从法律和行政的双重视角,剖析我国建设透明政府的挑战,具有极其重要的现实意义和理论价值。

本文以沿海发达城市 G 市为研究对象,通过分析其执行《信息公开条例》的过程,力图从行为主体的视野解构政策过程,扭转外在建构方式的弊端,对法律和政策执行过程中,公众和官员对此的理解方式进行"深描",以剖析我国建设透明政府面临的挑战。以 G 市为个案进行分析,主要是出于研究深度和研究可行性的考虑。因为建设透明政府的实际价值必然体现在实际的政府行为之中,G 市为我国的一个地方政府,在一个高度同构的行政管理体制中,它所面临的问题必然可以折射出我国进行透明政府建设所面临的问题。

三、G 市执行《信息公开条例》的成效

尽管在行政公开的界定方面,各个国家受政治体制、发展水平和政治文

化的影响，有所差异，但其基本内涵是比较一致的，"公开为主、不公开为例外"已经成为推进行政公开的交叠共识。所谓行政公开是指："政府行为除依法应保密的以外，应一律公开进行；行政法规、规章、行政政策以及行政机关作出影响行政相对人权利、义务的行为的标准、条件、程序应依法公布，让相对人依法查阅、复制；有关行政会议、会议决议、决定以及行政机关及其工作人员的活动情况应允许新闻媒体依法采访、报道和评论。"[1] 从姜明安教授对行政公开的界定可以看出，推进行政公开的行政主体必须把除涉密之外的一切行为展现给公众，从而方便民众的监督，体现依法行政的原则。行政公开的原则是欧洲资产阶级对抗封建王权的产物，制度创设之初就以约束政府权力、保障公民的合法权益为主旨。17世纪英国的政治思想家洛克（Locke）指出："无论国家采取什么形式，统治者都应该以正式公布的被接受的法律，而不是以临时的命令和未定的决议进行统治，因为只有这样，才能使人民知道他的责任，并在法律范围内得到安全和保障，并将统治者限制在适当的范围内。"[2] 因此，行政公开与现代宪法意义上的知情权是联系在一起的。无论是自然法的社会公正原则，还是现代宪法学意义上的主权在民思想，都非常注重对公众知情权的保障。特别是人类社会发展到行政国家以来，政府已经超越了"守夜人"的角色，其职能从维护公共秩序和安全拓宽到了社会生活的各个方面，传统的政治监督方式已经难以完成有效约束政府的功能，公民的利益日益受到具有较大自由裁量权的官僚体系的威胁。"所有的民主国家都面临着对不断扩大的国家权力加强法律控制的问题。"[3] 为了防止自由裁量权对公民合法权益的危害，世界上许多国家相继建立了规范的行政公开制度，将与行政公开相联系的知情权作为一种宪法权利加以保护；并以此宪法权利为基础，建立了现代意义上的行政信息公开制度。

---

1. 姜明安：《行政法与行政诉讼法》，北京：北京大学出版社、高等教育出版社2007年版，第37页。
2. ［英］洛克：《政府论》，冯克利译，北京：商务印书馆1964年版，第85—86页。
3. ［英］威廉·韦德：《行政法》，楚建译，北京：中国大百科全书出版社1997年版，第16页。

我国现代意义上的政府信息公开理念发轫于中华人民共和国建国初期。1954年《宪法》第17条规定："一切国家机关必须依靠人民群众……接受群众的监督"。该《宪法》虽未明确规定政府信息公开的内容，但"接受群众监督"则意味着必须能够使人民群众了解国家机关的运作，所以可以推定宪法规定了公民的知情权。然而，由于缺乏明确的制度保障，在长期的政府管理过程中，行政公开这一管理理念并未在政府的运行过程中得到落实，法治的缺乏和传统政治思维的影响，使得"暗箱行政"的现象非常明显，公民的知情权并未得到有效的保护。党的十一届三中全会以后，这一局面有所缓解，政府的相关信息开始有限度地向社会公众开放，行政公开的理念逐渐深入人心，相关的政府部门也开始注重行政公开的制度建设，这主要表现在一些法规、条例的公开和新闻发言人制度的建立等方面。但整体而论，这一阶段我国行政公开制度化程度较低，公开的范围和深度有待拓展。

伴随着改革开放的深入，政府的透明度问题日益成为社会关注的热点问题。20世纪90年代以来，中央政府进行了诸多透明政府建设的努力。相关研究指出："从2003年开始到2006年，我国已有80多部法律、行政法规包含有关政府信息公开的规定，12个省和16个较大的市制定了专门规范政府信息公开活动的地方性法规或规章，25个国务院部门出台了政府信息公开方面的规章和文件。"[1] 政府的信息公开制度取得了长足的进步。2000年12月6日，《中共中央办公厅、国务院办公厅关于在全国乡镇机关全面推行政务公开制度的通知》（中办发〔2000〕25号）发布，规定城市中的街道参照本条例执行，增强基层治理的透明性和合法性，缓解了当时比较严重的社会矛盾问题。2004年3月22日颁布的《国务院关于印发全面推进依法行政实施纲要的通知》（国发〔2004〕10号）的第二部分"全面推进依法行政的指导思想和目标"中明确提出，经过10年左右的努力，达到"政府提供的信息全面、准

---

1. 向佐群：《政府信息公开制度研究》，北京：知识产权出版社2007年版，第122页。

确、及时,制定的政策、发布的决定相对稳定"。2005年3月24日发布的《中共中央办公厅、国务院办公厅关于进一步推行政务公开的意见》(中办发〔2005〕12号),以规范文件的形式强调推行行政公开的指导思想、基本原则和工作目标,充分体现了高层治理者对行政公开的认识。《信息公开条例》的颁布与实施,是将行政公开规范化、法治化的一种尝试;作为一种政府自身改革的努力,这必将对政府官僚体系的既得利益产生重大的冲击。

然而,这一努力势必受到执行机制的影响。美国公共行政学者盖伊·彼得斯(Guy Peters)指出:"一个政府'真正的'政策是执行的政策,而非议员、政治执行者和其他人所制定的政策。很多研究描述了基层工作者身负的各种压力,这些压力限制了他们执行立法机关通过的项目,使之不能充分产生预期的效果。"[1] 由于官僚组织内嵌于政治过程和各种利益关系之中,在执行政治权威的过程中,官僚组织及其成员通常有基于自身特殊利益和现实政策的考量。因此,法律和政策的实际效果取决于政府基层组织的执行行为,从法律社会学的角度出发,只有在法的社会背景下研究法律和法律组织,才能真正地使法治建设服务于社会改革的实践活动。正如姜明安教授所指出的:"行政法学研究的对象是法,自然应以研究法律文件为主。但研究法律文件如果脱离所调整的实际社会关系,不与所调整的实际社会关系相结合,就法论法,是不可能对法进行科学的说明和解释的。"[2] 因而采用规范的社会科学研究方法,基于G市的现实情况对《信息公开条例》的执行情况进行研究,可以帮助我们理解《信息公开条例》的实际效果,以及《信息公开条例》自身所存在的问题。尽管基于G市一地的研究在外在效度上存在可推广性的问题,但是这种植根于现实的"深描",却可以揭示出《信息公开条例》执行过程中的诸多问题,为我们理解我国行政公开的现状提供一个用于分析的实际图

---

1. [美]盖伊·彼得斯:《官僚政治》,聂露、李姿姿译,北京:中国人民大学出版社2006年版,第240页。
2. 姜明安:《行政法与行政诉讼法》,北京:北京大学出版社、高等教育出版社2007年版,第74页。

景。G 市的现实是我国行政公开多年努力和《信息公开条例》执行效果的体现，因此，我们亦可以从中发现我国透明政府建设面临的挑战。

（一）完善了行政公开的制度体系

是否具备较为完善的制度体系，直接决定了治理理念能否得到实施。我国的行政公开制度建设，一直难以在治理过程中得到实现的一个重要的原因，就是缺乏明确的制度体系，难以形成可操作性强的行为规则，致使透明政府建设的努力一直停留在理念的层面之上。《信息公开条例》的颁布与实施，为地方层面上的行政公开初步确立了较为完善的制度体系，形成了可操作的具体规则。根据《信息公开条例》设定的规则，G 市建立了行政公开的制度体系，从市级政府到区级政府都颁布了信息公开的配套文件。以 HC 区为例，这些配套文件包括：《HC 区政府信息公开指南》、《HC 区政府信息公开目录》、《HC 区政府信息公开目录编制说明》、《HC 区政府公开信息送交办法》、《HC 区政府信息公开保密审查办法》、《HC 区政府信息发布协调工作办法》、《HC 区政府依申请公开政府信息办法》、《HC 区政府信息公开目录及信息采编分工》等等，包含从行政公开的内容到救济措施，都以行政命令的形式得以确立。市区级的政府编制了行政公开的指南，为公民知情权的保障提供了相对便利的途径，克服了以往行政公开停留在理念层面的弊端。

（二）初步建立了行政公开的组织体系

G 市根据中央政府和省级政府的部署，基本上确立了行政公开的组织体系，使行政公开工作获得了稳定的组织保障，为地方公众获得政务信息提供了稳定的渠道。以该市 S 区为例，以区政府办公室的政府信息公开领导小组为主体，结合各个部门的职能，形成了政府信息公开的体系。其具体的分工如下："区政府办公室作为我区政府信息公开工作主管部门和区政府信息公开领导小组办公室的挂靠部门，负责全区政府信息公开的推进、协调、指导、监督工作，区政府办法制科具体承担领导小组办公室交办的日常事务性工作……区保密局负责政府信息公开工作保密指导和审核。"[1]

现代社会是一个高度组织化的社会，任何未确立组织载体的观念和行动，均难以取得持久的效果；与其他社会结构类型相比，组织具有自身的持续性，因而可以稳定、可靠地发挥某种社会功能。"组织设计出来是为了能够在一段时间内一贯并连续地支持一系列具体行为的实施"[2]。组织行为的可控性亦为组织产出提供了理性的基础，保证了相关社会行动的可预见性。因此，地方政府行政公开组织体系的建立，使我国的行政公开工作获得了稳定的组织体系，行政公开获得了稳定的行动基础。

（三）明晰了公民知情权的方式和途径

G市政府和市直机关以及各个辖区都明确了行政公开的方式和途径，以及公民知情权获得救济的方式。政府在权力实际的执行过程中，初步完善了相关制度和组织机制，为公民获得政府的相关信息，提供了合理的基础。主动公开和依申请公开制度的确立，明确了政府信息公开的方式；与政务公开相比，政府信息公开更加侧重保障公民、法人和其他组织依法获取政府信息；同时，促进政府信息资源的有效利用，健全了政府信息发布的协调机制，突破了以往政务公开局限于公开政府部门职责、机构、人员和办事程序的限制。公民在合法、合理地获取政府信息的诉求遭到无理拒绝或政府机构敷衍塞责

---

1. 摘自《S区人民政府办公室关于政府信息公开工作分工的通知》（G市S区政办〔2008〕12号）。
2. ［美］理查德·斯格特：《组织理论》，黄扬、邱泽奇译，北京：华夏出版社2002年版，第21页。

时，可以提起行政复议或行政诉讼，扭转了以往政务公开缺乏法律救济途径的弊端。总之，我国政府以行政立法的形式对行政公开的推动行为，在 G 市层面取得了明显的成效，公众可以相对比较容易地获得政府应当公开的信息。在法律救济层面，特别是行政法救济方面，政府机构也确立了明确的责任分工和投诉途径。

（四）确立了行政公开的责任机制

一个制度的确立与完善，离不开责任机制的建立，而责任机制是否具体明确，亦能影响制度效力的实现。长期以来，我国地方治理效果不佳的一个重要原因，就是责任机制的乏力。作为一种政府自身革命的制度改革，推进行政公开在很大程度上将约束政府的行政权力；也正是基于这个原因，世界上诸多国家都将推进政务公开、建设透明政府作为推动公共行政发展的重要举措。然而，在颁布信息公开法律法规的众多国家之中，只有行政公开责任机制明确的国家，才取得了良好的效果。所以，我国推进行政公开的责任机制是否明确，对行政公开的实施效果影响重大，决定了是否能够实现权力与责任的有效平衡，亦关乎是否能够取得长久的治理绩效，公民知情权是否能得到的有效保护。

我国的《信息公开条例》规定了明确的责任机制，将行政公开列入对地方政府官员考核的指标体系之中，并为行政相对人确立了行政复议和行政诉讼途径，信息公开的责任机制得到了初步的明确，可以有效地弥补以往政府信息公开责任机制不明确的缺陷，为维护公民的知情权提供了保障机制。

四、管理与法律双重视野下的执行困境与挑战

一纸法律能否改变长期以来形成的行政习性，不仅取决于法律制定的质

量，更取决于法律能否得到有效实施的制度环境。换言之，国家旨在约束官僚机构非理性行为的法律努力，能否有效成为官僚组织的日常行为基础，直接关系到我国透明政府建设的成效。因为官僚组织在政策执行的过程中必然与其所处的社会环境发生联系，自身持有的价值观念和社会约束必然制约其政策执行行为。要理解官僚组织的行动，不仅需要理解官僚人员的目标函数，也需要理解官僚体系内部和外部的运作规则，我们才能真正理解官僚行动的社会后果及其背后的原因。下文试图从法律和组织分析的双重视角，审视官僚体系行政公开过程中所采取的策略，从微观层面分析国家在建构透明政府时所面临的挑战。

（一）自由裁量权的隐忧

行政公开执行过程中官僚体系的自由裁量权过大，是推进行政公开和建设透明政府的一个非常突出的问题。所谓自由裁量权，"是指国家行政机关在其职权范围内，基于法理或事理对某些事件所做的酌情处理的行为"。[1] 在对G市执行行为的田野调查过程中，笔者发现自由裁量权过大，很大程度上影响了国家推进政务公开政策的效果，造成政府的主动公开和依申请公开的范围受到极大的限制，不利于公民获取政府相关行动的信息。因为行政不仅是法律的执行运用，它还是政府过程的重要组成部分。官僚组织的行政人员在实施自由裁量权的过程中，可以对法律产生重大的影响。自由裁量权的滥用首先存在《信息公开条例》法律条文自身的因素。《信息公开条例》第一章"总则"第八条规定："行政机关公开政府信息，不得危及国家安全、公共安全、经济安全和社会稳定。"第二章"公开范围"规定："行政机关不得公开涉及国家秘密、商业秘密、个人隐私的政府信息。"例外条款限制了政府信息

---

1. 张国庆：《行政管理学概论》，北京：北京大学出版社2000年版，第434页。

公开的范围，与《信息公开条例》中的"保密审查条款"相互作用，实质上限制了信息公开的范围。《信息公开条例》中对何为国家秘密、何为商业秘密缺乏明确的界定，我国也缺乏个人隐私立法的规定，因而官僚体系可以之为借口，缩小实质上需要公开的政府信息范围。"总则"第八条的规定更是赋予了官僚行政体系具有某种的自由权，如果政府的某项行为有失公允，公布于众，当然会招致社会公众的反对，进而有可能引起社会公众的维权活动，这是否属于影响社会稳定的范畴，存在争论。

《信息公开条例》相关规定的模糊，为官员故意行使自由裁量权，缩小行政公开的范围提供了便利。在G市的田野调查过程中，笔者发现该市政府将一些重大工程建设项目列为政府秘密范围，理由是这些重大项目赋予了某些企业较大的利益，公布出来会影响社会的稳定，不利于经济建设的发展，这无疑是为了掩饰政府治理过程中的设租行为，逃避社会监督的一种形式。此外，我国保密审查所依据的法律基础《中华人民共和国保守国家秘密法》，也具有一定的模糊性。保密范围的设定是由政府的保密机关做出的，极易利用法律的不完善性，缩小政府信息公开的范围，从而难以保障公民知情权的实现。正是由于官僚机构具有逃避监督，从事秘密管理的倾向，世界各个国家在制定政府信息公开法律的过程中，都非常注重对政府自由裁量权的限制。

从法律社会学的角度出发，立法应当注重法律的社会功能："如果法学与社会生活脱节，仍然在传统的思维空间和法律范围内工作，只是注释现有的成文法和判例，分析法律制度的逻辑结构……不去考察法的社会效果和法律成功的条件，它就不会再有多大的用处。"[1]因此，行政立法必须注重其社会功能，作为制约行政权力的信息公开立法必须将官僚组织的自由裁量权限制在一定的范围之内，从而体现主权在民和依法行政的基本原则。特别是在因涉及"公共利益、商业利益和个人隐私"而免于公开方面对作出严格的限制，

---

1. 王子琳、张文显：《法律社会学》，长春：吉林大学出版社1991年版，第5页。

并确立相应的司法审查程序。美国的司法系统也对免于公开文件的范围采取严格解释的立场，以保证公民的知情权，从而有效地约束政府。即使在这些免责范围之内的文件，美国法院也有进行秘密审查的权力，防止政府恣意的自由裁量行为。日本政府2000年颁布、2001年4月实施的《日本行政机关拥有信息公开法》也对免于行政公开的政府信息范围进行了严格的界定。与之形成对比的是，晚于这些法律颁布之后的我国《政府信息公开条例》，对免于公开的范围采取宽泛设定的条文和保密审查原则，还不符合国际上建设透明政府的基本趋势的"三安全一稳定"原则，潜在地激励了政府机构的保守行为，不利于国家行政公开和透明政府建设的开展。

（二）网络化的执行困境

《信息公开条例》相关规定由县级政府以上的办公机构来贯彻实施。G市的执行实践表明，尽管在实际的执行过程中，综合协调机构在《信息公开条例》的宣传和相关工作的推进方面，确实取得了一些成效，但实际的执行效果并不完美。对G市的执行状况的实际研究中发现，许多信息并未公开，也未按照上级政府的部署按时完成公布目录的编制工作，许多政府机构在自身所在网站上公布的信息，只是上级政府部门的各类信息，并未将本部门的相关行为进行公开，违背了"谁制作，谁公开"的原则，形式主义现象非常严重。理解这一组织现象，必须深入组织环境中相关行为主体的思想和行为方面，探索组织行动的真实世界。事实上，由于现有的执行组织缺乏明确的领导主体，公开被基层组织当做一种突击性的任务，而非一种常态性的日常事务，致使基层官僚组织缺乏明确的执行目标。

虽然各级政府办公综合协调机构负责《信息公开条例》的执行，但综合协调机构是通过不同的组织结构开展工作的，而各个工作机构之间的关系非常复杂，这就形成了一个相对复杂的执行网络，难以形成事实上的责任机制。

以 G 市为例，该市办公厅指定信息技术处来负责信息公开工作，而信息技术处的主要职责并不是负责政府相关的法律事务。该市区级政府各个具体负责的机构更是纷乱复杂，S 区具体由法治办负责信息公开工作，而 C 区则由督察信息科负责。这些机构都有其本职工作，缺乏推进信息公开的人力资源和组织文化，影响了执行的效果。在访谈过程中 C 区督察信息科的科长指出："我负责的工作范围非常广，相关外商投资政策的优惠、法律的执行，各项工作的执行都要去加以管理。事实上我们非常重视这项工作，省里动员会开过后，区里召开了专门的动员协调会，大概用了 2 个月的时间积极进行了部署落实，但是这一两个月由于其他事情需要处理，放下了，最近在省里的检查中受到了批评。"[1]

詹姆斯·马奇（James March）和赫伯特·西蒙（Herbert Simon）指出，在执行创新政策的组织体系中，执行行为会在组织的边界进行选择性的过滤，由于多数组织程序都是由复杂的决策结构构成的，边缘性的组织意图往往难以再获得从属单位的注意力。"当自给程度低，新活动被详细说明、资源被分配给互相依存的部门和最初发动变革的部分时，变革才是完美的。"[2] 从 G 市关于《政府信息公开条例》的实际执行结构来看，政府这一自我革新的行动由于缺乏明确的执行主体，影响了信息公开条例的执行效果。组织间关系的复杂性造成执行努力的边缘化，缺乏专门性的执行机构，难以取得稳定的日常效果，间歇性地贯彻执行，潜在地影响了建设透明政府的成效。

（三）日常责任机制的羸弱

依法行政是现代行政管理的一个核心原则，目的是使政府的行为受到法

---

1. 摘自 C 区政府办公室访谈记录。
2. ［美］詹姆斯·马奇、赫伯特·西蒙：《组织》，邵冲译，北京：机械工业出版社 2008 年版，第 179 页。

律的约束。尽管国家将依法行政作为一个重要的行政管理原则，然而，在政府日常的行政管理活动中，有法不依的现象仍然十分严重，舍去历史和文化因素的影响，其关键的症结在于违法行为得不到应有的惩戒。在这样的体制背景下，《信息公开条例》同样面临着制度困境，日常责任机制的乏力，影响了行政法规的执行效果。

首先，从《信息公开条例》的机制设计进行分析，其责任机制主要从两个方面约束政府的行为。一是体现在第四章第二十九条："各级人民政府应当建立健全政府信息公开工作考核制度、社会评议制度和责任追究制度，定期对政府信息公开工作进行考核、评议"；二是依据第四章第三十三条的规定："公民、法人或其他组织认为行政机关不依法履行政府信息公开义务的，可以向上级行政机关、监察机关或者政府信息公开工作主管部门举报。公民、法人或其他组织认为行政机关在政府信息公开工作中的具体行政行为侵犯其合法权益的，可以依法申请行政复议或提起行政诉讼。"

从法律文本的制度设计的角度进行分析，责任机制看似十分完善，但如果将其嵌入当代中国行政管理的日常实践和法治国的社会现实，并参照国外的立法和司法实践进行考察，不难发现《信息公开条例》责任机制的乏力，势必影响政府信息公开的执行质量。G市的实践表明，以绩效考评的方式对政府信息公开工作进行监督，实质上是非常困难的，难以取得实质的效果。绩效考评作为一种政府管理工具，具有其自身特有的效力，但绩效考评效力的发挥，具有一定的限度和适用范围，必须具体问题具体分析。对于当任的行政官员而言，他的绩效是由众多绩效指标构成的，信息公开绩效的比重以及如何衡量等问题，都缺乏明确的界定。因此，在地方政府以GDP为工作核心的竞争压力下，以绩效考评形式推进信息公开的效果是不难想象的。昂格尔（Unger）在研究现代社会的法律功能时指出，真正能发挥作用的法律规范存在于人类的共识之中："人们遵守法律的主要原因在于，集体成员在信念上接受了这些法律，并且能够在行为上体现这些法律所表达的价值观念。一个人对规则的忠诚来自于这些规则有能力表达他参与其中的共同目标，而不是来自于担心规则的实施所伴随的伤害和威胁。"[1]

作为执行《信息公开条例》的官僚组织成员，如果不认同其所表达的价值观念，则透明政府建设的努力将难以取得预计的成效。行政复议和行政诉讼，并未在 G 市信息公开的实践中有效地付诸实施，实质上在调查过程中笔者发现，G 市某区政府要求提出公开申请的公民提供身份证的扫描图像，并对图像的格式和大小作了严格的限制，提高了信息公开的进入壁垒。但针对该不合法现象并未出现要求行政复议和行政诉讼的案件，这当然与实施时间较短和公民的法律意识有关，但归根究底，这一问题与我国政府治理过程中行政权"一权独大"的局面难脱干系。由于《信息公开条例》赋予了官僚机构较大的自由裁量权，民众可以提起复议和诉讼的空间和可能性是非常小的，加上我国行政诉讼的交易费用过高，地方民众在许多涉及切身利益的诉讼活动中，尚难以取得明显的效果。个体公民与官僚组织相比处于弱势地位，在国家司法体系受行政权影响较大的前提下，希冀通过个体公民行政诉讼的方式，促进政府的信息公开工作，势必难以真正建立起有效的责任约束机制。

（四）公众认同与公民参与

从世界范围内公共行政发展的趋势来看，行政公开和透明政府的建设，总是与一个国家的民主化进程紧密联系在一起的，透明政府建设本身也是保障公民参与权的一种有效方式。因为公民参与，必须具备政府行为的相关信息和知识，才能真正发挥政治参与的作用。晚近时期，在学术界和西方国家治理实践中涌现出的"协商民主"和"合作治理"模式，无不以公民获得相

---

1. [美] R. M. 昂格尔：《现代社会中的法律》，吴玉章、周汉华译，南京：译林出版社 2006 年版，第 29 页。

关的政府信息为前提，所以透明政府建设和行政公开的工作离不开民众的认同和参与。上文的分析也表明，依靠官僚体制内的问责模式，难以解决《信息公开条例》的执行效果问题；官僚组织的相关学术研究，一般也比较强调公民对官僚组织的监督和制约作用。因而，未能获得公众认同和公民参与的政策和法律条例，难以获得切实的成效。

（五）立法理念与立法质量

为了避免陷入狭隘实证主义的偏见，讨论我国透明政府建设的挑战，不能只把注意力集中在法律条款和实际的执行行为层面，而忽视国家行政公开和透明政府建设真正的困境和挑战。立法理念和立法的质量，是法律发挥制约权力功能的前提。

通过对 G 市《信息公开条例》执行情况的调查，我们发现《信息公开条例》自身存在的问题，为行政人员滥用自由裁量权提供了空间。指出存在的问题，不是否认政府这种抽象行政行为的意义，而是在于研究立法质量对法律执行的影响。作为行政机构的部门立法，《信息公开条例》的法律规定赋予行政机构较大的自由裁量权限是可以理解的；但是，从社会公正的角度出发，必须指出这种法律形式所具有的危害性，它体现了推进行政公开和建设透明政府的挑战。然而，《信息公开条例》毕竟只是行政部门自身行为的产物，它还不是作为民意代表的立法机关——人民代表大会所立之法。所以，在立法机关进行立法过程中，必须注意对官僚机构自由裁量权的限制，所立之法，不能以行政立法为圭臬；必须充分注重公民知情权的保护，从而有效地约束官僚体系，体现程序公正和民主立法的现代立法理念，防止其变相沦落为部门立法，甚至导致透明政府的建设以现代法治之名，行黑箱政治和威权政治之实。

五、结束语

在现代社会的治理过程中，官僚组织发挥着自身特有的作用。官僚组织在增加其自由选择范围的同时，也增加了对公民和个人权利侵害的可能性。从民主政治的角度出发，为了科学合理地发挥官僚组织的作用，防止官僚组织过度侵犯公民的合法权利，世界上各个国家都将依法行政、建设法治国家作为治理的重要原则。一个法治的政府首先应该是透明的政府，如果一个国家的政府缺乏透明度，社会公众就很难有效地监督和约束政府行为，主权在民的现代国家的理念也就难以实现。因此，世界上各个国家，尤其是民主国家无不把推行行政公开、建设透明政府作为保障公民知情权、防止政府腐败的重要举措。我国特殊的政治体制和政治文化，决定了推进行政公开和建设透明政府的重要意义。同时，也正是这种特殊的政治体制和政治文化决定了我国建设透明政府的道路，注定是一个艰难历程。《信息公开条例》的颁布与执行，是政府推进行政公开、建设透明政府的重要举措，对于遏制故意使用自由裁量权的黑箱政治，保障公民的知情权，预防和治理腐败现象具有重大的实践意义。

然而，官僚体系在执行有悖于自身利益的政策与法令时，总会呈现出它特有的思维惯性与行为逻辑，有法不依历来是地方政府行为的一个顽疾。本文的分析表明，建设透明政府的成效，在很大程度上仍然取决于官僚组织的执行意愿，G市在《信息公开条例》的执行过程中所暴露的诸多问题，都是建设透明政府必须面对的问题。行政立法的质量、社会参与度和司法的公正度，都将制约透明政府的建设。局限在官僚体系内部的责任机制和执行方式，难以真正地转变政府长期以来形成的行为方式，无可避免地将行政公开、建设透明政府的努力，流变为"半公开"和"假公开"的形式，甚至于这种质量低下的公开和透明也难以为继。因此，变革官僚体系，不仅需要关注复杂体系中与管理变革相联系的实证问题，更要关注官僚组织行为发生于其中的政治、社会和道德环境。

主权在民的治理理念，决定了一个国家的立法、行政和司法必须注重公民参与的作用，而公民能否有效地参与，又取决于一个国家为公民参与所提供的制度框架的质量。G 市贯彻《信息公开条例》的实证研究表明，正是由于公民参与的乏力，才导致执行过程流变成为一个官僚组织内部的博弈，制约了行政公开的质量和效果。如果官僚机构恶意使用自由裁量权的行为难以得到有效的制止，则透明政府建设的成效必然取决于政府官僚体系公开的意愿和能力，这不仅违背国家建设透明政府的初衷，也背离了建设现代法治政府的国家理念。因此，建设透明政府离不开民众的参与，而民众参与的制度框架决定了民众参与的效果。所以，必须在制度建设方面增强民众的作用，为其提供切实有效的参与途径，这将最终决定国家民主政治建设与发展的成效。

（原载《公共管理学报》，2009 年第 2 期）

从政府信息网上公开看公民知情权的保障

——以环太湖区域五个城市为例

费丽芳

(浙江省湖州市委党校法学教研室)

《中华人民共和国政府信息公开条例》已于 2008 年 5 月 1 日起施行。认真贯彻施行《信息公开条例》，保障公民、法人和其他组织依法获取政府信息的权利是行政机关的重要职责。政府信息公开不仅是保障公民知情权实现的重要途径，是推进我国法治政府建设的一项重要内容，而且也是推进民主政治建设的一项重要举措。据统计，80% 的社会信息资源都掌握在政府机构的手中。将政府掌握的信息通过网上公开，不仅有利于建立社会公众沟通交流的渠道，树立"阳光政府"的良好社会形象，而且对于公民知情权的有效保障也具有十分重要的现实意义。政府信息网上公开是社会发展的必然趋势，而我国现在还处在起步阶段。环太湖区域是我国东部经济发达地区之一，在《信息公开条例》颁布实施之后，应当积极推进政府信息网上公开，从而在全国起示范作用。本文以环太湖区域五个市政府（苏州市政府、无锡市政府、常州市政府、湖州市政府、嘉兴市政府）网站 2008—2009 年公开的政府信息为调查样本[1]，通过对五个市政府以网络为平台推进政府信息公开情况的比较

---

1. 下文中关于五个市政府信息公开方面的有关规定以及相关的数据均来源于五个市政府网站公布的信息。

分析，总结了其具体实施过程中的不同特点。本文认为，进一步完善政府信息网上公开，环太湖区域五个市政府应当相互借鉴、取长补短，才能实现整个区域的政府信息网上公开走在全国前列，从而使政府信息充分服务于整个区域的经济、政治、文化、社会的全面发展。

一、环太湖区域政府信息网上公开的实践情形

（一）主动公开：政府网站已成为环太湖区域政府信息公开的第一平台

所谓主动公开，是指对于应当让社会公众广泛知晓或参与的事项，各级行政机关应当采取有效措施，在职责范围内，按照规定程序，及时主动地向社会公开。主动公开是政府信息公开的主要方式，也是《信息公开条例》设定的一项重要制度[1]。《信息公开条例》规定，行政机关应当将主动公开的政府信息，应通过政府公报、政府网站、新闻发布会以及报刊、广播、电视等便于公众知晓的方式公开。[2] 国务院办公厅为贯彻施行《信息公开条例》，专门发布《关于做好施行〈中华人民共和国政府信息公开条例〉准备工作的通知》明确要求各级政府要充分发挥政府网站公开政府信息的平台作用，要求"各级政府网站要成为政府信息公开的第一平台"。[3] 实际上，关于政府网站公开政府信息，环太湖区域的无锡市、常州市和苏州市早在 2005 年就已制定了制度规范。2005 年 8 月 11 日，无锡市政府办公室公布了《关于在政府网站公开政务信息的若干意见》；同年 9 月 5 日，常州市政府公布了《常州市政府信息网上公开试行办法》，专门就政府信息网上公开事项作了详细规定；同年 11 月 2 日，苏州市政府以政府规章的形式发布了第 86 号市政府令《苏州市信息

---

1. 国务院法制办公室：《中华人民共和国政府信息公开条例注解与配套》，北京：中国法制出版社 2008 年版，第 15 页。
2. 参见《中华人民共和国政府信息公开条例》第十五条。
3. 参见《关于做好施行〈中华人民共和国政府信息公开条例〉准备工作的通知》（国办发〔2007〕54 号）。

公开规定》。由此，政府网站和各政府部门专业网站成为苏州市政府发布政府信息的重要平台。[1]

为了切实贯彻实施《信息公开条例》的有关规定[2]，上述五个市政府均编制了政府信息公开目录和指南，明确了公开方式要以网络为主。政府网站无疑已经成为环太湖区域五个市政府信息公开的第一平台。首先，从网站公布的信息公开数量来看（见表8），各市每年都依照《信息公开条例》规定通过政府网站主动公开相关的政府信息。其次，从公众获取信息的途径来看，通过政府网站获取政府信息的人次，远远高于公共查阅点、政府公报、新闻发布会等其他平台。2008年，常州市通过政府门户网站的政府信息公开专栏和窗口查阅政府信息的有12000多人次，点击次数达41万次；2009年增加到35000多人次，点击次数达65万次。2008年无锡市经由政府网站公开的政府信息占公开总数的80%以上，查阅人次达1228万人次；2009年无锡市（全市）发布的100183条政府信息中，经由政府网站政府信息公开专栏公开的有82589条，查阅达539万人次。2009年湖州市政府信息公开网站的访问量达645万余人次。再次，各市充分利用电子手段，将政府公报、新闻发布会的视频和主要的文字内容纳入了政府网站的公布项目。目前，苏州市、常州市、嘉兴市均实现了可以类似电子期刊的方式在网上阅读政府公报；常州市、苏州市、无锡市、湖州市均实现了新闻发布会的网上链接，借此可获悉所发布政府信息的主要内容。第四，无锡市、苏州市、常州市还分别在政府信息公共查阅点档案局设立了电子文件查阅中心。2009年，苏州市在其现行文件查阅中心已收集了86个职能部门12000余份文件，无锡市汇总了市级各部门主动公开的政府信息2万余条，常州市汇总了8270件电子文件。通过这些途径，将《信息公开条例》第十五条规定的"通过政府公报、政府网站、新闻

---

1. 参见《苏州市信息公开制度规定》第二十八条、第二十九条。
2. 参见《中华人民共和国政府信息公开条例》第四条、第十九条。

发布会等便于公众知晓的方式公开"和《信息公开条例》第十六条规定的"应当在国家档案馆、公共图书馆设置政府信息查阅场所，并配备相应的设施、设备，为公民、法人或者其他组织获取政府信息提供便利"之各种公开方式，以网络平台为统一载体，实现了不同方式间的融合。

表8　2008—2009年各市政府主动公开政府信息数量统计[1]

年份	市	苏州市	无锡市	常州市	嘉兴市	湖州市
2008	全市		102489条	35461条	110172条	30000条
	市本级	17834条	66238条	12719条	13331条	
2009	全市		100183条	10024条	108937条	23324条
	市本级	9289条		4148条	7696条	16303条

（二）依申请公开：制度化建设日趋完善，公民网上申请政府信息公开逐年增加

所谓依申请公开，是指对于只涉及部分人和事，不必要让社会公众广泛知晓或参与的事项，公民、法人和其他组织根据自身需要向当地政府或政府行政部门提出申请，政府或者政府行政部门根据有关法律法规的规定，按程序向申请人公开[2]。行政机关"要采取多种方式，方便公民、法人和其他组织申请公开政府信息"[3]。根据《信息公开条例》规定，五个市政府均在政府信息依申请公开方面作出了相关规定，其中苏州市、常州市和嘉兴市政府的制

---

1. 表中数据均来自于五个市政府在网上发布的2008年和2009年《政府信息公开工作年度报告》。表中空白处为该市年度报告中未指明。
2. 国务院法制办公室：《中华人民共和国政府信息公开条例注解与配套》，北京：中国法制出版社2008年版，第15页。
3. 《关于施行〈中华人民共和国政府信息公开条例〉若干问题的意见》（2008年4月29日发布 国办发〔2008〕36号）。

度比较健全,常州市、嘉兴市就政府信息依申请公开专门制定了规范。除湖州市政府外,其他四个市政府均规定了可通过互联网进行申请。其特点主要表现在:一是按照依申请公开制度编制了依申请公开政府信息的工作流程,对依申请公开政府信息的渠道、环节、申请方式等进行全面梳理,固化申请流程,明确答复时限,规范受理和告知文书格式,促进了政府信息依申请公开的法制化、规范化。二是多渠道开辟依申请公开途径,在政府网站专门设立"政府信息依申请公开"专栏,多点设立政府信息公开查阅点,各公开单位普遍设立政府信息依申请公开受理机构,对外公布机构地址和电话,为申请人依法申请政府公开信息提供良好条件。

从统计数据来看(见表9),无锡市、常州市、嘉兴市网上申请政府信息公开的比重逐年上升,数量也比较多。从五个市政府的政府信息公开年度报告来看,申请的信息内容较为集中,表现出趋同性,即,房屋拆迁、土地征用、城市规划建设、养老保险、劳动就业、财政预决算等成为公众最关心的问题。

表9　2008—2009年各市政府信息依申请公开数据统计[1]

市 年份 申请方式及件数	苏州市		无锡市		常州市		嘉兴市		湖州市	
	2008	2009	2008	2009	2008	2009	2008	2009	2008	2009
申请总数	20	15	3341	4274	86	189	127	937	5	23
当面申请	0	0	2859	2799	22	94	36	15	5	23
数据电文申请	20	15	253	677	46	95	89	914	0	0
网上申请	20	15	238	434	43	95	89	914	0	0
其他	0	0	229	798	18	0	2	8	0	0

[1]. 表中数据均来自于五个市政府在网上发布的2008年和2009年《政府信息公开工作年度报告》。表中苏州市的数据为市本级数据,其他市的数据为全市数据。

(三) 监督保障机制

根据《信息公开条例》第二十九、三十、三十一条的规定，各级人民政府应当建立健全政府信息公开工作考核制度、社会评议制度和责任追究制度，定期对政府信息公开工作进行考核、评议。政府信息公开工作主管部门和监察机关负责对行政机关政府信息公开的实施情况进行监督检查。各级行政机关应当在每年3月31日前公布本行政机关的政府信息公开工作年度报告。在制度建设方面，常州市早在2007年1月就制定了《常州市政务公开考核办法》；2008年4月嘉兴市制定了《嘉兴市违反政府信息公开规定行为责任追究办法》；2008年1月无锡市制定了《无锡市政府信息公开社会评议制度》、《无锡市政府信息公开责任追究办法》；2009年3月制定了《无锡市政府信息公开工作考核实施细则》，从而建立了完备的考核、评议和责任追究制度。在监督机制方面，探索运用现代信息技术，加大监督力度，提高监督效率。常州市在2008年年底建成了市级"三合一"网络平台，将行政服务、行政监察、法制监督三大功能合一，实现了38个行政部门，51个行政主体，341项行政许可事项和101项非许可审批事项的网上办理和跟踪监督，2009年又拓展了覆盖范围。市政府信息公开协调指导小组通过政府信息公开专栏随机进行网上点击，并定期汇总各级各部门公开服务数据及相关案例，对公开主体进行考核评价，督查督办结果列入市级机关年度作风评议内容，并执行严格的奖罚措施。常州市还将依申请公开办理情况在网上公布，列明了申请人、申请事项、是否按规定办理、受理单位，直接接受公众的监督。2009年苏州市也建成了"苏州行政权力电子综合监察系统"，将政府信息公开、行政审批、行政处罚、行政事业性收费、政府采购、工程建设和便民服务纳入电子监察范围，通过实时监控功能，使监督关口前移。嘉兴市着重从依申请政府信息公开的受理、答复和督办三个环节，推行了依申请政府信息公开答复系统自动警示制度。为防止出现办理超期现象，系统专门设置了提醒功能，受理后第10个和13个工作日分两次，分别用黄色、橙色进行提示，倒数第二天显示红色，进行警告。同时在政府信息公开栏实时公布73个机关和部门的政府信息公开数量。

二、遵循《信息公开条例》，保障公民知情权有效实现

环太湖区域政府在政府信息网上公开方面已积累了不少经验，但也存在着不平衡现象。如何寻求环太湖整个区域在政府信息网上公开方面的共同发展？笔者以为，应当以保障公民知情权的有效实现为目的，严格遵循《信息公开条例》，通过相互借鉴，取长补短，来推动环太湖区域政府信息公开走在全国前列。

（一）严格遵循《信息公开条例》规定，重点公开公众最关注的事项

《信息公开条例》第九条概括规定了应当主动公开的政府信息内容，其中涉及公民、法人或者其他组织切身利益的和需要社会公众广泛知晓或者参与的两大内容[1]。《信息公开条例》第十条至第十二条列举规定了各级政府及其部门应当重点公开的政府信息内容：城乡建设和管理的重大事项；社会公益事业建设情况；征收或者征用土地、房屋拆迁及其补偿、补助费用的发放、使用情况；抢险救灾、优抚、救济、社会捐助等款物的管理、使用、分配和发放情况；贯彻落实国家关于农村工作政策的情况；财政收支、各类专项资金的管理和使用情况；乡（镇）土地利用总体规划、宅基地使用的审核情况；

---

1. 参见《中华人民共和国政府信息公开条例》第九条。

等等。[1] 实践中，政府对本行政机关机构设置、职能、办事程序事项的公开上比较详细，但和公众关注的与自己切身利益直接相关的政府信息存在一定的差距。因此，政府应当把公开的重点放在公众最关注的事项上，这样才能真正体现服务型政府的要求，公开的信息才能真正为民所用。从2009年的情况来看，无锡市、苏州市、嘉兴市重点公开的政府信息更符合公众的需求。如无锡市加强了对财政性资金与社会公共性资金信息、行政事业性收费信息、政府集中采购信息、行政权力事项信息的重点公开，并细化了城市建设和管理、重大建设项目的批准及实施信息的公开。苏州市按照市政府出台的《苏州市人民政府重大行政决策程序规定》，对由市政府依法定职权作出的涉及本行政区域经济社会发展全局，社会涉及面广，与公民、法人和其他组织利益密切相关的重大事项，认真做好决策公开，切实保障公民的知情权、参与权、表达权和监督权。同时一并加强了扩大内需、投资项目实施和资金管理使用信息公开，进一步健全了政府投资项目公示制，主动公开项目资金的种类、数量和使用及审计结果等信息。嘉兴市重点突出了与公众密切相关的重大事项、公共资金的使用和监督、重大决策信息的公开。因此，如何严格遵循《信息公开条例》规定，重点公开公众最关注的事项，是一个应当引起高度重视的问题，因为它关系到公民知情权的有效实现。

（二）加快信息电子化的进程，提高政府信息发布和利用的时效

我国现在已是世界上网民最多的国家，虽然《信息公开条例》将政府网站作为信息公开的主平台之一，但未就信息的电子化作出明确的规定。环太湖区域是东部较发达地区，网民人数众多，所以，应当充分发挥网络的便捷功能，使公开的信息经由网络就可方便查询。目前，环太湖区域政

---

1. 参见《中华人民共和国政府信息公开条例》第十条、第十一条、第十二条。

府信息发布的时效问题仍然比较突出，主要表现在：信息老化、更新慢，不少政府信息无法实现全文检索；有的仅设置了政府信息公开的类别，但长期缺少内容，或随意链接到其他网页。因此，提高文档的电子化率，不仅可以保证政府信息发布的时效性，而且能够方便公众的查询与利用，易于保存，降低申请的成本。从实践来看，苏州市、无锡市和常州市在信息电子化方面已经走在了前列。就信息电子化率而言，常州市 2008 年为 100%，2009 年为 98%；无锡市 2008 年为 82.4%，2009 年为 87.3%。而苏州市早在 2006 年就规定各级政府机关要以电子数据方式为公众提供索引，方便公众提出申请；并且要求政府机关的规范性文件应自发布之日起 30 日内将文件正文及电子版本报送文件查阅中心并在政府网站公开。至 2008 年，苏州市就已实现了主动公开政府信息全文检索功能。2009 年嘉兴市也基本实现政府信息全文检索功能。因此，为加快信息电子化的进程，提高文档电子化率，实践中我们应当借鉴苏州市的做法，为公开信息的全文电子化设定一个时间表，经由一定的时间段，新创设的信息必须建立电子文档，使全部信息经由网络可查询；苏州市、常州市、无锡市在政府网站设立电子阅览中心的做法也值得其他城市借鉴。此外，环太湖区域政府还应当适时解决历史文件、资料、信息的电子化问题。目前政府信息公开的内容以近 5 年内为重点，由于条件的限制，超出 5 年的很多文件缺少电子文档，从而影响了许多政府信息的公开。

（三）充分发挥数据电文特别是网络功能，方便公众申请

《信息公开条例》第二十条规定，公民、法人或者其他组织向行政机关申请获取政府信息的，应当采用书面形式（包括数据电文形式）。在网络化时代，通过网络进行信息申请是最便民和最低成本的。从发展趋势和公民的要求来看，网上申请的开通应成为政府信息公开的首要途径。《信息公开条例》

已经规定了申请的形式包括数据电文形式，虽然在条文中没有进一步细化，但实践中"数据电文形式"就包括了电报、电传、传真、电子数据交换和电子邮件等形式。这样，信件和数据电文均可以成为信息申请的书面形式，只要公民愿意和手段可行，上述任何一种书面形式均应得到政府的认可和支持。目前，五个市政府信息公开申请方式上还存在着比较大的差异，主要在于个别市政府至今还未规定公众可以数据电文形式进行申请，而大多数市政府早已规定公众可以自主选择申请的方式。

（四）建立健全监督保障机制，完善信息公开年报制度

只有建立健全监督保障机制，才能使政府信息公开工作一以贯之、全面推进，从而保障公民知情权的实现。目前，五个市政府在监督方面存在的缺陷是：大多数市政府信息公开监督保障机制还不够健全，应当加以重视并依照《信息公开条例》规定予以完善。在监督机制方面，应当借鉴常州市和苏州市通过网络让公众参与监督的经验；嘉兴市依申请政府信息公开答复系统自动警示制度也是值得借鉴的。同时，五个市政府应当依照《信息公开条例》规定，完善政府信息公开工作年度报告制度。政府信息公开年度报告的网上公开不仅有利于公众查询一个地区政府信息公开的概况，而且可以了解不同地区和不同行政机关之间实施的状况及其差异；既可以促进行政机关提高信息公开的数量和质量，又可相互之间进行借鉴。从目前公布的政府信息公开年度报告内容来看，有的比较详细，有的比较简单；有的数据比较齐全，有的数据比较缺乏；有的内容缺乏连续性；还有些报告内容缺乏统一性。这些方面还需进一步规范。总体来看，无锡市和嘉兴市的年度报告内容具体、数据翔实，值得其他市仿效。

三、结　语

经过两年多的实践，环太湖区域五个市政府在实施《信息公开条例》，推进政府信息网上公开，保障公民知情权实现方面，取得了较大的进展，但同时也存在不平衡的状态。这种不平衡既体现在同一省份行政区域内的各市政府之间的差异性，也体现在不同省份行政区域内的各市政府之间的差异性，还体现为两省政府制度规范是否对下级政府行为规范进行统一所带来的差异性。这些差异性，一方面，给环太湖区域政府如何进一步推进政府信息网上公开提供了可资借鉴、不断完善的经验；另一方面，也说明了环太湖区域政府在政府信息网上公开方面仍存在着不少需改进、完善之处，公民知情权如何得以有效保障仍有许多值得探索、推进的地方。

（原载《中共浙江省委党校学报》，2011年第1期）

政府决策公开化、民主化的有益探索
——以浙江省杭州市"开放式决策"为例

王 柳

（中共杭州市委党校公共管理教研部）

  政府决策是公共管理活动的起点和首要环节，是政府履行计划、组织、指挥、控制、协调等各项职能的基础。是否做出以及如何做出公共决策，直接关系政府汲取、整合和分配社会资源的方向和效率，进而影响当地经济社会发展水平和社会公众的切身利益。建立科学民主的决策机制是政府管理面临的重大课题，它关系到社会公平正义的实现，经济社会的协调发展和社会主义民主政治的发展。

  将科学民主决策、依法行政、加强行政监督作为政府职能转变的主要方面，将决策机制建设与规范政府行为，作为建设服务型政府的重要突破口，列入全面履行政府职能的三项任务之一，是党的十六大以后政府工作的新亮点。2004年1月，国务院常务会议强调决策必咨询论证、决策必专家评议、决策项目必公示，将政府决策纳入社会、企业、公民共同参与的视野，表明对决策问题"公共性"的认同，表明注重决策的透明度和公众参与度已成为决策机制建设的重要突破口。党的十七大提出"公民有序政治参与"，也为加快实施决策中的公众利益表达提供了重要的理论支持。党的十八大报告提出完善中国特色社会主义法律体系，加强重点领域立法，拓展人民有序参与立法途径，其中，"拓展人民有序参与立法途径"是第一次出现在党的代表大会报告中。

可见，公众参与已成为新决策观的鲜明特点，杭州市即为先行者之一。杭州市把民主作为发展动力，把民生作为发展重点，实施"以民主促民生"战略，积极探索"以民主促民生"的工作机制。市政府坚持科学民主决策，实施问情于民、问需于民、问计于民，落实人民群众的知情权、参与权、表达权、监督权，推进民主决策的制度化、规范化、程序化。在推动决策科学化、民主化、促进公民参与的探索进程中，有必要对这一模式进行具体而深入的分析，对其呈现的特点、取得的经验和进一步发展的空间进行深入的思考。[1]

一、开放式决策的实践与制度创新

（一）杭州市基本概况

杭州是浙江省省会和经济、文化、科教中心，长江三角洲中心城市之一，国家历史文化名城和重要的风景旅游城市。现辖8个城区和5个县（市），全市面积16596平方公里，其中市区面积3068平方公里；2011年末，户籍人口695.71万，常住人口873.8万。2011年，杭州实现国民生产总值7011.80亿元，连续21年保持两位数增长，按常住人口计算的人均国民生产总值超8万元，达到80395元；三次产业比重为3.3:47.4:49.3；财政总收入1488.92亿元，增长19.6%，其中地方财政收入785.15亿元，增长17%；市区城镇居民

---

[1]. 本报告的案例部分未标注出处的都是根据调研情况和杭州市人民政府开放式决策项目的相关申报材料整理而成。

人均可支配收入 34065 元，农村居民人均纯收入 15245 元，分别增长 13.4% 和 15.6%。在经济实力不断增强、经济结构不断优化的同时，杭州致力于人与自然、文化与经济社会的协调发展，加快建设服务型政府，推进生活品质之城建设。2011 年，杭州荣膺"全国文明城市"称号，连续 8 年蝉联"最幸福城市"，杭州西湖文化景观列入《世界遗产名录》，获得"中国人居环境范例奖"、"中国民生成就典范城市最高荣誉奖"、"中国服务型城市十佳城市"，"十大低碳城市"、"国家电子商务示范城市"等荣誉，是拥有全球最棒的公共自行车服务系统城市之一，并作为中国唯一一座城市被列入全球十大休闲范例城市。2013 年，杭州市坚持创新和新型城镇化两轮驱动，稳中求进，开创新局，为打造东方品质之城、建设幸福和谐杭州作出新贡献。

（二）开放式决策的实践与创新

1. 基本做法

开放式决策指的是政府对经济社会管理事项进行决策之前，通过网络公开决策讨论稿，向市民群众广泛征求意见；政府决策时，邀请人大代表、政协委员和市民代表列席市政府常务会议，并实行网络视频直播互动，列席人员与网民可以发言（发帖）表达意见，直接参与市政府的决策过程；会后，由有关部门对网民相关意见在网上给予答复，决策事项的公文在政府网站和杭州政报公布，会议视频载入市政府网站相关栏目予以公开。

2007 年至今，杭州市政府共邀请 351 位市人大代表、政协委员、市民与专家列席市政府常务会议，讨论市政府信息公开规定、高校毕业生和留学回国人员创业三年行动计划、廉租住房保障管理办法、社区卫生服务运行机制改革等 112 项决策事项，43.3 万人（次）点击网站进行参与。2008—2012 年，《政府工作报告（征求意见稿）》通过在网上公示共收到各类意见 1718 件次，其中 358 条意见被吸收采纳，有的被直接写进政府工作报告。

2. 制度建设

开放式决策是公共治理方式的创新,《杭州市人民政府重大行政事项实施开放式决策程序规定》、《开放式决策有关会议会务工作实施细则》等一系列制度为开放式决策的有效实施奠定了基础。

（1）建立市政府决策事项事前公示、听证制度。2007年12月11日，市政府发出《关于对涉及群众切身利益的行政规章和公共政策实行事前公示的通知》，决定对涉及群众切身利益的行政规章和公共政策，在正式决策前必须在相关政府门户网站、报刊、广播、电视等媒体上公示，在有关公共场所或社区宣传栏公示；同时，举行听证会，收集民众意见和建议。

（2）建立人大代表、政协委员列席市政府常务会议制度。2007年11月19日，市政府发出《关于加强政府与人大代表政协委员联系的通知》，决定市政府召开的重要会议及工作调研、工作检查时，应视情况邀请市人大常委会、市政协领导以及市人大代表、政协委员参加；在制定重要规划、方案、政策时，在对涉及群众切身利益、社会关注度较高事项进行决策时，事前主动征求人大代表、政协委员的意见。

（3）建立市民代表和专家列席市政府常务会议制度。按照《杭州市人民政府重大行政事项实施开放式决策程序规定》，市民和专家可以参与市政府常务会议的重大行政事项决策。他们与列席会议的政府官员一样，都有发言权，普通市民参与市政府常务会议决策活动逐步常态化。

（4）建立市政府常务会议向媒体开放制度。除了邀请中央、省级媒体参加会议外，还开通网络视频直播，使市政府决策进一步开放。

（5）实现市政府常务会议网络互动交流。《杭州市人民政府开放式决策有关会议会务工作实施细则（试行）》规定，市政府召开常务会议，在网络视频直播的同时，设置市长与市民通过网络连线进行视频对话的互动环节。

（6）推行《政府工作报告》"两会"前社会公示制度。根据《关于对涉及群众切身利益的行政规章和公共政策实行事前公示的通知》，2008年1月，市政府首次将《政府工作报告（征求意见稿）》在网上公示，收到各类意见938人次（件），最后有68条意见被直接吸收写进政府工作报告。2009年1月，杭州市"两会"前将政府工作报告和财政预决算报告征求意见稿同时向社会公示，这在全国尚属首创。

（7）开放式决策向区县（市）延伸。2009年，杭州市及所辖13个区、县（市）政府全部推行开放式决策。拱墅区实行政府常务会议网上视频直播；萧山区将《政府工作报告》向社会公示；余杭区探索"开放式征集、多层次互动、全透明办理"的政府为民办实事新模式；上城区将开放式决策的会议视频和文字记录载入政府门户网；西湖区出台《西湖区人民政府开放式决策实施办法》；淳安县建立专家咨询制度等。

3. 创新探索

开放式决策是贯彻科学发展观，构建行政权力阳光运行机制的创新探索。

一是深化政务公开的新形式。20世纪80年代中后期以来，始于基层，经过"两公开一监督"、初步探索、试点、逐步推广、全面推广五个阶段和20多年的实践，我国各级政府初步形成了具有中国特色的政务公开制度，并在我国民主法制建设、行政体制改革和发展市场经济等方面发挥了积极的作用。但从实际情况来看，政务公开更多地表现为一种政策、法规、文件等政务信息的公开。严格意义上来说，这主要是对政府决策结果的一种告知和通报，属于决策之后的事情。政务公开保证了公民的知情权，而开放式决策又使政务公开向互动参与发展，不仅从权力运行上保证了政府行为的公开性，而且使更多的民众在事前、事中实现了参政议政，这正是对以往政务公开的深化与完善。

二是完善科学民主决策的新途径。科学民主决策是各级政府的一项基本准则。任何一个决策者与决策集体的智慧和认知都不可能覆盖所有领域，领导者不可能对所有问题都有深入透彻的研究，也不应该仅凭经验决策，否则极易导致决策失误。通过开放式决策，特别是把互联网等信息技术充分运用于决策过程，有利于广泛吸收社会各个阶层、各个方面的意见和建议，使政府领导能直接获得第一手的社情民意，从而使政府制定的公共政策在解决公共问题、满足社会多层次的需求方面更具有效性和回应力，更能兼顾各方利益，体现公开、公平、公正，推进了决策的科学化、民主化。

三是扩大公民有序政治参与的新渠道。国家的一切权力属于人民。开放式决策维护和扩大了人民群众的知情权、参与权、监督权，保障人民依法管理社会公共事务，管理经济和文化事业。开放式决策有利于广泛吸收市民的建设性意见，尊重市民的利益诉求，体现公共政策所具有的公共性，真正"让民意领跑政府"，从而激发民众主动、积极参与经济发展和社会事务管理的热情；通过开放式决策，市民有机会与参加市政府常务会议的政府官员面对面地平等交流讨论，充分、直接、真实地表达意见和诉求，真正体现以民为本；开放式决策是来自行政权力体系之外的公民制约，使权力在每时每刻、每个环节都受到严密的监督，督促决策者牢记公仆责任，从而避免"权力寻租"、"政绩工程"、"面子工程"、"拍脑袋决策"。

二、开放式决策的主要动因与发展历程

（一）主要动因

该项目发起的主要动因源于以下几个方面：

1. 经济发展的客观要求

杭州市推行开放式决策也是经济社会发展到一定阶段的内在要求。改革

开放30多年来，杭州市发生了翻天覆地的变化，目前已处在人均GDP突破1万美元的发展阶段上。人民群众的经济权益得到提高的同时，必然对民主政治提出新的要求。同时，伴随着经济体制的深刻变革，社会利益格局也在进行着调整，经济利益主体多元化和社会利益关系复杂化的情况日益突出。这必然对政府决策科学化民主化提出了更高的新要求，要求决策者准确了解各种利益主体的需要、心态及其变化，畅通利益表达渠道，以保证决策的科学性、认同度和执行力。确立广开渠道、尊重民意、重视专家、讲究程序、明确责任的决策观，完善决策规则、程序、方式和体制机制，通过在政府与民众的互动中，提高决策的民意基础和认可程度，已是新形势下地方政府应对复杂局势和提高执政能力的必然选择。与这种形势的变化相适应，2000年以来，杭州市积极探索以体制机制创新来扩大社会主义民主的新途径，进而提出并实施开放式决策。

2. 打造民本政府的客观要求

杭州市深入贯彻落实科学发展观，坚持"人民为大、创新为先、法治为道、务实为要、清廉为范"的施政理念，实施"以民主促民生"战略，近年来在推进民主决策方面已经有了一些积极探索。对于涉及人民群众切身利益的重大问题，坚持问情于民、问需于民、问计于民、问绩于民，一定程度上提高了人民群众在政治生活层面上的主观需要和满意度。但民主渠道不畅、决策信息不充分和市民参与热情不足、引导不够的问题依然突出，"扩大参与"和"有序参与"的双重任务仍需完成。为了在前些年扩大基层民主参与实践探索的基础上，进一步提升杭州"扩大公民有序政治参与"的制度化水平，在更高的决策层面上直接开放市民参与政府决策的通道，实现打造民本政府、"让民意领跑政府"的目标，必须建立一套制度化的科学民主决策机制。把决策民主化提升到市政府常务会议开放式决策法定程序的新探索，是打造民本政府所提出的实践要求。

3. 建设生活品质之城的客观要求

杭州市在建设"与世界名城相媲美的生活品质之城"的过程中，必然在经济、政治、文化、社会、环境等涉及民生的诸多方面提出一系列新的目标，从而对政府决策统筹兼顾多元目标和重大利益关系提出了更高的要求。杭州市在人均 GDP 已达到中等发达国家水平的形势下，既要解决经济社会发展尚未解决的城乡分割、市区与五县（市）发展不平衡的历史问题，又要面对快速发展引起的要素制约加剧、投资后劲不足、就业压力增大、社保基础较弱、收入差距较大等新问题。兼顾诸多难题的政府决策，往往涉及一些重大利益关系的调整、一些专业性问题的抉择以及一些前瞻性政策的酝酿，不同类型政策对决策的参照条件、目标定位、专业含量、方案选择的要求各有不同，决策的难度、复杂度和风险性明显提高。因此，必须坚持统筹兼顾，用更加开放的办法实现利益平衡，促进社会和谐。实行开放式决策，提高政府决策的民主化、科学化水平，是打造"生活品质之城"对政府提出的客观要求。

4. 信息时代的客观要求

近年来，以信息网络技术为特征的高科技革命，不仅推动了原有社会分工和社会管理方式的更新，也使网上交流、网上舆论监督成为现代信息社会生活的一部分，充分利用网络视频技术了解民意既有了可能也成为必然手段。作为政府，必须与时俱进，充分利用新兴技术提升政府管理水平。实施开放式决策，利用网络视频和电子通信技术了解民意，实现政府与民众的沟通互动，既是信息时代的客观要求，也是政府在新时期提升管理能力的应有之义。

（二）发展历程

近年来，杭州市政府一直坚持把群众的需要作为决策的出发点和落脚点，把解决民生问题作为政府工作的重中之重,以"权为民所用、情为民所系、利为民所谋"作为政府工作的原则,重视听取市民群众意见和建议,使群众有更多的机会参与决定政府"做什么、怎么做",集中民智民意推动政府依法行政与科学决策。杭州市开放式决策经历了一个政府决策逐步开放的过程,它表现为决策领域逐步拓展、决策层次逐步提升、社会参与度逐步扩大的形态,目前大致经历了三个阶段:

1. 起步阶段:民意改进政府工作

在探索的起步阶段,其特征表现为创制载体、广纳民意,帮助政府改进工作。主要举措有:

——1999年5月,杭州市出台《关于进一步完善全市经济和社会发展重大事项行政决策程序的通知》,提出"坚持决策民主化、科学化"的原则。市政府对全市经济和社会发展重大事项的决策,要广泛听取人民群众和社会各界的意见,同时要认真征求市人大常委会、市政协及人大代表、政协委员的意见。

——1999年6月,杭州市在国内首创"12345"市长公开电话,逐步形成了以电话、电子邮件、手机短信等多种形式为载体的公共服务平台,"12345,有事找政府"在杭州家喻户晓。杭州市政府筛选了一批与市民生活关系密切的48个职能部门及市属9家新闻单位,作为"12345"市长公开电话受理中心的网络成员单位,设立了专门电话,落实了专门人员,明确规定主要领导分管这项工作。"12345"市长公开电话还与中国杭州政府门户网站联合,每月举办一次"网上接待室"活动,邀请相关职能部门主要负责人,就市民关注的民生热点问题在网上释疑解惑。从"12345"开通以来,日均电话受理量一直在400件左右,成为市政府了解社会动态信息、保护公民与其他组织的合法权益和监督政府机关及其工作人员依法履行职责的重要渠道。

——2000年,杭州市创建"满意不满意"市民评议政府工作机制,对市民评议分数低于达标线的单位给予公开告诫，处于末位的即为"不满意单位"，不满意单位由市委、市政府予以批评处理；连续三年被评为不满意单位的，由市委调整领导班子。随着工作的推进和经验的积累，参评单位已从2000年的54个扩大到现在的114个，几乎覆盖了所有市直单位；投票群体从4个扩大到9个，代表着更广泛层面的群众意愿。目前，杭州形成了目标责任制考核、满意评选（社会评价）、领导考评及创新创优四个维度（"3+1"考评模式）的综合考评体系，形成了公民导向、注重绩效的鲜明特色，建立了社会公众参与公共治理的制度化平台。截止到2012年12月，参评代表从初期的6000余名扩展到15000余名。

——2000年6月，杭州市成立人民建议征集办公室，在市政府网站上设立"建言献策"栏目，受理群众对政府工作的意见和建议。涉及全市性的重大工作和活动，在新闻媒体上公开向社会专题征集金点子，对征集到的建议及时筛选整理，交由职能部门采纳处理，并每年评选优秀建议和好建议市民。

——2002年3月，杭州市政府开始向社会公开征集办实事项目方案。除向市人大代表、政协委员征求意见外，还通过市城市社会经济调查队的8000户民情民意调查网络进行征集，通过市人民建议征集办公室在政府门户网站和新闻媒体上向市民征求实事项目建议和意见。对上述手段获得的建议，市政府按照集中程度、反映问题的普遍性、与大多数市民群众利益的紧密程度、年内解决问题的可能性以及政府财力承受程度等原则，确定当年的为民办实事项目方案。

——2002年3月和2004年2月，杭州把"12345，有事找政府"市长热线，延伸到政府门户网站上的"12345"电子信箱（市长电子信箱）和"12345"短信平台，引导市民"12345，网上找政府"，保证"件件有着落，事事有回音"，政府门户网站开辟的"政务论坛"也人气高涨。网友们的观点、意见乃至批评，限时整理成篇报送相关领导，成为完善决策的依据，并由论坛版主回帖，有针对性地解释沟通。杭州市还率先开通"市民邮箱"，这

透明政府
Transparent Government

是中国杭州政府门户网站最大的一项互动应用,邮箱用户可以进行网上订阅,直接成为网站注册用户参加"政务论坛"讨论。

——2002年7月,杭州市委市政府开通"96666"效能监督电话。主要作用是针对党政机关工作人员的服务态度、效能进行电话投诉进行处理。"12345"主要办事(有事找政府),而"96666"主要对人,寓意是"96666,服务创一流"。如经过调查,发现群众投诉情况属实,将要对有关部门和相关工作人员进行严肃处理,包括批评教育、警告或诫勉、调离岗位或辞退、通报曝光,对教育管理不严、内部作风问题严重的单位,要追究该单位领导的责任。

2. 发展阶段:民众参与政府决策

在这一阶段,杭州市政府决策的开放度在实践中进一步扩大,其特征表现为民众参与政府决策的广度和制度化水平进一步提高。主要举措有:

——建立市领导班子成员联系企业家、科技人员、文艺界人士的制度。杭州市建立了四套领导班子成员联系企业家、科技人员、文艺界人士的制度,定期走访和征求上述各界人士的意见和建议;在人大、政协组织中高度重视各界人士包括新生社会阶层的代表参政议政。重大决策前征求企业组织、民间组织和利益相关人的意见已成为惯例。

——完善专家学者政策咨询机制。杭州市政府在《关于进一步完善全市经济和社会发展重大事项行政决策程序的通知》中明确提出:"对一些专业性强、情况复杂、影响深远的社会经济问题,还要组织专家学者和有关专门机构进行论证。要严格执行决策工作程序,凡未经征求意见和进行事先协商、协调,没有形成多个比较方案,没有对决策方案在实施中可能产生的负效应进行分析并提出相应对策的事项,不得提交市政府常务会议、市长办公会议审议决策。"为此,杭州市加强了市政府专家咨询委员会和其他咨询机构的建设。专家咨询委员会分为宏观经济组、产业发展组、城市建设组、社会发展组、农村组、教育组等多个专业组,由省内外 50 多名知名专家学者组成,常年活动,重大决策前先征求专家意见和建议。随着经济社会各项事业的发展,杭州市近年来根据工作重点不同,还先后建立了杭州市城市规划专家咨询委员会、历史文化名城保护专家咨询委员会、杭州市信息化专家咨询委员会、杭州市科技专家咨询委员会、杭州市新药港建设专家咨询委员会、杭州市地名专家咨询委员会、杭州市党风廉政建设专家咨询委员会、杭州政府采购咨询专家系统、杭州市社区家庭医生专家支持系统等市一级专家咨询机构。

——制定城市重大工程建设民主参与机制。为了推进城市重大工程民主参与,杭州突破原有的规划设计方案在机关大厅固定场所进行展示的单一做法,在全市推行"阳光规划进社区",将规划设计方案拿到社区进行公示,听取居民群众的意见;在规划公示期间,联合新闻媒体到社区宣讲规划理念,安排规划技术人员进行现场讲解,分发公示资料和征询意见表;公示结束后,将群众意见分类梳理,并将修改意见反馈到社区;此外,还把建前公示与社区联动相结合,确保项目建到哪里,方案公示到哪里。2004 年开始的背街小巷改善工程涉及 258 个社区的 153 万市民,工程实施前后实行了"三问四权"(问计于民、问需于民、问情于民,让群众拥有监督权、选择权、参与权、知情权),共收到市民对改善工程的各类建议和意见 4492 条,其中被采纳的有 3420 条,采用率达 76%。

——完善重大事项决策程序和规则。2007 年 4 月 16 日,市政府下发《杭州市人民政府关于印发〈杭州市人民政府工作规则〉的通知》和《杭州市人民政府关于进一步完善全市经济和社会发展重大事项行政决策规则和程序的通知》,要求政府实行科学民主决策,在决策程序上要求做到决策准备阶段、提交阶段、反馈阶段均保证公民的参与和监督。

——建立党员代表参加市委常委会和全委会制度。党的十七大后,杭州制定了《杭州市党的代表大会代表列席市委全委会和市委常委会实施细则(试行)》。2007 年 12 月 12 日,杭州三替服务集团总经理陶晓莺和其他 35 名来自基层的党员代表,列席了中共杭州市委十届三次全体(扩大)会议,基层党员代表和书记、市长一起,共商全市党委政府的主要工作,并提出各自的建议。

3. 提升阶段:双向沟通层次提升

随着民众参与政府决策的广度和制度化水平不断提高,怎样进一步提高政府民主决策对群众参与行为的激励作用,特别是怎样使基层民主信息更为迅速、直接地反映到政府重大决策中来,并将以往相对单向的征求民意方式提升为公众与政府之间双向互动的沟通机制,成为杭州市决策者们思考的又一个新课题。杭州市开始尝试将政府最高决策机构进一步开放。其特征表现为将民众参与政府决策的方式直接提升到政府常务会议层面。主要举措有:

——建立人大代表、政协委员列席市政府常务会制度。2007年11月4日,金六民等6位市人大代表和政协委员列席市政府第十七次常务会议。随后,市政府发出《关于加强政府与人大代表政协委员联系的通知》,决定市政府召开重要会议及工作调研和工作检查时,应视情况邀请市人大常委会、市政协领导以及市人大代表、政协委员参加,面对面地听取意见和建议,共商解决问题的办法。在制定重要规划、方案、政策时,在对涉及群众切身利益、社会关注度较高事项进行决策时,事前主动征求人大代表、政协委员的意见。

——建立事前公示制度,完善政务公开条例。2007年12月11日,市政府发出《对涉及群众切身利益的行政规章和公共政策实行事前公示的通知》,决定对涉及群众切身利益的行政规章和公共政策应当在正式决策前向社会公示,或在政府初步讨论后公示。公示时间一般为1周。对一些涉及面广、与群众利益密切相关的事项,在公示后,还应通过召开座谈会、听证会等方式进一步征求市民群众和人大代表、政协委员、民主党派人士的意见。2008年4月,杭州市人民政府办公厅发文指出,要重点加大"公共权力大、公益性强、公众关注度高"的政府部门和人民群众最关心、反映最强烈、社会普遍关注的政府信息的公开力度。"除危及国家安全、公共安全、经济安全和社会稳定，涉及国家秘密、商业秘密、个人隐私的政府信息外，其他政府信息均应及时、准确公开。"2008年8月，《杭州市人民政府关于修改〈杭州市政府信息公开规定〉部分条款的决定》进一步提出，"政府信息以公开为原则，不公开为例外"。

——建立《政府工作报告（征求意见稿）》网上公示制度。2008年1月23—28日，市政府首次将《政府工作报告（征求意见稿）》在网上公示，收到各类意见938人次（件），最后有68条意见被直接吸收写进政府工作报告，其他意见由市政府办公厅转交40多个政府部门和区、县（市）政府研究处理。2009年《政府工作报告》等自2010年1月14日起通过中国杭州政府门户网站和杭州网同时向社会公示，征求市民意见和建议。

——实现市政府常务会议媒体开放和网络直播。2008年4月2日，第二十六次市政府常务会议打破常规，除了邀请中央、省级媒体参加，还通过中国杭州政府门户网站进行网络直播。市政府门户网站事先公布了相关议题材料，供市民查阅；同时开通论坛专题讨论区，请市民参与讨论。相关意见在政府决策过程中予以回应。此次直播活动中，1066人次通过政府门户网站观看了视频，2346人次参与了网络讨论，发帖136条。

——实现市政府常务会议网络视频直播互动交流。2008年5月19日，市政府召开第二十八次常务会议，此次会议不仅通过中国杭州网进行网络视频直播，还增加了市长与6名市民通过网络连线进行视频对话的互动环节。会后，市政府办公厅通过政府门户网站对网民意见作答复。

——建立市民代表参加市政府常务会制度。2008年7月8日，市政府举行第三十次常务会议，会议首次通过市政府门户网站开通市民参会报名通道，并从40位报名者中邀请了6位市民代表与会。自此，普通市民参与市政府常务会议决策活动进入常态化。

——开通手机收看会议直播。2009年7月16日，第四十四次市政府常务

会议首次开通手机收看会议直播,中国移动、联通、电信用户都可以登录指定的 WAP 地址进入专题收看页面,并通过发送短信方式提出意见和建议。

三、开放式决策的基本特点与初步成效

(一) 基本特点

开放式决策的基本原则是坚持"以民主促民生",扩大公民有序政治参与,落实市民参政议政权利,增强决策科学化、民主化,其主要特征是"公开、透明、参与、互动"。

1. 开放拓展参与面,互动提升参与度:将公开进行到底

(1) 公开

公开的理念贯穿于决策的全过程。过去的政务公开更多地表现为政策、法规、文件等政务信息的公开,主要是对政府决策结果的告知和通报,属于决策之后的公开。而开放式决策使政府决策从事后公开转向事先事中事后全过程公开,从权力运行上保证了政府行为的公开性,这是对以往政务公开的深化完善与创新。公开具体表现在:一是决策方案草案会前公示,公开征求市民意见;二是政府常务会议实行网络(包括手机)视频直播,会议视频载入市政府网站相关栏目予以公开,接受公众监督;三是决策结果会后公布,有关部门对网民相关意见在网上给予答复,决策事项的公文在政府网站和《杭州政报》公布。

(2) 透明

决策的整个过程都是公开透明的,减少信息不对称,降低公职人员渎职的可能性。具体表现为三个"透明":一是决策程序透明。重大事项都要提交政府常务会议讨论,进入公开决策程序,并以程序透明来保证决策结果的公

正。二是决策过程透明。公众参与市政府常务会议，决策过程一目了然，可以避免"权力寻租"或"暗箱操作"，实现"阳光行政"。三是决策成果透明。决策结果及时在网上发布，公开透明。

（3）参与

开放式决策吸收公众参与政府决策，通过协商达成共识。参与方式有现场参与、视频连线参与、网络论坛参与、手机短信参与等形式。

市民代表参与——广大市民通过市政府门户网站等进行网上报名或手机短信报名，从报名者中按名额抽选列席政府相关会议；或通过互联网视频连线，群众可就相关议题发表意见和建议。社会参与——任何人都可以通过市政府门户网站等收看会议视频直播，通过在市政府门户网站和手机短信上发表意见和建议。市人大代表、政协委员参与——每次市政府常务会议邀请市人大代表、政协委员列席会议。专家参与——根据议题内容和决策事项，每次邀请1—2名专家列席会议，提供咨询建议以提高决策质量。

（4）互动

市民有权对政府决策发表赞成或不赞成的意见，提出补充或修改意见，政府会及时予以回应，将公众的意见和建议切实融入政府决策，使决策的过程成为群策群力、集思广益的过程。互动包括现场互动、视频互动和网上论坛互动。

"公开、透明、参与、互动"，体现了决策过程的公开性、决策机制的民主性、决策基础的广泛性、决策程序的规范性、决策技术的时代性。

——决策过程的开放性。开放式决策实质上是政务公开和阳光政府的深化与拓展，其开放的特性覆盖决策前、决策中、决策后的全过程，既向市民开放，又向媒体开放。这就使自上而下贯彻精神与自下而上民意传递相结合，从而更好地体现民本理念。

——决策机制的民主性。实行开放式决策，避免了"精英决策"模式可能造成的对一般民众利益的忽视，使一般民众都能参与公共决策，就事关切身利益或经济社会发展的议题，面对面地与官员平等展开交流讨论，直接真实地表达意见和诉求。同时，对市民（网民）提出的意见和建议，相关政府部门分门别类地予以回应。市民有序参与决策，政府与市民加强互动，落实了市民参政议政的民主权利。

——决策基础的广泛性。知情权是一项基本的民主权利。市民是城市的主人，有权知晓和参与事关城市发展的决策。在社会利益诉求多元化、多样化、多层化的情况下，开放式决策既有利于保证不同利益群体通过正式合法的民主途径表达自己的诉求，又有利于政府在决策过程中权衡取舍、统筹兼顾各个阶层的利益，恰当地把握公共决策中效率与公平之间的"度"，从而把民意的表达与吸收作为政府科学民主决策不可或缺的重要环节，最终有利于决策的顺利实施。

——决策程序的规范性。凡是涉及政务公开、事先公示、市民参与、网络直播等与政府常务会议开放决策相关的创新，都尽可能通过地方政府法规、规章的形式出台文件，明确相关规定、流程和法律约束性。如就邀请市民代表列席并实行互联网视频直播的活动，涉及讨论议题的选择、代表的产生和准入要求、发言的秩序和要求、发言的记录和反馈、事后的反馈和修改落实等事项，杭州市制定了《杭州市人民政府开放式决策程序规定》，明确了具体程序：会前公示决策事项——会中讨论（市长主持会议，先由部门阐述有关政策文件起草背景及主要内容——其他职能部门发表意见——人大代表、政协委员、随机选择的市民代表发表意见、网络留言和视频对话——市领导意见——市长总结）——职能部门根据会议意见修改政策文件，对民众意见和建议予以反馈、回应——提交市政府公布有关政策。

——决策技术的时代性。开放式决策充分利用电子信息手段，通过市政府门户网站与杭州网、杭州日报、市民邮箱等，向社会公布市政府的决策事项、会议时间、参与途径等，让公众提前了解情况；有意列席会议或通过互联网视频连线发言的市民可以通过网上报名。会前公示、会中听取市民网上意见，经过充分的讨论，市政府才做决策。电子信息技术和现代传媒手段的运用使政府决策"公开、透明、参与、互动"成为可能，使得行政权力受到严密的监督，使决策更加理性，结果也更加客观公正。

2. 开放中有规范，开放中显自信，确保公开有序有效

（1）开放议题适度，"有序参与"提高参政层次

按照党的十七大"有序政治参与"的根本要求，为进一步稳健推进民主参与的制度化、规范化和法规化，杭州开放市政府常务会议表现为一个持续、逐步开放决策的发展历程，其实质有下列三点：开放议题适度，逐步提升层次和注重实现"三化"，从而平衡公民参与的代表性与政府管理效率之间的平衡。

——开放议题适度，事关民生的重大议题向市民开放。《杭州市人民政府工作规则》规定，"市政府常务会议的主要任务是，传达和研究贯彻党中央、国务院、省委、省政府及市委的重要指示和决定，传达和贯彻市人大及其常委会的决议以及需要提请市人大及其常委会审议的重要事项，讨论地方性法规草案，审议规章草案；审议本市经济社会发展中的重大事项以及与人民群众密切相关的重要事项"。"市政府常务会议由市长、副市长、秘书长、副秘书长参加，根据需要可安排或邀请有关人员列席会议。"但什么情况下需要有关人员列席，安排什么人员列席，则是杭州市在实践中探索的首要问题。杭州的经验是，政府常务会议向民众扩大开放，并不意味着所有决策都要立刻向社会直接开放，也不是任何人都适宜参与市政府常务会议决策。考虑到决策事项的专业性、利益相关性、社会关注度以及决策的成本和效能等因素，开放议题的选择要适度。政府常务会议的性质要求决策开放是"有限适度"和"不断扩大"的统一体。一般来说，事关民生的议题原则上都要经过这一过程。开放议题大体涉及以下几类内容：（1）拟提交人代会审议的政府工作报告（征求意见稿）；（2）城市总体规划、重点专项规划；（3）重要的行政

法规；（4）事关群众切身利益的重要改革方案与公共政策；（5）群众日常办事服务和社会公共服务事项等的重大调整；（6）涉及群众生产生活的重大公共活动、重大突发公共事件应对方案；（7）其他涉及公共利益的事项。从实际情况看，杭州市政府实行的开放式决策，在议题选择上主要集中在上述与民生关系比较直接的问题上。

——逐步提升层次，引导群众参与高层次决策。一般而言，公众更关注与自身利益直接相关的决策过程。就杭州开放式决策的发展历程看，市民参与决策主要表现出有序演进的特点：在形式上，从通过市长电话、信访投诉、单位发言、社区听证等基层民主平台参与的起步阶段，逐渐发展为通过专家咨询、满意不满意评比、人民意见征集、评议公示项目等提升的民主渠道参与，直至市民直接进入到杭州最高决策层次的政府常务会议进行参与；在内容上，从主要集中在柴米油盐、生老病死等基本生活需求层面，逐渐发展到关注背街小巷改造、庭院楼宇改善、安居乐业政策等利益攸关重大决策，直至进入到政府常务会议参加涉及产业规划、人才管理、西湖"申遗"、农业科技、交通规划等事关杭州中长远发展的重大政务议题的讨论。这一方面说明，随着经济社会的发展，公民基层民主需求及理性参政能力明显提高；另一方面也提示我们，政府领导层引导公众有序参与诸如政府常务会议这类高层次决策，事实上顺应了社会发展的要求。

（2）开放领域广泛，"扩大参与"实现多方求证

随着政务信息公开范围的扩大和市民参与渠道的拓宽，公众决策参与的领域日益广泛，各种意见进入决策层推动了多方论证，进一步保证了决策的科学性和抗风险性。

——根据决策类型确定参与对象，参与对象领域广泛。根据《杭州市人民政府工作规则》，市政府常务会议"根据需要可安排或邀请有关人员列席会议"。这里的"有关人员"主要包括：政府部门负责人、人大代表与政协委员、专家和市民代表等。邀请什么对象列席会议取决于决策的性质与类型。

按照常规，与决策事项起草、审查、执行、管理、监督等直接相关的部门负责人，一般应当列席；研究涉及国家安全与涉密的或特定社会敏感性事项的决策，只能安排政府部门负责人列席会议；如果决策事项涉及拟提交人代会审议的政府工作报告（征求意见稿）、城市总体规划、重点专项规划、重要的行政法规、事关群众切身利益的重要改革方案与公共政策、群众日常办事服务和社会公共服务事项的重大调整、涉及群众生产生活的重大公共活动重大突发公共事件应对方案等，则安排或邀请人大代表与政协委员、专家和市民代表等列席会议。

——体制内和体制外参与结合，扩大求证范围。杭州市民在政府常务会议决策过程中的民主参与，可以分为体制内参与和体制外参与两种类型。体制内参与是指人大代表、政协委员应邀参会，《关于加强政府与人大代表政协委员联系的通知》是其制度化保障；专家学者参与政府决策事项也因决策咨询委员会的成立而有了明确的制度规范。体制外参与是指市民代表通过网络留言、视频直播对话、直接应邀参会等形式参与决策，邀请市民代表列席市政府常务会已成为一种制度。

——传统式面对面讨论和互联网现代技术运用相结合，扩大参与范围。2007年至今，杭州市政府共邀请351位市人大代表、政协委员、市民与专家列席市政府常务会议，共有43.3万人（次）点击网站进行参与。

（3）开放表达直接，"提升参与"减少信息失真

开放式决策把政府决策和市民意见的表达通过政府常务会议及其相关程序直接联系在一起。这种"直接性"主要表现在：一是市民直接入会倾听会议内容并发表言论；二是市民通过网络现场直接提问或与市长直接交流对话；三是市民通过视频直接与市领导互动或直接观看会议实况；四是市长或主管部门对代表提出的意见建议给予直接回应。这种制度性安排，使政府决策过程与市民的近距离、高效率的双向交流成为现实，其根本意义在于高层领导直接了解民意，民众直接参与政务，可以达到保证决策民主、培养民众参政

能力和展示政府亲民形象的三重功效。

2008年11月26日召开的杭州市政府第三十八次常务会议，分别审议《杭州市人民政府关于切实加强地铁建设安全工作的意见》和《杭州市交通工程质量和安全生产监督管理办法》，网络上逾万人次点击关注本次常务会议相关论坛，提出意见和建议309条。市民代表郦雨霞和网友"8月24日"的建议不谋而合，他们建议杭州仿效成都为所有在建地铁站点安装摄像头，通过远程监控系统既可以24小时监控地铁工地的安全，还可以监督其是否文明施工、安全操作，如果发生事故，还可以作为取证材料之一。市民代表和网友的这一建议得到了采纳。市民代表刘佑清建议在管理办法中增加对施工单位禁止行为的规定，比如违章分包、转包和挂靠等行为，以及相应的处置手段。市民代表陈路在会上提出，工程在招投标时实行"合理低价中标"，但最后却变成最低价中标。中标方为了在报价内完成工程往往偷工减料或不按规范要求施工。他建议政府在招投标时，尤其是一些大型工程不能一味要求"最低价中标"，应该全盘考虑。第三十八次会议在充分讨论后形成决议强调：杭州交通工程项目多、任务重，要精心组织，加强监管，确保工程质量安全、不出事故。实施全过程的工程质量安全管理，抓好招投标、施工、监理等各个环节，防止不合理的超低价中标和层层转包、分包。危险性较大的工程要建立专家组进行技术把关。对存在安全隐患的危桥要进一步采取工程性措施，有计划地进行加固维修，3年内全部整改到位。

(4) 开放体现自信，"推动参与"彰显执政理念

——顺应自下而上的民主诉求，通过自上而下的推动加快民主政治建设步伐。杭州的以民主促民生工作，在以往的城市建设和管理中已经有了一些有益探索，市政府常务会议开放式决策作为以往民主实践的延伸，突出体现了杭州决策者们对执政环境和任务的一种判断：政府协调民众日益多元化的差异性需求的难度不断加大，政府行为和市民意愿之间的沟通协商工作日益迫切。杭州自觉、系统地运用以民主促民生的理念，将自下而上的民主诉求

与自上而下的政治推动相结合,使民主促民生工作在上下呼应、形成合力的过程中得到了实实在在的推动。杭州的实践告诉我们,从历史长河看,人民群众的知政、参政能力在民主发展过程中起着决定性作用;而在某一阶段、某一地域范围,执政者的政治理想和民主精神,则对民主建设起着加速推动的重大作用。

——现阶段城市民主建设的重点首先应放在民意表达机制的营造上。杭州的实践表明,把民主放在国情和可操作性的前提下进行推动,应该确立这样的阶段性认识:现阶段的人民群众,虽然还难以完全做到直接当家做主,但应该也可以做到直接影响决策;虽然还难以实现多数人治理,但应该也可以做到让多数人评判;虽然还难以都来直接行使决策权,但应该也可以享有对决策必要的表达权和裁判权。杭州以民主促民生和市政府常务会议开放式决策的务实探索,已在一定程度上实现了二者的双促进、双丰收。

——现阶段民主建设的作用具有优化决策"手段"和提高居民生活品质"目的"的双重价值。杭州市政府常务会议开放式决策的实践,一方面使民主直接服务于实现决策科学、作风改进和民生质量提升,在这个意义上,民主是手段;另一方面,民主更是目的,杭州近些年一以贯之地推动和不断提升政治生活品质建设,进而努力把开放式决策工作制度化、常态化,就是蕴含着这种基本信念。直接参加或通过网络直播参加政务会议的形式,一定程度上已经改变了杭州公众的传统社会生活,民众在参与政府常务会议的实践中,可以达到锻炼自我、完善自我、改善心境进而提高政治生活品质的目的。

(二)初步成效

开放式决策顺应了公众参与公共管理的时代特点,适应了现代政府科学民主决策的发展趋势,符合信息社会对政府决策的开放要求,形成了初步的

成效和影响。广大市民是本项目的最大受益者，政府更是本项目的直接受益者。

1. 激发公民参与热情，营造良好民主氛围

开放式决策使市民不仅可以参与政府决策过程，而且能够通过政府管理者及时、真诚的回应，切身感受到自己的权益、自己的声音受到尊重，这种参与是实实在在的，是有效的。这种效果反过来又激励了公民政治参与的热情，使其感受到当家做主的快乐和责任，从而促进公民社会的成长。而且，市民参加市政府常务会议是真正落实公众知情权、参与权、表达权和监督权。在 2008 年 12 月 10 日召开的第三十九次市政府常务会议审议《杭州市个人信用信息征集和使用管理办法》时，市民代表和网民在个人信用信息征集的范围和使用、征信中介机构设立等方面争论比较激烈。最后，市政府常务会议认为该办法还不成熟，决定暂不通过，交由有关部门再做深入研究。这次暂缓的政府决策真实地展现了"民意领跑政府"的民主决策理念。

2. 降低政策成本，增加社会收益

一是降低了会议的组织成本和行政成本。通过视频直播、网络论坛与手机短信等多种方式，可在不增加会场人员的情况下，让更多的市民有参会和发言的机会，减少政府行政成本。二是降低了社会获知信息的成本。会议通过视频直播与市民见面，节约了市民为取得信息而花的时间和精力。三是降低了政府信息公开的成本。网络直播将会议以最直观的方式公诸于众，从而简化了政务公开的工作环节。四是节约了政府决策的宣传推广成本。网上直播、双向互动，市民在参与过程中了解政府决策的全过程，政府决策过程同时成为宣传和推广决策的过程，大大节约了政府决策的宣传推广成本。

3. 提高政府决策质量，推动政府管理绩效

一是提高政府决策制定和执行的质量。常务会议在网上直播前进行预告，使市民有时间提前去了解和研究相关事项，提出的问题和建议才更具有针对性和有效性；会中鼓励市民提出意见和建议，使政府能及时听到各方意见和建议，更好地关注和协调各方利益，从而使决策更加科学，更具有可操作性。由于会议决策过程的透明、公开和互动，市民对决策结果的认知度大大提高，对政府管理措施有了更深刻的理解，执行效果也会更好。

二是形成对市各职能部门的有效监督。开放式决策建立了一道阻断部门利益膨胀的"防火墙"，搭建了一个实体政府通过网络接受群众监督的平台。市人大代表、政协委员、专家学者、市民在决策现场对政府决策工作发表意见，并且能得到有关部门的回应和反馈，这无形之中会督促各部门加强对拟出台政策的深入研究，并在执行中更加高效规范。开放式决策不仅是"打开政府大门"的过程，也是转变机关作风的过程。

三是推动民生问题的解决。市政府常务会议的决策事项大多属于民生议题。在2008年4月2日召开的第二十六次常务会议审议《杭州市高校毕业生和留学回国人员创业三年行动计划》时，许多市民的意见和建议被采纳。《杭州市高校毕业生和留学回国人员创业三年行动计划》、《杭州市万名大学生创业实训工程指导意见》等相继出台，由国家人力资源和社会保障部向全国推广，大学生创业带动就业由此蓬勃开展。

4. 优化政府良好形象，集聚宝贵行政资源

在互动沟通模式之下，政府不再高高在上，而是在平等基础之上与市民协商合作：（1）透明。公开透明不但可以减少政府与服务对象之间的信息不对称，而且可以减少公职人员渎职的可能性；可以方便行政相对人顺利地找到与自身利益相关的主体，提高行政效率。（2）公平。市民参与政务，有利于保证不同利益群体通过正式合法的途径来表达意志，有利于政府在决策过程中权衡取舍、

透明政府
Transparent Government

统筹兼顾各个阶层的利益，使决策更加理性、更加公平。(3) 责任。责任政府的本质是在与市民的关系上，政府从权力本位向责任本位转变，政府必须向市民负责，有责必究、有过必惩。(4) 高效。效率是评价政府的重要标准和尺度。在政务高度公开的环境下，低效率、低效能的政府部门将被淘汰。而这种良好的政府形象是一种无形资产，是宝贵的行政资源，它体现了政府信誉，激励公务员与市民树立共同的价值观，为共建共享生活品质之城而奋斗；它决定了政府的号召力，动员市民同心同德、同舟共济、战胜困难；它代表了政府的公信力，政府全心全意为市民谋利益，尊重市民、平等待人，市民就会信任和支持政府；它引领了社会道德，透明、公平、责任、高效的政府信誉，公开、公正和说真话、办实事的从政道德，必然带动社会道德水准的提高。

5. 形成良好的社会反响，得到专家认可好评

开放式决策得到了社会的广泛关注和高度评价。2007 年以来，安徽、成都、昆明、温州、宁波、北京通州区等多个代表团先后来杭考察开放式决策。国内 30 多所知名高校公共管理专家来杭访问指导。国家行政学院两次邀请杭州市领导赴京为省部级领导干部培训班做开放式决策专题报告。

开放式决策作为政府管理和自身建设的制度创新，也受到国内外媒体的关注。中央人民政府网站、新华网、人民网、中央电视台、《人民日报》、新华社、中新社等 160 多家国内有影响力的主流媒体及门户网站对开放式决策进行采访与报道。《人民日报》评论认为："以往政府办公会议议题研究之前，通过广泛调研了解民意，但存在一定的局限性，如今利用网络平台向社会同步公开政府办公会议内容，改变了公众的政治参与方式，也较好地传播了政府的改革举措。"《中国新闻周刊》评论认为："充分听取民意才能实现决策科学化、民主化，杭州这个创举值得各地借鉴、推广。"

开放式决策还获得了专家学者的好评。2008 年 12 月 20 日，来自中央党校、国家行政学院、中央编译局、北京大学等单位的 11 位国内知名专家共聚一堂，研讨杭州开放式决策模式。专家们认为：杭州市开放式决策是对社会主义民主政治的一种探索，也是深化行政管理体制改革的一项生动实践，它不仅体现了以民为本的执政理念，更体现了新世纪对政府治理模式创新的要求，为拓宽政府决策空间，提高决策的科学化、民主化提供了重要的实践经验，具有合理性和可操作性，有较强的推广和借鉴意义。在2009年的杭州市政府开放式决策项目评估研讨会上，来自中国社会科学院、北京大学、南开大学、吉林大学和南京大学等的公共管理专家认为：开放式决策适应了信息社会、网络社会对执政方式的新要求，创造了普通百姓进入并参与决策的民主治理模式。杭州作为副省级城市创造的经验，具有在更大范围推广的价值。

四、开放式决策的挑战与前景

在决策形成过程中，吸收和听取各类利益群体的利益表达意见，是提高决策质量、保障政府决策合法性以及获取民众支持的重要途径，是推动社会主义民主政治的有益探索。突出公民在政府决策中的参与已成为现代政府的共识。杭州作为先行者之一，取得了很好的政治成效和社会影响，其中展现出的具有推广性的经验和富有启发性的问题对推动民主决策具有重大的意义。但是，我们也必须清醒地认识到，在开放政府决策、深化公民参与、推动民主政治的进程中，还有一些关键问题需要厘清，还要作出进一步的努力。

第一，如何保持项目的可持续性。开放式决策的可持续性取决于三个基本要素：项目推动者的动力、制度的持续力和社会公众的响应力，而这三者都可能存在风险。改革需要政治家的推动，尤其是自上而下的改革，以解决初始的动力问题，杭州市政府开放式决策的动力主要来自于领导的自觉，因此需要强化项目的非人格因素，克服"人走政息"。市政府常务会议直播是开放式决策的核心制度，根据杭州市人民政府门户网站上公布的市常务会议直播数据显示，自2010年1月20日第五十二次市政府常务会议直播后至今，共直播10次常务会议，且只有最初的3次提供文字直播。[1]任何制度运行到一定程度都会出现边际效益递减，制度的持续力取决于制度对环境的适应性及其相应的调整能力，需要避免制度僵化。社会对开放式决策给予了高度的热情，常务会议召开时市民发帖数量从首次开通论坛讨论区的第二十六次会议到第三十次会议出现了明显了上升，然而，从第三十一次会议到第三十五次会议则出现了明显的下降。[2]没有公众的有效参与，在实质上，开放式决策就是对传统决策方式的回归。

第二，如何界定开放式决策在政治参与上的制度承载力。开放式决策被称为是政务公开的新形式、扩大公民有序参与的新渠道和科学民主决策的新途径，承担了实施以民主促民生战略、实现"民意领跑政府"的政府治理理念的落实。然而，民意的广泛性、差异性与参会代表的有限性是个现实的矛盾，参与空间有限的现实与参与度扩大的期望之间存在巨大落差，如何让有限的代表充分代表民意，这是个需要认真思考并重新回答的问题。因此，在实现民本政府的过程中，开放式决策不能独善其身，需要激活原有的协商民主参与制度，并与之相衔接，避免在政治参与问题上销蚀原有制度的运行规范。

第三，如何平衡开放式决策中的效率与民主张力。效率讲究的是行政效果和成本，决策快速高效；民主考量的是政府的合法性和回应性，平衡冲突的价值和利益，这是两种不同的甚至隐含着冲突的逻辑，但是却现实地集中在开放式决策的过程中。杭州市开放式决策的市民代表和视频互动代表人数的递减，某种程度上就是这一矛盾的折射。这也引起我们的反思：决策开放是一个政治领域的创新，还是行政领域的创新？是一个侧重于决策民主化的项目，还是决策科学化的实践？这是政府创新的目标定位问题，对它们的回

---

1. "杭州市政府常务会议直播"，http://www.hangzhou.gov.cn/main/all/，访问日期：2013年4月3日。
2. 浙江大学城市学院调研组：《"开放式决策"媒体报道分析》，2009。

答会影响到项目的细节设计和进一步发展的方向。

第四，如何促进开放式决策从手段到目标的无缝衔接。在项目中，公开和参与是手段，实现民意对决策的影响力是最终目标，但从目前实施的效果来看，对手段的评价胜于对目标实现的关注，从而造成项目的政治效应良好，社会轰动效应强烈，但是市民参与热情却呈下滑趋势。全国众多推行类似项目的地方政府均有此现象发生。客观原因在于形式上的公开没有带来实质上的参与，为了公开而公开，公众参与效度低下。因此，要根据目标决定手段的思路，界定民意能够影响决策的内容和领域，能够影响决策的环节，从而回溯性地思考相应的公开手段和领域，并进一步强化对市的回应、反馈以及市民意见的最后采纳等工作细节，以政务公开促进真正的协商民主。

第五，如何继续扩大开放效果。"开放"是开放式决策的重要特征。目前，项目以其开放的高层次（政府常务会议开放）、开放的彻底性（网络直播）、开放的回应性（市长市民网络视频互动）见长。这是一种进步，政务公开是保证公民参与、评价、监督政府的基础环节和首要环节，所以必须把"开放"进行到底。然而，开放式决策的"开放"还有很大的空间：从公开的内容分析，政策问题的界定、政策议程的设定、政策方案的确定、政策执行的绩效、政策评价的情况等，都可有开放的空间；从公开的途径分析，网络公开以波及面广见长，电视、报纸杂志等媒体公开以影响力大著称，两者的有效结合值得进一步研究；从公开的对象分析，网络的公开方式实质上限制了公众的参与面，现有的这种公开方式如何扩大受益面？兼顾可及性和有效性的标准，继续扩大开放的效果需要进一步的思考和研究。

第六，如何从开放走向有意义的参与。参与是开放式决策的另一个重要的特征。但从目前的执行情况来看，那只是衍生价值，有质量的政治参与创新还要进一步探索。政府常务会议的开放是有价值的，但是政府常务会议的参与是非常有限的，如何从开放走向有价值的参与，这是下一步的方向。而要思考的问题包括进一步开放的决策领域、内容与参与效度的匹配问题，即，为了服务于有质量的政治参与，应该开放什么？如何开放？对谁开放？从这个意义上说，政府常务会议的开放缺乏对政治参与的足够的制度承载力。

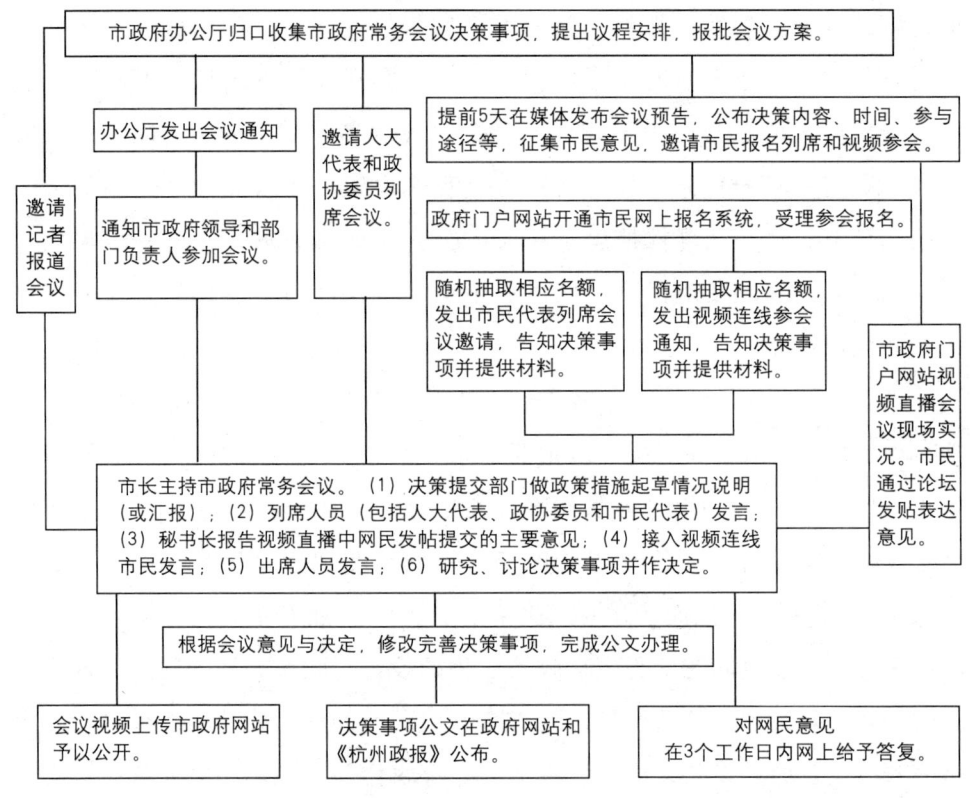

图1 杭州市政府开放式决策示意图

（原载俞可平主编：《中国地方政府创新案例研究报告2009—2010》，北京：北京大学出版社2011年版）

县委权力公开透明运行试点的进展、困难与思考

——四川省南江县试点的调研报告*

任中平

(西华师范大学政治学研究所)

县级政权在中国传统政治中一直具有特殊的重要性。在目前我国政治体系结构中，县级政权仍然在党的组织机构和国家政权结构中处于承上启下的关键环节，而县委又是县级权力的核心。据统计，我国目前有2800多个县级政权，县域国土面积占全国的90%以上，人口占全国的70%以上，这样的比重决定了县一级的治理对于整个国家的发展繁荣、长治久安具有举足轻重的作用。然而，值得注意的是，近些年来，县级政权出现了三多："发生在县里的重大群体性事件比较多，县委书记中出现的腐败问题比较多，社会上对县委书记的议论比较多"。[1] 正是由于上述各种原因，党的十七大以来，随着乡镇党委班子公推直选试点逐步推开，县政改革便开始被提上日程。中央把县级

---

* 本文是2011年国家社会科学基金项目《党内民主带动人民民主的路径和机制研究》（11BZZ015）的阶段性成果。
1. 赵义：《为什么聚焦县委书记?》，载《南风窗》，2011年第2期。

政改的突破点放在"县委权力公开透明运行"（以下简称"县权公开"）上面，并开始了最初的试点探索。中纪委和中组部在四川省成都市武侯区、江苏省睢宁县和河北省成安县三地进行县权公开试点探索的基础上，于2010年11月正式印发了《关于开展县委权力公开透明运行试点工作的意见》。此后，县权公开便在全国进入了扩大试点阶段，全国共有69个单位开展了此项探索。2011年3月，南江县被四川省委、省纪委和省委组织部确定为全省县委权力公开透明运行的三个试点县之一。在试点过程中，南江县委以清权为基础，以公开为重点，以规范为核心，以监督为关键，以制度为保证，以民意为指标，大力推进改革创新，规范县委权力运行，取得了较为显著的成效，有力地推动了其他各项工作的顺利开展。在2011年的全省党风廉政建设社会评价调查中，南江县群众的满意综合指数为92%，全省排名第11位。同时，《人民日报》、《中国纪检监察报》等20多家新闻媒体对南江县的试点经验进行了宣传报道。笔者对南江县试点情况进行了实地调研，具体考察了试点工作取得的主要进展，分析和研究了试点过程中的困难和问题，并对如何解决这些问题提出了一些对策性的思考和建议。本文试图通过对南江县县权公开试点经验的研究，为全国各地试点工作的顺利开展提供一些有益的借鉴和启示。

一、主要进展

按照四川省委的试点方案要求，南江县进行县权公开试点的主要任务有四项：一是明确职责权限。编制职权目录，明确职权主体、责任和要求，尤其要加强对县委书记职权的规范。二是规范运行程序。编制并公布决策、执行、监督等权力流程，明确行使权力的主体、条件、运行步骤、完成时限、监督措施等。三是公开决策事项。实行权力运行公开，包括经济社会发展的重大决策和执行情况，涉及群众切身利益的重要事项，重要人事任免，重要党务工作,县(区)委管理干部评优表彰及严重违纪违法问题处理等。四是实施全面监督。整合监督力量,形成县(区)委权力特别是县(区)委书记权力运行的监督机制,畅通监督渠道,加强情况反馈,建立反映问题处理工作机制。根据上述要求,南江县主要开展了以下几个方面的工作,并取得了积极的进展:

(一)厘清权力边界

职权清理是县权公开试点的基础性工作。县委权力要公开,首先得弄明白县委究竟有哪些权力。在现行体制下,县委处于承上启下、协调左右的位置,担负着把中央路线方针政策落实于基层之重责。但长时期以来,县委由于自由裁量权过大,往往权责界定不清,职责权限不明,因而导致县权运行过程中存在着诸多问题。正如南江县委书记刘凯所说:"过去,人们都说县委书记权力大,但有什么权、管什么事,管到哪、怎么管,却很难说清楚。"因此,要实现县委权力公开透明运行,首先需要对县委权力进行"勘界确权",对权责不清的予以明确,对超越职权范围的予以纠正。因而,在试点实践中,南江县委首先把厘清职权作为县权公开的基础工作,主要有以下几项内容:一是厘清县委职权。在清权过程中,县委自揭"面纱",主动"晒"权,由县纪委牵头成立专门班子,开展职权清理。通过梳理后的权力清单为:县党代会职权6项、县委全委会职权6项、常委会职权18项、县委书记职权10项、其他县委常委职权85项。二是编制职权目录。从党、政两个方面,同步清理县级四大班子、县级部门、乡镇、村(社区)四个层级的职权,并分成全局工作、经济发展、党风廉政建设等7类,分别编制职权目录。三是编制权力运行流程图。依据清理后的县委职权,分类编制权力运行流程图,同步规范县、乡、村三级政府服务流程,构建起清晰完整的权力基本框架和运行体系。

(二)科学配置权力

在厘清县委权力边界的基础上,接下来便是科学配置权力。南江县委主要开展了以下三项工作:第一,深化人事权改革,分解"用人权",克服用人"一句话"。在这方面,积极探索改革干部选任的初始提名权,大力推进"乡镇党委书记公推直选、党政领导班子缺位公选、科级领导干部考试选拔、单位中层干部竞争上岗"的工作机制。同时,逐步完善领导干部个人提名实名制和提名责任追究制,创新自我举荐、基层推荐、群众举荐等工作办法。通过这些改革举措,一大批来自企事业单位、两新组织、村镇等各行业和群体的优秀青年开始走上领导干部岗位。第二,深化财权改革,分解财经"签字权",克服花钱"一支笔"。成立了由县委、政府、人大和政协等主要领导和纪委、财政、审计等部门组成的县财经工作领导小组,所有财政专项资金均由财经领导小组集体研究决定后签批执行。同时,深化预算改革,强化刚性约束,构建预算评价体系,推行财政预算决算公开,强化源头控管。部门财务工作由副职分管和审批,"一把手"负责监督,定期审核把关。乡镇财务实行分管领导签字、行政主要负责人审批、党委书记定期审核的制度。第三,深化事权改革,分解事务"管理权",克服办事"一挥手"。围绕权力运行重点领域和关键环节,健全规章制度,成立规划评审委员会,制定《南江县城乡规划调整暂行办法》,规范城乡建设规划调整的环节和程序。另外,成立了项目管理委员会,健全《政府投资项目合理分配的暂行办法》等制度,完善重大项目的分配、招投标和监督管理。健全完善国有资产管理制度,引入市场竞争,确保国有资产保值增值。总之,通过制度"管事",严格规范各级党政"一把手"在工程项目、土地出让、规划调整、政府采购、资产资源管理等方面的事权,防止公权私用和权力滥用。目前,为了限制"一把手"的权力,该县正在拟定"一把手七不直管"的文件。

(三) 规范权力运行

规范权力运行是此次县权公开试点的主要内容。南江县委书记刘凯认为："县委权力公开透明运行，对老百姓来说，最直接、最重要的就是与他们生产生活息息相关的内容。只有最大限度地维护好群众的根本利益，县委的工作才能被认可。"因此，南江县在试点实践中，着力搭建"直通民生的五个平台"，保障群众充分参与，破解权力暗箱操作的积弊，从而促使权力在阳光下运行。其主要内容包括：一是建立网络平台，便于民众问政。开设了"南江党政权力公开透明运行网"，设置"党务政务"、"政策法规"、"反腐倡廉"、"民情在线"等8个一级栏目和24个二级栏目，及时公开县委重大事项决定、重点项目安排、重要人事任免和大额资金使用等"三重一大"事项。同时链接到县委书记和县长邮箱，为群众提供质询和问政平台。二是统一公开平台，便于民主监督。在县城、乡镇、村（社区）建立规范的永久性公开栏，采取常规内容定期公开、动态内容即时公开等方式，将"惠农政策、社会保障、征地拆迁"等群众关注度高、社会敏感性强的问题全面公开，实现了党务、政务、村务的统一公开。三是开通手机平台，便于民意表达。将县委书记、县长、县纪委书记以及乡镇领导干部的电话号码公示到村，同时实行了"联系分管、属地管理、限时办结、督查问责"等制度。手机平台建立以来，累计受理群众的咨询、诉求、举报339件，均得到妥善有效的解决和处理。四是拓展广电平台，便于民生互动。在县广播电视台开设"权力公开"专栏、"阳光政务"热线，县委领导、县级部门负责人轮流在电台直播间与公众互动交流。围绕热点问题开办节目35期，先后有37家单位上线，接听热线电话420个，现场解答380件，办结整改41件。五是提升传统平台，便于参政议政。家家户户印发了"便民服务卡"，为群众办事提供方便，开通广播"村村通"滚动播放惠农政策，不定期召开院户"坝坝会"商议村组事务，提高了

广大群众参政议政的热情。

（四）推进民主决策

县权公开运行的关键环节是实现民主决策，公开决策事项。南江县在这方面也进行了以下一些制度创新和探索：第一，实行"五会开放"制。全面实行了县委全委会、常委会、县人大常委会、县政府常务会、乡镇党委会等"五会开放"制度，建立由人大代表、政协委员、民主党派、法律工作者、群众代表、媒体记者以及社会各界人士代表近200人组成的会议列席人员库，随机抽取列席人员，通过旁听会议、提出意见和建议等方式，参与重大事项决策。进行试点以来，全县累计有2000多人次列席"五会"，提出意见和建议300余条，被采纳的有190多条。例如，2011年2月初，县委常委会讨论南江县城总体规划时，南江镇黄金村党支部书记邹光兴作为群众代表列席会议。他看到在新农村建设规划中提到要"集中建'6+1'层村居"的表述，便举手提意见，指出南江县多山，且农民喜欢一户一院，建议改为"适当集中建'2+1'层村居"，这个提议最终获得通过，于是村里的其他200多户村民才得以拥有了自成一户的三层小楼。又如，四川南江县沙溪坝社区、文星村联合党支部书记岳全满收到了县城乡环境综合整治工作领导小组办公室给她寄来的城区车辆停放点设置方案，采纳了她作为群众代表列席县委全委会时关于这一方案提出的建议。第二，推行"议题征集"制。实行"县委常委会议议题向下征集制"，召开县委全委会、常委会之前，采取公示、调查等方式征集议题。例如，通过这项举措征集到了"打通陈家山隧道"、"建设东榆工业园"等30多个议题。第三，实行"书记末位发言"制。采取县委书记最后发言，实现了由"少数人定"向"集体决定"的转变，民意在决策过程中得到了充分尊重和切实体现。第四，完善"采信纠错"制。建立了重大决策咨询论证和风险评估、采信民意决策纠错等制度，形成决策纠错制度体系，将科学民主的理念贯穿于"三重一大"事项的决策、实施、反馈和纠错的全过程。此项制度建立以来，及时纠正了原计划在县城上游建工业园区等不当决策 3 项，从而使民主决策在全县蔚然成风。

（五）加强权力监督

加强权力监督是实施县权公开运行的可靠保证。南江县在试点过程中开展了以下几个方面的工作：首先，强化党内监督。推行党内情况通报制，及时通报上级重大决策部署及经济社会发展、组织建设、反腐倡廉、干部人事等情况。推行县乡党代表和乡镇党委委员两种席位结构制，农民代表、技能人才、"两新"组织及流动党员等担任乡镇党委委员和县乡党代表比例占 40% 以上，保障了基层党员的知情权、选举权、表达权、监督权。其次，扩大民主监督。推行工作月报和季度评议制度，每季度电视公布县级领导、乡镇和部门主要负责人工作情况，组织"两代表一委员"进行评议。创新党政正职"两述（述职述廉）一评（民主评议）一巡察（现场巡察）"工作机制，年底组织"两代表一委员"、基层干部和群众代表走进现场，对全县重点工作情况进行现场巡察，党政"一把手"进行书面述职述廉洁，代表们现场进行民主测评，并提出意见。对民主测评结果进行通报，对提出的问题建立台账，逐项整改落实。再次，加强社会监督。对县党代会、人代会、政协会、领导干部大会等重要会议，通过县电视台、广播电台同步播报，让群众实时了解重大事项。实行新闻发言人制度，县委、县政府明确新闻发言人，及时通报县委、县政府的重大决策部署、重点工作、社会热点难点问题和重大事件，及时澄清公众误解和疑虑。同时还推出了实名注册网络发言人制度，规范回复博文、跟帖、发帖，从而做到了权威、公开地回复网民的留言和质询，社会反响良好。

二、现实困难

(一) 县权公开的改革动力不足,主要取决于"一把手"的认识和态度

此次县权公开改革,是一种自上而下的强制性制度变迁。强制性制度变迁的特点是以政府为主导,政府是制度变迁的主体,变迁程序是自上而下的,可以在比较短的时间内,制度从原来的均衡状态,逐渐处于不均衡状态,从而实现制度的变迁。在通常情况下,制度演进的基本动力来自于现存制度所未能实现的潜在收益,因此制度从一种安排形式向另一种安排形式的演进,一般来说可以获得追加或额外收益,制度变迁的需求主要在于追求潜在收益。如果不存在可内在化的外部收益,那么制度变迁的动力仅仅来源于自上而下的压力。县权公开改革便属于此类制度变迁。在此种情况下,改革成效如何或者能否持续的关键,主要在于县委书记个人的认识和态度。正如亨廷顿在论及民主改革的条件时所指出的:"只有政治领袖愿意冒民主的风险时,民主才可能出现。"[1] 对此,成都市武侯区区委书记刘守成毫不讳言县权公开的关键:"县委权力公开透明运行,说到底就是要最大程度地约束'一把手'的权力。"[2] 所以,专家们普遍认为,如果"一把手"不想动、不愿动,或者不真动,那在现有政治管理体制下,县委权力的公开透明,特别是"一把手"权力的公开透明,就很难推行。即便有所举动,也容易沦为作秀表演。[3] 然而,如果将一项政治改革的效果仅仅寄望于掌权者自身(何况其自身非但不能从

---

1. [美] 塞缪尔·亨廷顿:《第三波——20世纪后期民主化浪潮》,刘军宁译,上海:上海三联书店1998年版。
2. 姜洁:《县委权力公开透明运行试点扫描》,载《人民日报》,2011年11月22日。
3. 本刊编辑部:《县委"一把手"权力"瘦身":四川3县(区)开始试点》,载《四川党的建设(城市版)》,2011年第4期。

改革中获益而且还要出让某些利益），那么这种改革的动力便成为一个问题：即便短期内由于自上而下的行政压力而被迫启动改革，但从长期来看此类改革也是难以持续的。事实上，考察各地进行的县权公开探索，有一个鲜明的特点，那就是"一把手"的自我限权、主动还权，否则，一系列的制度创新便无法开展。而"一把手"要做到这一点，既需要相当高的自律精神，也需要相当大的改革勇气。据笔者了解，有的试点尽管早已着手拟定"一把手七不直管"制度，但在实践中却迟迟难以正式出台，恐怕主要还是由于"一把手"无法摆脱县域范围内各种利益关系的掣肘。所以，有研究者指出：从改革的推行方式看，"县权公开"仍是"人治治理人治、人治推动法治"的改革逻辑，目前此项改革只有文件作为依据，以文件推动改革必然存在不稳定性和不可持续的风险。[1] 也有研究者提出：毫无疑问，由于"一把手"体制的客观存在，自然地，除去上层的民主要求和下层的民主诉求外，县权公开很大程度上依赖于县委主要领导干部的民主意愿、民主素养等。因此，权力集中与政治民主在理念上的冲突与矛盾，"一把手"体制下的基层民主实践，也必然的难以深入推进。[2] 更有研究者直言："在没有解决县委书记授权来源这一根本性问题的情况下，这次改革能走多远，能否达到预期的效果，还要拭目以待。"[3]

（二）权力结构仍然过分集中，未能形成科学的分权结构和制衡机制

进行县权公开运行试点，是中央近年来大力推行党务公开的重大举措之一。现在各地进行的县权公开探索，遇到的第一个问题就是如何界定县委的权力。因此，提高监督工作的科学化水平，规范权力运作，理当包含党组织

---

1. 易丽丽：《县委权力公开透明运行面临的问题与对策》，载《领导科学》，2012年1月（下）。
2. 黄玲丽：《"县权公开"的现实障碍与破解对策》，载《云南行政学院学报》，2012年第3期。
3. 于建嵘：《中国的县政改革实践：困境与出路》，载《中国延安干部学院学报》，2011年第1期。

透明政府
Transparent Government

与不同层级政权机构之间政治资源如何配置更加科学、更有效率的内容。[1] 县委权力公开运行实质上是整个权力运行机制调整中的重要一环，它涉及党政关系、党委权力与人大权力之间的关系。而目前我国现行的权力结构更多注重的是权力之间的协调而忽视制约，虽然在一定程度上保证了决策和执行的效率，体现了"集中力量办大事"的社会主义制度的优越性，但同时又不可避免地会导致权力高度集中、权力难以制约的难题。从目前南江县以及全国各地的试点情况来看，虽然都从各种不同角度对县委权力进行了界定，但普遍都对县委权力过分集中的根本问题未能有所涉及，也就是说，目前各地的改革试点实际上并未理顺县委、人大和政府之间的关系。从系统的角度来看，县委权力公开运行是整个政治体制改革的一个重要环节。但是，当前县委权力与其他权力主体之间运行要素不匹配、环节不衔接的问题客观存在。如果没有党政关系的理顺、执政党与人大之间关系的梳理，在实践推动中就无法做到点面结合，已有的创新成果就不能转化为顶层设计，发端于党委权力的改革很可能走向党委系统的内部循环，出现一个地区一个特色，一套班子一种做法的情况，只有点和线的创新，而缺乏运行体制的整体推进。[2] 对此观点笔者深表认同，并在此基础上进一步作以下两点具体分析：

首先，县委与人大的权力定位关系基本上没有触动，远未形成县级权力的合理配置，因而也难以形成科学的运行机制和制衡机制。县委书记的权力到底有多大，党章和法规对此虽有相关的规定，但是县委书记的大量自由裁量权多是在行政实践中形成的。这种抽象、模糊的权力行使起来具有很大的随意性。每个试点单位梳理出来的县委书记的权力事项数量有很大不同，而问题的根源在于权力的依据并不清晰。根据法律规定，县级人大是地方国家权力机关，但从三个试点县（区）的实践来看，县（区）人大仍是处在边缘

---

1. 姜洁：《加强党内民主监督 防止一把手独断专行》，载《人民日报》，2012年2月28日。
2. 王懂琪：《县委权力公开透明运行的挑战和实施》，载《中国党政干部论坛》，2013年第3期。

化的位置。试点县（区）对人大、党委、政府的权力三权界定不清，不全盘进行考虑，直接的后果是权力机关的监督形式化和虚无化。细看三个试点县（区）绘制的权力流程图，可以发现，权力流程图其实只是工作流程图，并没有涉及权力的授予（即权力的产生）。[1]

其次，县委与政府的关系即党政关系问题也未能得到切实有效的解决。长期以来，在县域范围内长期存在着党政合一、以党代政的问题。在计划经济条件下，由于党政合一、以党代政，党委都处于绝对领导地位，越俎代庖地干了许多"管不了、管不好、不能管"的事情，给我们的工作造成了很多的不良后果。一是使党的工作受到了削弱，出现了党不管党而去管了很多不该管的行政事务，致使党务工作简单化、命令化、表面化，导致党的建设受到了削弱。二是使公共权力集中在少数领导者的手中，造成个人高度集权甚至独断专行，结果很容易使一些重大决策出现失误。三是使党内民主受到严重破坏，不利于发挥党组织中居于主体地位的广大党员的作用。1978年12月，邓小平在中央工作会议闭幕会上的讲话中就明确指出："思想一僵化，条条、框框就多起来了。比如说，加强党的领导，变成了党去包办一切、干预一切；实行一元化领导，变成了党政不分、以党代政；坚持中央的统一领导，变成了'一切统一口径'。"1980年8月，他又在《党和国家领导制度的改革》重要讲话中，系统论述了解决党政不分、以党代政的问题，指出，要"真正建立从国务院到地方各级政府从上到下的强有力的工作系统。今后凡属政府职权范围内的工作，都由国务院和地方各级政府讨论、决定和发布文件，不再由党中央和地方各级党委发指示、作决定"。同年12月在《贯彻调整方针，保证安定团结》的讲话中，邓小平说："从原则上说，各级党组织应该把大量日常行政工作、业务工作，尽可能交给政府、业务部

---

[1]. 易丽丽、贺海峰：《县委权力公开透明运行的困境与出路——基于三个试点县（区）的比较分析》，载《新视野》，2012年第2期。

门承担，党的领导机关除了掌握方针政策和决定重要干部的使用以外，要腾出主要的时间和精力来做思想政治工作，做人的工作，做群众的工作。"上述论述表明，在邓小平看来，党政分开的基本要求，就是科学地认清党政职能的性质和职权范围，克服党政不分、以党代政、机构重叠、职责混淆等问题，党委不再对行政进行干预，集中精力管好大事，从而建立新型的党政关系。简而言之，就是必须把政府的行政权从原来的党政合一那里分出来，确切保证政府职能的独立，让政府能够独立地进行行政的全过程工作。[1] 然而，从目前南江县以及全国各地的县权公开改革试点的情况来看，在这一问题上同样仍未获得实质性的突破和进展，因而也就难以避免县域范围内的决策权往往会出现县委和县政府职能相混淆的情况。由此看来，目前所进行的改革还未能从权力结构上真正解决县委超越职权以及由此造成的党政不分、权责不清，特别是县委书记权力过分集中等突出问题。

（三）权力运行的监督制度不够健全，未能形成一套相应的问责制度

为了使县委权力公开透明运行，除了要开出一张完整清晰的"权力清单"，建立一套科学的分权结构和制衡机制之外，还需要设计一套相应的问责制度加以规范和约束。因为如果在明晰具体职权的同时，不明确与之相对应的责任，那么并不一定能够达到规约权力公开透明运行的目的。根据笔者的调查了解，南江县在此次试点实践中，在县权公开运行和推进民主决策方面，的确有许多创新举措，而且也取得了一定的实际效果：比如说搭建直通民生的五个平台，保障群众充分参与；实行"五会开放"制度，推进了决策民主化，等等。不过，这些制度创新和举措是否能够真正落到实处，能否长久地发挥作用，还必须有一整套相应的问责制度来加以保证。著名管理学专家法

---

[1] 许耀桐：《准确把握"党政分开"内涵》，载《北京日报》，2013年3月25日。

约尔（Fayol）认为："责任是权力的孪生物，是权力的当然结果和必要补充，凡权力行使的地方，就有责任。"[1]而从目前情况看，这些改革举措的推出，主要还是为了完成上级交给的试点工作任务。如果试点工作一旦结束，对上负责的工作任务已经完成，那么，这些举措是否还能持续发挥效力，那就有赖于一系列配套制度的支持和保证。但是，至少从目前南江县乃至全国各地的试点情况来看，还远未形成这样的制度支撑。因此，县权公开强调必须加强对县委权力的监督，但从试点经验来看，这种监督仍然停留在对原有监督框架的整合上。由于缺乏基本的配套制度支持，来自各方的监督都难以真正发挥作用。具体地说，作为最高权力机关的人大，其监督仍然表现出很大的依附性。同时，尽管党章规定纪委可以直接向上级纪委反映同级党委的腐败问题，然而由于同级党委能决定纪委书记的"官帽子"和"钱袋子"，纪委这种双重管理体制，实际上变相抹杀了纪委的独立监督权。同样，作为专业监督的政府审计，也面临着人权、财权不独立，监督独立性受损的问题，而来自外部的监督，如政协、媒体舆论的监督更没有回归监督的实质。[2]至于要充分发挥基层群众的监督作用，则更需要有自下而上的问责制度的支持和保证。此外，对县权公开运行的监督，还需要公共财政、行政问责、绩效评估等多方面配套制度的有力支撑。但目前所见的各个试点都未能建立起一整套切实可行的制度安排。总之，从与县权公开改革配套的问责制度建设来看，各个试点既没有涉及来自上面的行政问责，也没有源于自下而上的社会问责，最终还是取决于县委自己的自我问责。因而，笔者认为，县权公开改革如果仅限于明晰县委的具体职权与县权运行的自我公开，而忽略了与之相应的权力制约和责任追究，恐怕还是难以达到对县委权力的有效约束。

---

1. ［法］H.法约尔：《工业管理和一般管理》，周安华等译，北京：中国社会科学出版社1982年版。
2. 易丽丽：《县委权力公开透明运行面临的问题与对策》，载《领导科学》，2012年1月（下）。

三、思考建议

（一）充分发挥上级党组织的直接指导和党内基层民主的推动作用，弱化试点单位"一把手"的影响

县权公开蕴含着党内权力的授受与制衡问题，其本质涉及权力的科学配置。在我国县域政治的现实情境之下，县委书记作为县政的"一把手"，从某种程度上制约和决定着县域范围内政治民主改革的实现程度和发展水平。由于县权公开的政治改革必然涉及县级权力格局的调整，牵涉到县委尤其是县委书记的利益得失，这对于县域政治而言，改革的难度可想而知。因此，这项改革如果完全寄望于县委当然首先是县委书记个人的认识和态度，那么此项改革的效果确实令人难以乐观其成。相比较而言，近些年来，各地乡镇进行的党内民主改革之所以能够蓬勃开展，通常都是由当地县委领导并由县委组织部门直接指导，于是才能摆脱乡镇党委领导班子自身利益的牵制，从而为乡镇改革创造良好的政治环境，这样做也不会直接触动县级层面的权力关系格局。对于县权公开这一县级层面的政治改革而言，说到底就是县委自身的改革，必将涉及县级权力格局的调整和利益关系的变动。而在现实政治生活中，并不是每一个县委书记都具有这种革命勇气和牺牲精神的。三个县权公开试点即江苏睢宁县、成都武侯区、河北成安县的经验归结为一点，那就是"一把手"的自我限权、主动还权。否则，一系列的制度创新便无法开展。也正是因为这个自我限权，"一把手"要做到这一点，既需要相当高的自律精神，也需要相当大的改革勇气。对此，睢宁县委书记王天琦直言："如果'一把手'不想动、不愿动，或者不真动，那在现有政治管理体制下，县委权力的公开透明，特别是'一把手'权力的公开透明，就很难推行。即便有所举动，

也容易沦为作秀表演。"[1] 所以，笔者建议，在县权公开试点实践中，有必要加强上级党组织的直接指导，以确保改革方案的合理制定和贯彻落实；同时，还要适时将基层党内的竞争性选举改革由村级、乡镇扩大至县级进行试验探索，迫使县委领导成员自觉地把对上级领导负责和对下面党员群众负责有机地结合起来。也就是说，只有在上层"民主要求"和下层"民主诉求"的合力下，县域范围内的良好政治生态才能真正形成，才能保证县权公开改革的顺利推进及其实际成效。

（二）建立科学的权力结构，形成合理的权力分工和权力制衡机制

深入推进县权公开，必须在整个县域政治的制度框架下开展。这需要从两个方面来加以思考：一方面，从县委自身的内部关系看，要逐步建立决策权、执行权、监督权既相互制约又相互协调的权力结构和运行机制。依据相关规定，党代会是决策机构，常委会是执行机构，纪委会是监督机构。它们的关系主要表现为：县委常委会由党代会选举产生，从而真正确立党的代表大会作为最高决策机构的地位。县委常委会贯彻党代会的决策，定期向党代会作工作报告。纪委会在县委和上级纪委会双重领导下开展监督工作。这就需要根据党的十八大的要求，完善党的代表大会制度，落实和完善党的代表大会代表任期制，深化县（市、区）党代会常任制试点，强化全委会的决策和监督作用。近些年来，四川雅安等试点地区在进行党代会常任制试点实践中，开展了实现党内权力合理配置的改革探索，通过实行党代会常任制，把决策权归还给党代会和全委会，重大事项实行票决，常委会的权力受到了制约，从而有效地遏制了党内的"一言堂"现象，提高了党内决策的透明度。同时，通过构建党内权力三分的机制使党内权力关系得以理顺，角色定位更

---

1. 陈泽伟：《探路县级党委权力变革》，《瞭望》新闻周刊，2010年10月18日。

加明晰，权力边界有效界定，党代会、常委会、纪委会三者之间的权力运行变得更加协调有序，逐步形成决策权、执行权、监督权既相互制约又相互协调的权力结构和运行机制，这是权力公开透明运行的前提和基础。

另一方面，从县委的外部关系看，还要理顺县委、人大、政府与政协之间的关系。首先，理顺县委和人大之间的关系。党的十八大报告指出："要确保决策权、执行权、监督权既相互制约又相互协调，确保国家机关按照法定权限和程序行使权力。"因此，要将规范县委权力与强化人大功能、明确政府职能等方面的改革有机衔接、整体设计、配套建设，尤其是要切实发挥人大在干部任免、重大决策和财政预算中的实际作用。其次，理顺县委与政府的关系，从而使县委权力公开运行能够与政府行政改革有机衔接起来。在实际工作中，根据县委及县委书记和县政府的关系，要按照科学设置、合理分权、各负其责、有效制约、相互配合的原则，坚持集体领导下的分工负责制，科学划分领导班子成员的权责。在县域政治的权力运行中，在决策权问题上往往会出现县委和县政府职能相混淆的情况。针对这方面的问题，党的十八大报告明确指出：要"更加注重改进党的领导方式和执政方式，保证党领导人民有效治理国家"。这也就涉及理论上的一个重大问题，即党政关系问题。因此，理顺县委与政府的关系，使县委权力公开运行并且能够与政府改革有机衔接就显得十分迫切。因而，可以考虑借鉴江苏省睢宁县在试点实践中探索的成功经验，建立议决权和否决权分离制衡机制，重大事项由相关职能部门提出方案，交政府常务会议决定。议决通过的方案再提交县委常委会研究，县委常委会票决通过后，政府启动实施。县委常委会票决不通过的，返回政府重新研究方案。政府常务会议决定，县委常委会否决，相互限制又相互协调，确保权力正常运行。[1] 再次，理顺县委与政协之间的关系。党的十八大报

---

1. 肖潘潘：《操盘手变主持人 县委书记议决权否决权分离制衡》，人民网，http://npc.people.com.cn/GB/14528/122476/10578373.html，访问时间：2012年11月12日。

告明确规定:"加强同民主党派的政治协商。把政治协商纳入决策程序,坚持协商于决策之前和决策之中,增强民主协商的时效性。"然而在实践中,由于政协的民主监督功能不具有法律效力,其实际效果在很大程度上取决于各级党政领导干部对待政协监督的认识和态度。虽然政协七届全国委员会已经制定了《关于政治协商、民主监督、参政议政的暂行规定》,但为了保证政协功能的有效发挥,因而还需要在县权公开实践中,进一步制定更加细化的专项制度来确保政协切实履行政治协商、民主监督和参政议政的职能。

(三) 强化权力运行的监督制度和问责制度建设

公开透明运作党委权力,实际上也是问责的开始。然而现实问题在于很多时候无法问责。在很多重大事件上,人们很少看到一级书记被问责,这与权力运作不够公开透明有关系,导致问责实际上无法展开。[1] 因此,对县委权力的监督制约要真正落到实处,就必须加强权力运行的监督制度和问责制度建设,笔者认为应当抓好以下几个着力点:

首先,建立健全监督机制,着重加强制度监督,尤其要加强对党内"一把手"权力的规范和约束。党的十八大通过的新党章特别强调:"加强对党的领导机关和党员领导干部特别是主要领导干部的监督,不断完善党内监督制度。"在当前,特别是要加强对党内"一把手"权力的规约,加大治理党内"一把手"的力度。尤其是近些年来,随着社会转型过程中的各种矛盾复杂化和显性化,在现行的压力型体制下,在涉及地方经济和社会稳定等各种重大问题上,党委书记理所当然地作为"一把手"和第一责任人;对于重大事项决策、重要项目安排、大额资金的使用,其统筹作用更加明显,自由裁量权日益增大。于是,党内"一把手"体制便名正言顺地推行开来,并呈现出愈

---

1. 赵义:《为什么聚焦县委书记?》,载《南风窗》,2011 年第 2 期。

演愈烈之势。因而,加大对"一把手"权力的监督和制约就显得异常迫切。[1]为此,必须从上级、同级和群众三个层面着手,建立健全对县委领导尤其是县委书记权力的全方位的监督制度体系:一是要加强自上而下的领导监督制度。包括加强省级巡视组建设,巡视组成员应有专家或取得成功经验的县委书记参加,重点对县委领导特别是县委书记执行党的路线方针政策、贯彻执行民主集中制、选拔任用和廉洁作风等情况实施监督检查。同时,围绕用人、用钱、用地、用权等重点腐败领域和环节,加强对县委书记在重大问题决策、重要干部任免、重要项目安排和大额资金使用方面的重点监控。二是要加强同级纪委的党内监督制度。这就需要改革现行的纪委双重负责制,将现行的县级纪委向同级党委和上级纪委的双重负责制改为县级纪委只向上级纪委负责的体制,从而保证县级纪委能够独立地行使其监督权。三是要加强自下而上的群众监督制度。这就需要加强法治建设和制度建设,保证社会公众和大众传媒的合法监督权,确保监督主体的独立性。建立健全县委领导接待日、公布举报电话、设立举报箱等各种制度化形式,特别是要充分发挥中纪委和上级举报网站的作用,建立健全网络民意反映和收集机制,为人民群众提供切实可行的制度化监督平台。

其次,要把程序性制度建设作为监督制度建设的关键环节。制度建设是一项系统工程,其目标就是建立完整的制度体系。加强制度建设就是要用系统思维审视各项制度建设,既要不断完善各项制度建设,又要使各项制度成为一个有机联系的整体,使制度建设真正落到实处、取得实效。这就要求我们在制度建设过程中,一方面要增强制度建设的系统性,要求各种制度要互相联系、互相配合,形成一个完整的严密系统。另一方面,还要注意加强程序性制度建设,增强制度的可操作性,使制度真正能够落到实处。由于我国传统文化中缺少民主的思想与制度资源,长期以来我们对民主的追求主要停

---

[1]. 任中平、张振雪:《党内"一把手"体制的由来、危害与治理》,载《江苏行政学院学报》,2012年第3期。

留在价值层面，而在微观的、技术的、可操作的程序性制度建设方面则重视不够，从而导致我们在程序性制度建设方面远落后于实体性制度建设。因而，目前我们迫切需要加强监督制度建设中的程序性制度建设。例如，有必要把选举、决策、公开、监督等主要环节以党内的"细则"、"意见"、"规定"等形式予以细化和规范。[1] 总之，制度必须细化，才能实际操作；制度必须具体，才能落到实处。只有这样，才能真正提高监督制度的执行力，增强监督制度的实效性。

最后，还要加强问责制度的建设和实施。问责制是权力授予者对权力接受者的监督、质询。因此，必须对政府的权力加以控制，使得政府的权力与责任相配套，享有多大的权力就应该承担多大的责任。责任政府建设最为核心的环节就是努力构建完善的政府问责制。但由于我国政府问责制起步较晚，在实践中还存在诸多的问题。主要表现在：政府责任缺乏明确界定，政府权力缺乏理性约束，对政府官员失责违规行为缺乏有效追惩，异体问责功能虚置等。[2] 从目前的实际情况来看，我国官员的问责大多数是同体问责，即上级党政部门的问责，很少有异体问责的介入。有研究报告显示：根据我国官员问责实践过程中所发生的问责事件，以2003—2006年四年间《人民日报》和《中国青年报》中所报道的73个官员问责事件和212个问责对象为样本进行统计分析，其结果表明：官员问责事件中81%的发起者和99%的启动者是上级党政部门。[3] 被问责的很多事件是因为惊动了中央、国务院或中央领导而做出重要批示，或者因为上级党委、纪委有关部门直接调查才作出严肃的处理。有鉴于此，对于目前正在进行的县权公开改革探索而言，应针对实践中存在的这一突出问题，在问责制的建设和实施上有所突破和强化。笔者认为，这里的突破点就在于对行权主体所承担的责任必须加以明细化，并且一定要实

---

1. 黄玲丽：《"县权公开"的现实障碍与破解对策》，载《云南行政学院学报》，2012年第3期。
2. 孟卫东：《完善我国政府问责制的对策思考》，载《中国人事报》，2008年2月16日。
3. 宋涛：《中国官员问责发展实证研究》，载《中国行政管理》，2008年第1期。

现问责主体的多元化，这才是问责制的本质所在。为此，至少要抓好两个关键性环节：一是问责制的内容必须具有可操作性，而不是原则性的一般规定。这一点上文已经有所涉及，此处不再赘述。二是要加强异体问责，实现问责主体多元化。政治问责制应该重在异体问责，只有实现真正意义上的异体问责，才能克服同体问责的缺陷，从而使政务公开、透明。今天，我们对于公共权力的监督体系已经基本形成，包括中国共产党党内的纪律监督、人民代表大会的权力监督、人民政协的民主监督、政府的行政监督以及包括新闻媒体在内的社会监督的有机结合，构成了具有中国特色的权力运行的制约和监督体系。

综上所述，要真正实现县委权力公开透明运行的目的，不仅要开出"权力清单"，还需要建立科学的分权结构和制衡机制，而且要设计一套相应的问责制度加以规范和约束。这样才能真正"把权力关进笼子"里，使其公开透明运行，回归其为公众服务的本来目的。

（原载《理论与改革》，2013 年第 1 期）

深化政务公开 推进乡镇行政体制改革
——关于北京市怀柔区乡镇综合服务中心建设情况的调研

靳江好 胡仙芝 赫郑飞 刘 杰
(中国行政管理学会)

乡镇政府是我国行政体系中的最基础层级，担负着管理农村事务和服务农民的职责。这个层级履行职责的能力如何，运行效率和成本如何，会影响到整个行政体制，制约其他层级政府功能的发挥。

北京市怀柔区作为北京市推进行政管理体制改革的试点区，在成功实施"全程办事代理制"的基础上，积极探索与稳步推进乡镇政务公开工作。2005年始，北京市怀柔区乡镇一级政府以区综合行政服务中心的成功经验为模板，在以北房镇为代表的乡镇及街道，全面推动镇及街道综合服务中心建设，政府机关涉及与群众直接接触的科室全部入厅办公，形成高效、精简、透明、规范的政务公开平台，取得了很好的社会反响。

以乡镇综合服务中心为载体的乡镇政务公开的不断深化和完善，为乡镇政府转变职能、精简机构提供一个支撑平台，成为乡镇行政体制改革的重要突破口。特别是怀柔乡镇政务公开的最新进展表明，乡镇政府在精简、合并现有政府机构、职能的同时，乡镇政务公开更加规范化、科学化，更加有效地为农民群众提供政务服务,有力提高了乡镇政府的行政执行力和提供公共服务能力,为我们探索取消农业税后,乡镇政府体制和管理创新提供了有益经验。

一、北京市怀柔区乡镇政务公开的探索和主要做法

北京市怀柔区乡镇政务公开工作由浅入深,逐渐拓展完善,这一历程大体经过了三个阶段。

(一)起步阶段(1998—2002年):领导主抓、突出重点、建章立制、保障落实

党的十五届三中全会作出的《中共中央关于农业和农村工作若干重大问题的决定》及2000年中共中央办公厅、国务院办公厅联合下发的《关于在全国乡镇机关全面推行政务公开制度的通知》提出乡镇政府应实行政务公开制度。怀柔区各乡镇积极贯彻文件精神,成立以党委书记或乡镇长为组长,组织、财政等部门参加的政务公开领导小组,成立以人大主席或党委、纪委负责同志为组长的政务公开监督小组,确定了具体承办单位和人员,落实政务公开的各项工作。针对群众关心的重要问题和热点问题进行公开,包括乡镇政府年度工作目标及执行情况、年度财政预算及执行情况、上级政府或政府部门专项经费及使用情况、乡镇债权债务情况、乡镇集体企业和经济实体的承发包、租赁、拍卖等情况;与村务公开相对应的事项,包括计划生育、征用土地及土地补偿费、安置补助费的发放、各村宅基地审批、救灾救济款物发放、优抚优恤等情况。另外,公开办事的依据、条件、程序、期限和结果等,通过下发文件,在方便群众阅览的地方设立固定的政务公开栏、入户走访、广播等多种形式向农民群众公开信息。力求"群众想知道什么,就公开什么"。各乡镇通过制定政务公开工作制度、廉政建设制度、民主评议

制度、定期审计制度、接待工作制度、机关财务管理制度、政务财务公开制度、设立群众举报电话等一整套监督制度,确保政务公开公正、真实,取得实效。

同时,以怀北镇为试点,于2002年3月,成立怀北镇全程办事代理领导小组,合并科室集体办公,在镇政府办公楼一层设置全程办事代理受理室,抽调综合素质高、业务精通的专职人员负责接待工作,受理群众办事业务。业务科长为具体承办人,负责本部门相关业务办理,需多科室联办事项,由镇长指定具体代办人牵头全程负责。并制定《怀北镇关于实施全程办事代理制意见》、《怀北镇全程办事代理制流程图》、《怀北镇全程办事代理制村级代理办法》等,以规范政府行为。

(二)发展阶段(2003—2004年):全程代办、向村辐射、内容拓展、形式多样

2003年,怀柔区结合本地实际,在全区14个乡镇、2个街道办事处、44家政府部门全面推行了全程办事代理制,250个行政村、20个社区居委会建立了代办点。2004年9月,在整合区政府投资服务中心和全程办事代理制工作的基础上,正式组建怀柔区综合行政服务中心并成功运行,形成以政务中心为龙头,村、社区全程办事代办点与镇乡、街道,镇乡、街道与驻厅(政务中心)部门之间上下三级联动的全程办事代理制服务网络。将全程办事代理与政务公开相结合,继续推进乡镇政务公开工作。

进一步拓展政务公开的内容。镇乡内涉及群众利益,全局性的重大改革事项;涉及群众利益的重大的救灾、扶贫、社会保障事项等;重大的基本建设项目和财产的处置等全部公开;干部的录用和任免情况;水、电、气、热、通信、邮政等公共行业均参照政务公开有关规定公开与群众密切相关的事项。通过在受理室摆放告知卡、公开栏、设置触摸屏等多种方式将各职能部门的

承办事项、办事手续、办事程序、完成时限、收费标准等全部公开。怀柔区实行群众电话约见领导制度，各乡镇在政务公开栏上公开约见电话号码、副职以上领导姓名及分管工作等，并责成专人负责约见电话的接听、登记与联系工作。被约见领导必须在一周之内安排时间约见。群众反映的问题，由被约见领导亲自处理，并做回访等。

作为乡镇政务公开工作向村的延伸，怀柔区实行了村政事务管理工作"一箱一卡"制度：全区各村统一在村务公开栏旁或村内显著位置设置意见箱，广泛征求群众对村政事务管理工作的意见和建议；统一印制《村政事务管理工作征求群众意见卡》，由村民（社员）代表持卡定期到自己所联系的户征求群众对村政事务管理工作的建议和意见。出台《北京市怀柔区试行村级财务乡镇审核工作》，通过镇党委、政府对村级财务实行账、款双代管。实行"六统一"，统一制度、统一审核、统一记账、统一公开、统一审计、统一建档。尤其是乡村税费的收缴使用，计划生育指标，宅基地审批，救灾救济款物的发放等等，都要全面公开，接受监督。这些措施有力地促进了村级政务公开工作制度化、规范化。

（三）深化阶段（2005年至今）：职能转变、通透办公、三级联动、高效稳定

2005年，在《中共中央办公厅、国务院办公厅关于进一步推进政务公开的意见》的指导下，怀柔区进一步深化乡镇政务公开，在积极推动和做实乡镇全程办事代理制工作，加强对村级代办点的检查与管理的同时，成立乡镇综合服务中心。截至笔者调研时，已有8个乡镇挂牌成立综合服务中心，在建的有3个乡镇，其余5个乡镇和街道也正在不同程度地推进综合服务中心的建设，乡镇政务公开进入推进依法行政、加快政府职能转变和强化对行政权力监督的全新时期。

1. 以"服务专区"取代"科室",全面梳理机构职能

为适应农村综合改革的需要,改变服务事项条块分割于各职能科室的旧模式,打破机关内部所有行政科室及事业单位的界限,区乡镇全面梳理机构职能,对原有科室职能及人员进行重新整合,实现政府机构的彻底调整和合并,将整个乡镇政府机关从职能上分为政务决策、政务执行、政务监督和社会服务四个部分。从原来的方便自己、方便管理为原则设置机构和业务流程转变为按照方便农民群众为原则设置服务专区和业务流程。如社保民政服务区、教育卫生婚育服务区、村镇建设管理服务区、农村经济管理服务区等,税务、工商等这些垂直管理单位也在大厅设有服务专区。遇有需要跨部门联办的事项,直接在大厅就能实现联合办理。通过告知卡、公示栏等形式将涉农经济项目的财务管理、重大工程招投标等重大情况全部公开。形成了扁平化、协调型的服务管理工作机制,政府服务渐成一体。

2. 政府机关整体进厅,全部实行通透式办公

怀柔区多数乡镇将原来的全程办事代理、"一门式"服务进行拓展,机关中除乡镇主要领导、机关内部财务部门以及后勤工作人员之外的其他科室工作人员全部集中在一个服务大厅。以发展较成熟的北房镇为例,机关14个科室有11个全部入厅办公,整个大厅实行通透式集中办公。原来的全程办事代理点只能进行收发、传达,然后回到机关后台进行办理;现在新模式实现了从"一站式受理"到"一站式办理"的转变,服务大厅也就是政府机关办公场所,两者合为一体,实现了基层政府行政方式的重大革新。完全取消中间环节,简化办事程序,有效提高了行政效率和服务质量。

3. 建立健全管理制度,确保服务中心科学高效运行

怀柔乡镇综合服务中心的顺利推进,主要通过建立健全一整套运行机制、管理制度和工作人员行为规范。如北房镇按照"高效、透明、精简、服务"

的工作原则,制定了《北房镇综合服务中心管理制度》、《北房镇综合服务中心受理事项办理规则》、《北房镇综合服务中心工作人员行为规范》、《北房镇综合服务中心工作人员管理考核办法》等,明确各服务专区的职责范围和工作人员的行为准则。同时建立健全岗位责任制、服务承诺制、首问责任制等制度,推行引导服务、限时服务等措施,建立自我监督、专人监督和农民群众监督相结合的监督体系,通过完善的管理制度,改进办事流程,缩短办事周期,保障综合服务中心科学、高效运行。

4. 实行三级联动运行机制,强化服务中心的领导与协调

为加强对镇乡、街道办事处全程代办工作的监督和管理,区综合行政服务中心在充分调研的基础上,与电子政务相结合,将各镇乡、街道办事处办公系统与中心办公系统并轨,实现一个平台运行,一个系统监督,基层全程办事代理制工作得到进一步规范。形成以区为领导,立足于乡镇,村、社区全程办事代办点与乡镇、街道之间的纵向、横向上下三级互联互通的运行机制,实现政务互通,资源共享。

5. 成立社会矛盾调处中心,营造和谐社会发展环境

为畅通群众反映问题的渠道,进一步提高各镇乡、街道、有关部门和组织应对处置社会矛盾的能力,及时发现、及时化解社会矛盾和社会纠纷,维护社会稳定。怀柔区于2006年2月底前,在全部镇乡、街道综合服务中心设立了社会矛盾调处中心。同时,建立农村、居民社会、企事业单位调解工作站,农村、社区基层调解工作小组。形成以党委、政府统一领导,社会矛盾调处中心具体运作,职能部门共同参与,社会各界整体联动的五级社会矛盾调处工作体系。2005年11月,整合信访、纪检、公安、法院、检察院、司法局、监察局、城管以及发改委、建设委、国资委等政府职能部门,成立专门排查、调处社会矛盾的区社会矛盾调处中心。

社会矛盾调处中心均毗邻综合服务中心办公,向社会公布通信地址、电子信箱、服务电话、领导接待日等便民事项,便于群众反映问题。按照"属地管理、分级负责,谁主管、谁负责"的原则,对各种社会矛盾纠纷实行统一受理、归口办理、依法调处、限期办结。涉及哪个职能部门,直接请该部门负责人员进行面对面解答,"让百姓明白,还政府清白"。既整合了各方资源、方便农民群众来访,又可迅速对矛盾进行化解,避免事态恶化。

自矛盾调处中心成立以来,围绕"小纠纷不出村(社区),一般纠纷不出镇(乡、街道),大纠纷不出区"的工作目标,大幅降低了越级访、群体访等事件的发生比例。信访总量下降38%;集体访批次下降50%,人次下降67%;进京集体访批次下降70%,人次下降83%;没有发生到国家级单位或地点集体访事件;围堵区委政府集体访下降70%。区级调处成功率83%,镇级调处成功率75%,妥善化解社会矛盾纠纷,营造了稳定和谐的社会环境。

二、怀柔区乡镇政务公开创新成效显著

怀柔区各乡镇政府通过政务公开,整合资源,强化服务,既促进了经济社会发展,又转变了政府职能,实现"小政府、大服务"的新格局,取得了很好的社会反响。

(一)转变行政理念——树立亲民的服务型政府新形象

乡镇政府的工作对象是村级组织和广大农民群众,经常处理的是与农民群众生产生活密切相关的具体事务,通过乡镇综合服务中心这种新的平台和载体,实现了乡镇政府行政理念的根本转变。把方便农民群众办事、为农民提供生产生活服务作为一项重要原则,把群众所想所盼、急需急用作为政务

公开和提供服务的重点,实现从"管农民"的角色向"服务农民"的角色转换,从"要钱"的角色向"给服务"的角色转换。乡镇政府承担起促进经济发展,搞好公共服务,加强社会管理,维护社会稳定的职能。将过去"群众围着政府转、政府围着部门转、部门围着权力转",变成"政府围着中心转、中心围着服务转、服务围着群众转",真正树立了以农民为本的服务型政府新形象。

(二)规范政府运作——实现公开方式的合理化

乡镇政府通过重新梳理政府职能,根据服务事项科学划分服务专区,在彻底打破旧有的行政职能条块分割的基础上,对原有科室职能及人员进行重新整合,变原来的纵向多重领导为纵横交织的网络化管理,形成了扁平化、协调型、联动式的服务管理工作新机制。根据《怀柔区行政系统重大工作事项报告制度》、《怀柔区政府投资项目前期工作费使用管理暂行办法》、《怀柔区财政资金使用和监督办法》等制度和办法,建立健全乡镇相关的一整套合理规范的制度和规定,使政务公开有章可循,有法可依。对多年来形成的"政府权力部门化、部门权力个人化、个人权力利益化"现象形成强大冲击,以完善的工作制度和运行程序为支撑,实现了乡镇政务公开的规范化、程序化和制度化。

(三)遏制政府腐败——保证治理过程的廉洁化

通过采取通透式办公,政府机关实现了与人民群众直接接触科室。工作人员整体入厅,实行大办公室制、安装"电子眼",以及通过网络系统程序设定的事后评价环节等监督措施,形成了农民群众外部监督与内部上下、左右纵横监督相结合的网络监督体系。此外,用电子显示屏、告知卡等形式向农民群众公开各服务专区的服务内容、办事程序、申报材料、承诺时限、收费标准及依据等事项，客观上压制了乡镇政府工作人员"吃、拿、卡、要"等不正之风的滋生，压缩了个人利用政府权力为自己谋取私利的空间。此外，通过《怀柔区公务员警示训诫暂行规定》、《怀柔区政府部门行政首长问责办法》、《怀柔区行政过错责任追究办法》、《北京市怀柔区人民政府政务督查暂行办法》等制度相配套，保证政府工作人员的责任性、自律性和公开内容的真实性，打造廉洁、公正的乡镇政府。

（四）改善工作作风——密切干群关系，提升政府公信力

公开、透明的开放式办公环境，使得厅内工作人员平级之间、上下级之间以及入厅办事农民群众等主体之间形成了多方监督，有效杜绝了工作人员上班散漫、做事拖沓、聚众闲聊等不良行为。农民群众进入大厅看到的是统一的着装、微笑的服务，听到的是规范的文明用语，感受到的是平等和被尊重，这就拉近了百姓与政府的距离。切实解决了一定程度存在的机关"门难进、脸难看、话难听"现象，密切了干群关系，老百姓从心里认可政府，改善了政府新形象，提升了政府公信力。

（五）降低行政成本——实现运行成本的最小化

通过全盘考虑行政管理机构的总体布局，乡镇政府全面梳理政府职能，在优化组织结构和强化内部管控基础上，将原有职能交叉、重叠、相近的科室进行归并、精简，打破了部门之间行政权限的分割和部门之内行政权限的重叠。同时，精简办事环节，简化办事程序，压缩办结时限，提高服务实效。在服务大厅实行网络化办公，整合打印机、复印机等硬件设备的配备和使用，降低由于重复作业等造成的办公耗材严重浪费现象。解决了办事环节多、程

序复杂、推诿扯皮、效率不高等问题，在增强服务针对性、提高行政效率的同时，大幅降低了行政运行成本。怀柔区各乡镇政府通过政务公开，有力推动了行政体制改革，促进了经济社会的共同发展。

三、深入推进政务公开，为乡镇体制改革提供全新思路

乡镇一级综合服务中心作为为民办事的新型办公场所，将政府与农民群众密切相关的各职能部门整合起来统一办公，是乡镇政务公开多种形式集中体现的重要载体。它是政府信息公开与办事公开的有机结合，具有深化政务公开，推进依法行政，加快政府职能转变，提高行政效能，方便群众办事等多项功能。怀柔乡镇的经验在一定程度上揭示了未来乡镇政府行政体制改革的方向。

但是，在看到试点成绩的同时，我们也应清楚认识到乡镇政务公开是一项系统工程，既是工作方法，又是工作作风，更是工作机制，不可能一蹴而就，还需要在如下方面作出努力。

（一）切实加强组织领导

怀柔经验表明，领导的重视和支持是搞好政务公开、深化行政改革最有力的保障。各级党委、政府要把在乡镇推行政务公开制度作为农村的一件大事来抓，列入重要工作日程，成立以乡镇长为第一责任人的政务公开领导小组，按照"谁主管、谁负责"的原则，明确牵头部门，认真落实责任。在抓好本级政务公开工作的同时，必须将村一级和各派驻站、所政务公开纳入所在乡镇政务公开工作全局之中，要对基层站、所的政务公开工作提出要求，制定有关规范，加强督促、指导和检查，确保上下联动，有序推进。

（二）必须坚持从实际出发

乡镇综合服务大厅的建设必须立足当前，着眼长远。要坚持从实际出发，因地制宜，分类指导，不搞"一刀切"。经济条件好的乡镇服务大厅可引入信息网络技术，硬件配备可较完备。经济条件差的地方应量力而行，要充分考虑当地财力和群众的承受能力，不能盲目攀比、急于求成，搞形式主义，更不能通过加重农民负担和增加乡村负债搞建设，不搞"大而全"。必须坚持尊重实际、尊重群众，使服务大厅建设真正成为一项民心工程，让农民得到实实在在的便利。

（三）建立健全法规制度

应尽快制订规范乡镇政府职能、部门机构及管理活动的决策、执行、监督等环节的实施细则，同时，进一步严格规范政务公开内容和形式。特别要对财务公开、涉农事项等的公开程度、原则作明确规定。使乡镇政府的政务公开和职能转变切实做到有法可依、有章可循，促进乡镇政务公开内容规范、形式完善、程序严密、工作机制健全。

（四）提高乡镇干部依法行政、为民服务的能力

目前，乡镇干部队伍的整体素质同农村经济社会发展的新形势新任务的要求还有较大差距。要重视乡镇干部队伍的建设，要进行定期培训，提高他们的法治意识和执法水平，增强技术服务本领、驾驭市场的本领、化解纠纷的本领，帮助乡镇干部尽快实现角色转变。使乡镇干部能切实转变工作作风，热爱农村、热爱农民，善于用说服教育、示范引导的办法同农民打交道。

（五）要与农村综合改革相结合

要把推进乡镇政务公开、转变政府职能与农村的综合改革密切结合，充分发挥政务公开的综合效应。要与农村义务教育改革相结合，将财政划拨的农村义务教育经费支出情况全部向农民公开，杜绝挪用公用经费发放教师津贴，或随意减少本级政府对农村义务教育应承担的经费投入，促进教育公平，加快农村义务教育发展。要与推进县乡财政管理体制改革相结合，向农民群众公开乡镇财政的年度收支，特别是涉及本乡镇经济和社会发展的重大项目经费使用情况均要公开，切实保障财政分配的公平性和有效性。同时，还要同乡镇党的建设、政权建设以及村务公开相结合，同各项基础管理工作相结合，综合治理，整体推进。

（六）以政务公开为抓手，转变乡镇政府职能，推进机构改革

调研过程中，笔者也发现，乡镇综合服务中心在整合职能、精简机构，重新梳理政府职能的同时，对入厅人员编制的压缩和控制并没有相应跟进。这说明人员编制管理和控制仍是乡镇机构改革的重点和难点。但是，我们也应看到，在确保乡镇综合服务中心编制不新增的前提下，对入厅人员编制的控制和压缩仍有很大的潜力和空间。可通过精简领导干部职数，提倡交叉任职等途径，在撤销、合并政府部门和机构的同时，分流冗余人员。这就要求各级政府要积极做好乡镇分流人员的妥善安置和政策待遇等相关工作。在提高政府服务水平和公信力、执行力的同时，确保社会稳定。

同时，我们发现，目前乡镇政府对综合服务中心存在盲目建设问题。乡镇综合服务中心对转变政府职能、提高行政效能、深化政务公开具有十分重

要的意义。但是，不能将乡镇综合服务中心建设简单等同于乡镇政务公开，综合服务中心只是推行政务公开一个载体和平台，不能在侧重综合服务中心本身建设的同时，忽视了更加重要的政务公开的实质性内容。因此，各级政府要客观、科学地界定综合服务中心的地位和作用。

我国已经开始进入以乡镇改革、农村义务教育和县乡财政管理体制改革为主要内容的农村综合改革阶段，而乡镇机构改革是关键环节。当前，我们应以政务公开为契机加快乡镇政府职能转变和管理方式创新，建立行为规范、运转协调、公正透明、廉洁高效的乡镇行政管理体制和运行机制。

（原载《中国行政管理》，2007 年第 2 期）

四川省巴中市巴州区白庙乡政府公务费支出明细公示制度创新

高新军
（中央编译局比较政治与经济研究中心）

    转轨时期党委政府面临的一个重大挑战，是如何建立和保持执政的合法性。这种合法性不仅来自上一级或者更高级党委政府的授权，更重要的是要得到当地人民的认可和信任。党委政府与民众打交道，就如同人与人的交往一样，要负责任和讲信用。由于地方党委政府用的是民众缴纳的税款，是公共资金，是民众授权的代理人，所以，要想得到人民的信任，建设透明政府是基本的要求。

    显然，对于较为富裕的地区和县级以上的地方党委政府而言，搞透明政务会触及更多的既得利益，自然也会招致更大的阻力。所以，相对贫困的乡镇和财力单薄的边远地区，往往会成为我国透明政府建设的先行者。如果这样的乡镇又是由一位勇于开拓创新的党委书记来领导，那么这种制度创新就会水到渠成。白庙乡就是这样一个典型。

一、政府公务费支出明细公示制度创新的主要内容

白庙乡地处巴中市边缘山区,是巴州区最偏远、最贫困、生活和工作条件最艰苦的乡镇。那里是我国很少的连一辆公务汽车都没有的乡政府,干部办事均靠租车或乘公交车出行。全乡 10 个行政村 1 个居委会,1.1 万人口,常年有 70% 的劳动力外出务工。2010 年人均年收入 3393 元。取消农业税之后,白庙乡政府没有收入,支出全靠上级财政的转移支付。除工资外,真正能够由乡政府支配的资金只有 16 万多元,其中 8 万元是固定可以从上级拿到的,另外 8 万元需要乡政府向上级申请多次,才能落实。至今还有农业税时代留下的 380 万元债务。白庙乡党委政府在谈到"裸账"创新动力时是这样描述的:它既是党的十七大报告"必须让权力在阳光下运行"的要求和国务院《政府信息公开条例》的规定,也是贫困乡镇解决干部和村民抱怨,"给群众一个明白,还干部一个清白"的客观需要。现实生活中,常听到老百姓说干部是吃吃喝喝的干部,都是贪官。面对这种质疑,任何辩解都苍白无力,只有拿出数据给大家看,只有把一笔一笔的开支公开才能说明问题。同时,贫困乡镇要打开工作局面,也需要一个突破口。在巴中市委党校和四川省委党校有关专家的开导和启发下,白庙乡于 2010 年 1 月开始将政府公务费开支明细予以公示。

白庙乡政府公务费开支明细公示项目的创新之处主要体现在:

首先,将"两表五步法"作为财务公开的运作载体和流程平台。"两表"是指"白庙乡公务费统计表"和"白庙乡资金结算运行表"。统计表主要针对经办人办理过程中的操作问题,运行表主要针对财务人员做账的操作问题,两表用以保障公示数据和报账数据一致,避免做假账问题。"五步"依次为"申请—经办—申报—公示—结算"。

为了优化公用经费开支结构,白庙乡还推行以招待费、会议费和工作餐

透明政府
Transparent Government

费为内容的"三费一差"细化接待标准,公务费开支不得超标;通过"月费限总、淡旺有别、逐月推进、轻重缓急"把控预算总额。

为确保公开真实有效,白庙乡实行了"五方会签"制度。经办人、业主、证明人、审批人、安排人依序在公务费开支统计表中签字,力保业主原始账、汇总统计账、公开公示账、会核凭证账"四账"吻合。

为确保财务公开深入持久并成为常态,白庙乡研究制定了公示告知、情况反馈、过失问责、运转保障、人代会专题报告等五项制度。公示告知制度和情况反馈制度增加了群众的参与度。一方面,将财务公开的内容、地点、方式等信息告知群众,方便群众了解;另一方面,收集整理群众意见和建议,每年还至少进行两次群众满意度测评,以不断改进公开工作。

为增强公开工作的权威性和约束性,白庙乡实行了问责制度。在公开工作中,因不遵守相关规定或工作失误造成不良影响或不良后果的,一律启动问责机制,追究相关责任人的责任。

为从经费方面保障公开工作的正常运转,实行了运转保障制度。每年划出专门经费用于开展公开工作,并建立"一月一簿、一项一本、一主一表、一表一票"的专门账本,确保公开日常工作的正常进行。

其次,实行财务单笔明细公开的"三新三强"。(1)公开内容新、针对性强。财务公开的内容细,不笼统,是单笔明细,一笔一笔细到几元钱,很到位,跳出了公示传统的"经济类"和"功能类"的争论。(2)公示流程新、操作性强。把"两表五步法"作为公业务费流程平台,既解决了经办人办理过程中的操作难的问题,又解决了财务人员做账假的问题。(3)公开方式新、前瞻性强。采用多种方式全方位公开:乡公务费在白庙乡人民政府网站和公示栏上公示;乡各部门公示上墙,各村设置规范的政务公开栏进行公示;乡级各部门和村委员会召开干部和群众代表大会,或通过村民评村民议等形式公开财务信息;有特殊需要的,采取手机短信、书信、电话、实地会议等方式进行公开,解决了"公开走过场"的老大难问题。

财务的真公开带来了白庙乡经济发展、社会稳定、人文和谐等综合效益的提升。通过财务公开,"三公"消费得到有效遏制,两年节约了9万元。管理更加规范,首先弄准了业主的账务,杜绝了重算、多算和冒算。其次是改变了"乱口子"当家的状况。干部更加自律,办私事也租公车的现象几乎没有了;"找票报账"的虚假现象很难看到了。领导班子更加团结,班子成员相互少了些猜疑,多了些信任;少了些怨气,多了些和气;和谐的班子战斗力显著增强。

白庙乡打造透明政府、诚信政府,让权力在阳光下运行的尝试取得了较为明显的成效:

一是招商引资初获成功。截至2011年底,落户白庙的塔基公司已经投资3000万元,带动农民种植金银花5150亩232万株。山东芦花鸡公司也开始投资白庙,紫光公司、广东绿添公司、山东有机农业老总也正在联系考察中。

二是群众对相关工作的满意度有了大幅提升。项目实施以来,相关测评统计数据显示,群众对党务公开、政务决策公开、政务运行公开、财务公开、民生工程公开、惠民政策兑现公开、财政预决算公开、公务费支出结构、公务费支出量、公开工作的满意度分别为88%、94%、90%、96%、78%、86%、96%、84%、80%、90%。

二、政府公务费开支明细公示制度创新所面临的挑战

政府公务费开支明细公示项目的深化和可持续发展仍然面临着诸多严峻的挑战。从政府内部建设来说,建立公开透明的政府只是民主治理的内容之一,在此基础上为农民提供公共服务才是地方政府的主要工作。白庙乡是贫困乡镇,政府公共服务水平低下。例如,干线公路附近乡镇农电改造早已完成,有的还进行了第二期、第三期的改造,而白庙乡95%的村农电一期改造都没有进行。村村通工程,干线公路附近的乡镇已经完成,而白庙乡11个

村委会，至今只有一个有了硬化的道路，还是乡政府所在地。2011年白庙乡低保覆盖率只有8%，农村养老保险尚未推行，农民致富无门，成了被遗忘的乡镇。显然，如何利用政府公务费开支明细公示制度创新所产生的效应，在近几年内争取上级政府更多的资金，来改善当地的公共服务水平，为农民寻找到更多的致富门路，协调与推动当地经济发展，已经成为白庙乡面临的新挑战。

从外部环境来看，白庙乡的制度创新使其上级领导和其他乡镇感到了压力，并不约而同地有了危机感。有专家在点评"全裸乡政府"时曾十分形象地称，白庙乡政府"全裸"，就像一块小石头投进了国家政务信息公开的巨湖，有助于由点到面，推动整个中国的民主政治建设。其实这只是问题的一个方面。另一个方面是，这种颠覆了中国官场潜规则、严格约束主要领导干部权力、断了那些想多吃多占的人财源来路的透明政府建设，也惹恼了一些干部。在这些干部看来，白庙乡的制度创新是"另类"和"没事找事"。该乡的上级巴州区领导，面临着要对这种创新表态的难题。要说支持吧，他们既没有充分的思想准备，也不乐见自己的权力受到严格的监督和限制；但是要表态反对，则不仅与党中央对地方各级人民政府提出的财务公开要求和基层人民群众翘首期盼的民生大事相悖，还会受到舆论的批评和谴责。所以最好的态度就是沉默。早在2010年6月白庙乡制度创新刚刚进行了半年之时，乡党委书记就在互联网上受到了网民集中的攻击和谩骂。

这样一种为白庙乡人民广泛认可，而被某些领导干部视为"另类、多事和没事找事"的制度创新，充分显示出目前我国地方党委政府中某些官员的所思所想，与人民的期望之间的巨大差距。白庙乡制度创新之所以在这样的环境下还可以持续两年之久，就不能不提到中国目前干部管理体制的影响力。在中国，党政"一把手"被赋予了很大的权力，因此，一旦掌握这种权力的主要领导是一位改革者时，就会为当地持续的制度创新创造出较为宽松的环境。白庙乡制度创新就遇到了这样的机遇。时任巴中市委书记的李仲斌，早在成都市新都区工作时，就因乡镇党委书记的公推直选改革而著名。因此他对白庙乡的创新之举，给予了充分的肯定。在"一把手"威严的保护下，白庙乡经历了一段"有惊无险"的创新之旅。但是，随着李仲斌 2011 年调任四川省司法厅厅长后，白庙才开始真正体会到创新外部环境的艰难不易。这时甚至有领导直斥白庙乡，"你以为现在还是李仲斌当书记的时候吗？"这真实反映了我们体制上的一个悖论：一方面，改革需要具有创新精神、手中又握有权力的领导者来推动；另一方面，完全依赖权力高度集中的领导者的推动，又有可能使改革人走政息。

其实，这样的困境笔者在田野调查时就已经感受到了。在与白庙乡九村、十村的农民代表座谈时，农民们一方面对乡党委政府建设透明、公开政府的努力十分赞赏，表示这是一个负责任的政府应该做的；但是另一方面也对这样做了之后，会不会得罪上级领导和有关部门，会不会因此影响到上级对白庙乡的财力支持和公共服务提供，表示十分担忧。同时农民们还表示，仅仅一个贫困的白庙乡这样做是远远不够的。如果只有白庙乡实行公务费支出明细公示制度，而其他乡镇和上级党委政府的公务费支出仍旧既不公开也不透明，还是起不到对干部的监督和约束作用，也不会对改变中国整体政府行为产生什么作用。

就是白庙乡的干部，在面临外部压力时，也不得不做出某种妥协，以求得改善与上级领导的关系和此项改革的生存和发展。白庙乡现在已经大幅度减少了接受媒体采访的次数，即使接受采访也刻意回避了他们在改革创新中遇到的困难。白庙乡已经把主要精力放在上级党委和政府更加重视的招商引资等工作上，少谈或者不谈自己的制度创新。但问题是，这样的低调和妥协是否可以让白庙乡的制度创新得以继续呢？在笔者看来，白庙乡的这种无奈选择，其实折射出我国在建设透明政府方面还有很长的路要走。

笔者认为，就像 1998 年四川省遂宁市市中区步云乡的乡长直接选举一样，虽然至今仍没有广泛推行，但是谁也不能否定其对推动中国基层民主发展的意义。也许白庙乡的制度创新不会在近几年里得到推广，但是白庙乡的做法，其意义远远超出了白庙乡本身。这是有里程碑意义的事件。透明政府正是我国建立民主治理，实现善治的奋斗目标。

三、党的十八大后白庙乡出现的新变化

2012年11月，巴州区委办公室撰写的调查报告《立足资源做文章、围绕市场调结构——关于白庙乡加快农业产业发展的调查与思考》，刊发在巴中市委内刊《调研与决策》第86期上。对此，2011年底新上任的巴州区委书记张平阳要求全区印发供大家学习借鉴。2013年1月份，张平阳书记又亲赴白庙乡考察那里的农业产业发展。这是一个信号。它表明在经过2011年底炼狱般的经历后，白庙乡似乎终于迎来了上级领导的肯定。尽管这个肯定局限在白庙乡的农业产业发展方面，但是事实很清楚，没有从2010年以来一直坚持的透明政务制度创新，白庙目前的农业产业大发展是不可能实现的。

变化不仅在上级领导对白庙的态度上，只要看看白庙乡政府的网站，也可以发现，2010年前，主要是"三公"经费网上公开，现在党务、政务、财务全公开。与3年前相比，网站上还增加了"招商引资"、"政民互动"等新栏目。目前，这两个栏目网民点击率最高。

信访状况也发生了变化。2010年之前，白庙乡每年信访上访次数不低于30件次，而2012年不超过5件次。因此，通过政务公开，政府进一步构建起与当地群众的信任关系，并巩固和深化了已较为密切的干群关系。

在白庙乡，政务公开还对干部作风建设形成一种倒逼机制。政府财务公开了，群众信任了，上级支持了，媒体也报道了，因此干部们必须做得更好，必须自觉在改进作风、为民排忧解难上继续有所作为。所以，白庙乡领导认为，公开不仅是防腐剂，公开也是生产力，更是稳定的"减震器"。

最明显的变化还是透明政务创造了一个责任政府和诚信政府的投资洼地，吸引了众多企业的关注，5家农业产业企业落户白庙乡、全乡1/3农户与这5家企业建立了生产关系。正常年份人均增收600元都困难的白庙乡村民，2012年农户人均增收1200元。

企业投资一般都很谨慎。落户白庙的5家企业都有个共同的项目落户"三部曲"：先从网上初步了解，然后质疑，最后实地求证。落户白庙乡的中药材种植企业老总花了3个小时浏览乡政府网站，10多天后从山东到白庙乡进行实地考察。金银花种植企业老总也先研究了白庙网站信息，之后主动与白庙乡党委书记张映上联系。2011年，在白庙乡发展金银花产业的塔基公司组织村民开会，公司总经理蒲正渠感慨地告诉村民："要不是通过网络看到白庙乡政府在打造透明、诚信政府上的努力，也许我们会选择其他地区。"

巴中宏源农林公司是第4家落户白庙的企业。企业负责人实地考察确认透明和诚信后才"下单"。为这次"联姻"，宏源公司考察了1年多。第一次"相亲"是大量报道白庙"晒裸账"后不久，公司董事长与张映上书记首次见面，张映上拉着他在白庙转山，但董事长没有表态。随后，尽管张映上一再邀请，宏源公司仍未决定投资。2011年，宏源公司的股东们接二连三来到白庙，在不惊动政府的情况下，直接走访农户和前期进入的企业，"悄悄"询问农户和企业对政府的看法，了解干部素质。一年后该项目敲定。该公司负责人认为，做现代农业企业，天时地利人和缺一不可，在自然禀赋符合要求的前提下，当地政府的作为就是天平上重要的砝码。目前，该公司已在白庙发展核桃种植4600亩，三年内要发展到1.5万亩。

在龙头企业的带动下，目前，白庙乡的金银花、土鸡、白蜡、核桃、中药材等特色产业已初具规模。2012年，5家企业带动的农户人均增收达到1200多元，增幅是2010年的4.3倍。这就是政府创造环境，使社会经济发展形成良性循环。

原来一些人担心透明政务会导致上级对白庙的财政支持力度下降，在经

过最初的艰难岁月后，他们的观念也开始发生转变。现在上级来人不降反升，对白庙乡的投入不减反增，民生建设资金和项目增多了。

这种担忧以前当地不少干部群众都有过，但事实消除了忧虑。不仅巴州区委书记张平阳2013年1月份专门来白庙考察，而且在巴中市开展的新农村建设重大民生工程"巴山新居建设"中，白庙乡也得到了有力的支持。近两年，上级在该乡投入的民生建设资金和项目远远多于2010年以前。张映上书记也认为，"由于上级的项目支持和乡上产业的起步，现在我抓发展和民生有了实实在在的抓手和载体"。

白庙乡2010年开始实行的透明政务所创造的良好招商引资软环境的优势，终于在近两年逐渐显现出来。张映上书记认为，既然出名了，就是个机遇。我们要提升品牌经济效益，要让白庙产品挂上"诚信"品牌。让白庙在"传统农业填肚子，外出打工修房子，现代农业挣票子"的基础上，走向"品牌农业保面子"，让所有白庙乡人感觉有尊严、很体面。

对于白庙乡的政务公开建设的可持续性，张映上书记认为，从目前他们的探索来看，是符合白庙乡实际的。农村税费改革后，上级政府的转移支付能够基本保证各级地方政府日常运转，这提供了物质条件；老百姓基本越过温饱迈向小康，这个阶段更加关注与强调群众的知情权、参与权、表达权、监督权，这提供了社会条件；绩效工资规范后，干部衣食基本无忧，这提供了道德条件。这些条件具备后，公开与否就在干部本身了。但政务公开有不同形式和载体，不必千篇一律，只要能确保群众知情权，密切干群关系，促进地方经济发展，就是有效的公开。

四、透明政务与公众参与

现阶段老百姓基本越过温饱迈向小康，需要更加关注与强调群众的知情权、参与权、表达权和监督权。就白庙乡来说，由于本级政府没有财政收入，完全依靠上级的财政转移支付来维持政府运转，所以目前群众的诸项权利还只能停留在群众的知情权上，政府没有更多的公共资金供民众参与决定投向。但是可以预见，随着白庙乡经济的发展，政府可支配收入必然会获得新的增加，白庙乡的透明政务制度创新必然面临着新的挑战。在此，笔者认为我国一些地方政府在民众参与方面的做法，可以为白庙乡今后的发展提供一些有益的借鉴。

其实，早在 2004 年，上海市南汇区惠南镇的居民就通过"点菜工程"，参与选择和决定镇公共服务资金的投向，以实现镇域内公共服务均等化。2005 年，浙江省温岭市的新河镇和泽国镇，也通过人大代表和民众参与投票，来选择当地政府公共服务资金的投向和工程项目。

无独有偶。笔者 2013 年 4 月 10 日在美国哈佛大学肯尼迪学院聆听了纽约市议员伯莱德·兰德尔（Brad Lander）先生介绍纽约市从 2011 年开始在第 8、32、39、45 选区实行参与式预算的情况。2011—2012 财年，纽约市上述 4 个选区共拿出 500 万美元由民众参与决定投资项目。2012—2013 财年准备拿出 1000 万美元搞参与式预算，共有 8、19、23、32、33、39、44、45 等 8 个选区参与。

在谈到为什么要进行这项制度创新时，兰德尔认为，以前的预算政策没有经过民众讨论，也没有引起民众的注意，而公共服务资金来源于民众的纳税，所以让民众参与是应该的。现有的预算讨论形式，各有其利弊。比如：听证会和代表会议，民众基本只能听；政府网站消息基本只是信息；特定团体和市政厅会议，基本是协商性质；市民团体和各种理事会组织，只能有限的参与。只有参与式预算，才真正能够实现公众参与和民主治理的有机结合。

对于什么是参与式预算，兰德尔认为，是指社区成员直接决定部分公共服务预算资金的使用方向和项目。这意味着：首先是实质性地决定钱用到什么地方，而不仅仅是协商提出意见。其次是决定年度的公共资金使用，而不是某个项目。再次其决定权涉及的通常是部分预算，而不是整个预算。

整个决策过程是：首先由居民提出各种设想；然后由居民代表归纳为项目建议书；再由居民对各种建议书进行投票；最后由市政府在预算资金范围内对选定的项目投资。目前在全世界有超过 1500 个州、市、县、公共住房、学校和社区组织进行了参与式公共预算改革。美国最早于 2009 年在芝加哥市进行了这项试验。具体时间安排是：9—10 月确定社区需要，挑选社区代表；10—第二年 2 月召开代表会议，起草项目建议书；2 月将项目建议书反馈给社区居民，听取居民意见；3—4 月社区居民对项目进行投票；4 月项目实施和监督。整个参与过程历时 8 个月。

以兰德尔先生所在的第 39 选区为例。2011—2012 财年，各个社区居民共计提出了 864 个建议，其中 219 个建议具有合理性；经过讨论有 20 个项目最后形成了建议书，可以付诸投票；最后票选出的 7 个项目获得了政府公共预算资金的支持。

在这个过程中，4 个选区共有 8000 个居民参与了这个活动。其中，2400 个居民提出了 2000 个关于社区公共建设的建议，超过 250 名社区志愿者对项目进行了研究、拓展形成 78 份建议书，6000 个居民参与投票选出了 27 个项目由政府进行投资。由于在整个参与式预算实施过程中，4 个选区的议员全程参与，所以，他们的民意支持率较上一年有 43% 的大幅提升。

至于纽约市参与式预算改革所面临的挑战，兰德尔先生认为，一是时间太紧；二是纽约人口来自世界各地，语言复杂，相互交流困难；三是法定选区不是社区，难以达成共识；四是政府拿出来由民众决定的钱太少；五是如何处理好民选官员、社区领导人、支持组织之间的复杂关系仍是问题；最后，对于参与式预算的挑战还来自如何扩大参与式预算的范围、社区发展计划的整体框架、平等参与等。

兰德尔也提出了解决这些问题的思路。包括：（1）深化参与。（2）对政府职责的重新认定。（3）深化对公共领域管理工作的认识。（4）兼顾包容和效率。（5）推动政府部门内部和跨部门间的合作。（6）对居民区发展计划开展公开对话。(7) 培养新领导人。(8) 在 2012—2013 财年在 8 个选区进行参与式预算改革,期待效果超过上一年。

尽管在这里谈到美国纽约市的参与式预算改革好像距离白庙乡的政务公开有些远,但是笔者认为两者在精神上是一致的。那就是:公共资金来源于民众的纳税,所以地方政府公开政务和政府公务费支出明细,让更多的民众参与决定公共资金的使用方向是政府的职责。只有这样,才是负责任和讲信用的政府的作为,政府执政的合法性才是有保障的。

五、结　语

有人认为,白庙乡透明政务的改革,向前迈一步是先进,迈两步是先锋,迈三步就是先烈。这其实是提出了改革的力度和社会的承受程度之间的辩证关系问题。笔者从不相信白庙的创新会夭折。因为白庙的创新代表着国家政治发展的方向,是老百姓希望政府做的事情。我国各级政府的财务公开,是必需的,也是刻不容缓的。

改善城市贫困的治理机制
——以山东省青岛市阳光救助工程为例*

丁开杰
（中央编译局世界发展战略研究部）

改革开放以来，尤其是20世纪90年代以来，中国城市新贫困问题日益凸显，给中国政治、经济等方面的发展造成了严重影响。亚洲开发银行专家组认为，与以往的情况相比，中国的城市贫困人口呈现出新的特征：一是城镇中新贫困人口在数量上远比老贫困人口要多；二是新贫困人口的出现同时伴随着城镇地区的收入差距不断扩大；三是城镇中的新贫困人口与老贫困人口不同，他们中的大部分是有工作能力并且愿意工作的。为解决这些新贫困问题，在推进国有企业改革的过程中，中国政府逐渐建立了由最低生活保障、下岗职工基本生活保障、失业保障构成的三条保障线制度。而在上述三条保障线制度中，城市居民最低生活保障制度是进行城市贫困治理的基础。本文

---

* 2003年11月和2004年10月，中国地方政府创新研究课题组对青岛市阳光救助工程进行了两次实地调研。在实地调研过程中，课题组得到了青岛市政府相关部门的大力支持和协助，尤其是青岛市民政局在组织和协调课题调研、提供相关文献资料和统计数据上，给予了无私的帮助。在报告写作过程中，笔者参考了杨雪冬博士对青岛市阳光救助工程所作的实地评估报告，在此表示感谢。本文写作完成于2004年，2013年笔者对部分文字进行了修订。为保持当时的研究状况，仍采用当时的统计数据，没有做数据更新。

所论及的城市贫困治理机制便是从这一制度开始并展开的。

近 20 年来，中国各级政府围绕城市居民最低生活保障制度对城市贫困进行了综合治理，其中不乏创新，也有很多值得总结和推广的经验。山东省青岛市推出的公共服务品牌阳光救助工程便是一个很好的例子。简要地讲，青岛阳光救助工程是指自 2002 年 7 月开始，青岛市以动态管理理念创造性地整合社会资源，以最低生活保障制度为基础，以临时救助和住房、医疗、子女教育救助的政府救济为辅助，以社会互助互济和优惠政策的社会救助为补充，以社区组织为依托形成的城市社会救助体系。

与以往的社会救助体系相比，阳光救助工程这一新型社会救助体系更加强调透明和参与，从而提高了城市低保工作的规范程度，有效保障了城市贫困人口特别是下岗、失业职工的基本生活权益。阳光救助工程推出以来，在社会上引起了很大反响，赢得了老百姓的好评。

是什么原因推动青岛市在城市贫困治理上积极探索出了阳光救助工程这样的治理机制，阳光救助工程究竟有什么内涵，有什么创新特点，取得了什么成绩？基于对这些疑问的回答，本文对中国城市贫困治理机制的创新作一些讨论。

一、中国城市居民最低生活保障制度的演进

从制度演进角度看，中国城市居民最低生活保障制度的发展大致分为五个阶段[1,2]：第一个阶段为 1993 年 6 月—1995 年 5 月，在此阶段主要是试点工作。城市居民最低生活保障制度由上海市民政局于 1993 年 6 月根据该市具体情况自发创建。1994 年，在第十次全国民政会议上，国家民政部肯定了上海经验，决定在全国试点和推广城市居民最低生活保障制度。1995—1996 年，

---

1. 洪大用：《改革以来中国城市扶贫工作的发展历程》，载《社会学研究》，2003 年第 1 期。
2. 唐钧：《最低生活保障制度的建立过程及评价》，载《中国党政干部论坛》，2002 年第 5 期。

青岛市、厦门市、大连市、无锡市、广州市、海口市等城市率先对城市居民最低生活保障制度进行了试点。第二个阶段为1995年6月—1997年8月，为中央主导下的制度推广阶段。第三个阶段为1997年8月—1999年9月，在此阶段，城市居民最低生活保障制度普及到了全国。随着试点和推广经验的丰富和成熟，1997年9月国务院颁发《关于在全国建立城市居民最低生活保障制度的通知》（国发〔1997〕29号），要求各地政府"1997年底以前，已经建立这项制度的城市要逐步完善，尚未建立的要抓紧做好准备工作；1998年底以前，地级以上城市要建立起这项制度；1999年底以前，县级市和县人民政府所在地的镇要建立这项制度"。在中央政府的主导和地方政府的努力下，截至1999年9月，中国668个城市和1638个县人民政府所在地已全部建立城市低保。第四个阶段为1999年9月—2001年10月，各地政府对《城市居民最低生活保障条例》进行了落实。1999年，国务院颁布《城市居民最低生活保障条例》，使城市居民最低生活保障制度步入了全面实施和法制化管理之轨道。第五个阶段为2001年10月至今，全国城市居民最低生活保障制度进入了规范提高阶段。

从基层的创举到制度的推广和全面建立，我国逐渐形成了具有中国特色的社会救助制度，取得了很好的社会效益。然而，制度的发展是一个不断完善的过程，随着社会的进步以及各项改革的不断深入，我国城市居民最低生活保障制度的内容已不能完全适应现有的复杂情况，存在一些亟待完善的地方。第一，作为社会安全网的最后手段，我国城市居民最低生活保障制度的覆盖面有限，尤其是长期流动人口还完全被排除在制度之外；第二，中国城市居民最低生活保障制度地区间的发展水平严重不平衡，各级财政分担比例不合理；第三，传统救济思想影响仍然很大；第四，最低生活保障对象生活仍有困难[1]；第五，对低保家庭收入、生活状况审核和资格评估尚处在粗放

---

1. 韦樟清：《中国城市贫困问题与最低生活保障制度》，载《宁德师专学报（哲学社会科学版）》，2003年第1期。

型、随意性的初级阶段，低保资金"跑冒滴漏"，低保户"进入易，退出难"[1]，进退机制不顺畅等现象仍然存在。

针对以上问题，国家民政部从2001年起明确了以规范化建设为重点的工作思路，提出"建立以城市居民最低生活保障制度为主体，以临时救济、优惠政策和社会互助为补充，资金来源多元化，保障制度规范化，管理服务社会化的城市社会救助工作体系"[2]，重点"巩固动态管理下的应保尽保，推进分类施保，强化对资金投入、使用、发放的监督检查"。在城市居民最低生活保障制度规范化建设中，各地政府充分发挥主动创新精神，结合实际，在低保对象动态管理上进行了积极探索，实施了排查、公示、民主评议、听证会、监控小组、综合评审等做法，在不同程度上完善了低保对象的动态管理，完善了低保工作的规范化建设。比如，长春市出台了实施城市低保民主评议制度；宁波市首创了低保听证会；青岛市城市低保"五公开"；长沙市城市低保实行"六化"，即"对象管理动态化、数据管理信息化、资金发放社会化、配套救助系统化、机构队伍网络化、地方财政投入规范化"。

二、青岛市阳光救助工程的产生和发展

青岛市是中国5个计划单列城市、15个副省级城市、14个对外经济开放城市、15个经济中心城市、国务院批准的较大城市之一。在城市居民最低生活保障制度建设上，青岛市始终走在全国前列。早在1994年和1996年，青岛市就在上海之后分别对市区和农村困难居民实施了最低生活保障制度。[3] 从初创制度到

---

1. "中国社会保障体系研究"课题组：《中国社会保障制度改革：反思与重构》，载《社会学研究》，2000年第6期。
2. 数据来源：国家民政部网站。
3. 参见《中共青岛市委、青岛市人民政府关于对我市市区困难居民实施社会救济的暂行意见》(1994年6月1日青发〔1994〕20号)、《中共青岛市委、青岛市人民政府关于建立农村人口最低生活保障线制度的意见》(1996年12月6日青发〔1996〕41号)。

2004年，青岛市对城市居民最低生活保障制度不断进行完善和提升，有效地对城市贫困进行了综合治理。1994—2004年，青岛市城市低保标准从1994年的96元，动态同步增长为2004年9月的230元；城市低保户从1994年的1000户增长到2004年9月的15870户；而低保制度覆盖人数从1994年的2998人增长到2004年9月的37110人；资金从1994年的143万元增长到2004年9月的4578.6万元，累计投入达到17644.8万元（见表10）。

表10　青岛市城市最低生活保障制度发展情况（1994—2004）

年度	城市低保			
	标准（元）	户数	人数	款数（万元）
合计				17644.8
1994	96	1000	2998	143
1995	96	2570	5390	250
1996	120—140	3369	7177	596.7
1997	140	3492	7283	807.6
1998	160	5221	111826	1153.2
1999	160—200	6804	15887	1988.3
2000	200	8106	18622	2427.4
2001	200	8536	19639	2468.8
2002	210	11926	27970	3236.5
2003	210	15348	36178	4573.3
截至2004年11月	230	15870	37110	4578.6

数据来源：山东省青岛市民政局救济救灾处2004年10月提供。

青岛市城市居民最低生活保障制度的演进基本沿袭了全国城市低保的发展路径，但在每个阶段上，青岛市城市居民最低生活保障制度都具有很强的先进性和创新性。阳光救助工程便是青岛市在城市居民最低生活保障制度规范提高阶段上的一个创新行为和成果，它既是对城市最低生活保障制度各阶段取得的成果的继承，也是对各阶段发展成效的提升和综合。基于这种认识，本文将阳光救助工程的制度演进分为四个阶段，即制度初创阶段、制度完善阶段、制度创新阶段和制度持续创新阶段。

(一) 制度初创阶段：保障新贫困群体 (1994—1996 年)

随着国有企业改革的深入，加上既有的困难群体和物价上涨等因素，城市逐渐出现了大量以下岗职工为主的新贫困群体。为解决困难群众的生活保障问题，在借鉴上海经验的基础上，青岛市 1994 年 6 月就结合本市情况颁布了《中共青岛市委、青岛市人民政府关于我市市区困难居民实施社会救济的暂行意见》(青发〔1994〕20 号)，在市南区、市北区、四方区和李沧区建立了城市居民最低生活保障制度。

青岛市根据形势需要和国家民政部、山东省民政厅的工作要求，进一步确定了市区困难居民的最低生活保障线，不断扩大了救济对象的范围，采取市、区两级财政共同负担的办法，增加了经费的投入，对建立城市居民最低生活保障制度作了初步的尝试和探索。1995 年，国家民政部在青岛市召开全国部分城市最低生活保障工作座谈会，推广了青岛市开展城市低保工作的经验做法。

概括而言，在这一时期，青岛市城市居民最低生活保障制度的主要做法有四个：

1. 制定了城市居民最低生活保障线

《中共青岛市委、青岛市人民政府关于我市市区困难居民实施社会救济的暂行意见》(青发〔1994〕20 号) 规定，困难企业职工基本生活保障线根据市统计部门提供的市人均基本生活费支出、职工赡养系数和不同职工的情况确定。职工家庭成员基本生活保障线则主要根据市区居民购买基本生活必需品的平均支出基数确定。对不同保障对象的补助标准为：(1) 市区职工最低工资标准为每月工资 180 元；(2) 凡在职职工在法定工作时间内提供正常劳动的，其工资收入不得低于这个标准；（3）亏损、停产或半停产企业中的在职待工职工，其基本生活保障线定为120元，非困难企业在职待工职工的月基本生活收入最低不得低于120元；（4）职工家庭成员月人均基本生活收入低于民政部门每人每月90元救济标准的，按90元予以补助；（5）对于失业职工的基本生活保障，仍按《青岛市职工失业保险暂行办法》规定的失业救济金标准（85—105元）发放。同时，上述标准随职工工资水平提高、物价指数的变动及经济发展情况加以调整。

2. 逐步扩大城市社会救济对象范围

青岛市根据政府财力的承担能力和不养懒汉的原则，规定了市内四区（市北、市南、四方、李沧）的四类困难居民为社会救助对象。一是原民政部门承担的市区居民中的定期救济对象和临时救济对象。二是市区居民中新增加的无依无靠、无生活来源、无劳动能力、需要社会救济者。三是无固定职业、无固定收入、无法定赡养和抚养义务关系，暂时介绍不到职业，不能维持基本生活，需社会救济者。四是不符合享受失业救济条件和领取失业救济金期满的失业人员中，确无生活来源、无法定赡养和抚养义务关系，需社会救济者。针对这些不同的救济对象，青岛市采取不同的救济方法，对救济标准进行动态调整，对救济对象实行社会救济和生产自救相结合的救助，以及某些必要的政策优惠和照顾。原则上，社会救济范围应该由原来的"三无对象"扩大到所有低于保障线的居民，但是限于当时的体制和财力原因，青岛市难以一步到位，所以只能逐步过渡，总体上在这一阶段还是采取了"谁家的孩子谁抱走"的方式对困难群体提供了保障。

3. 增加政府财政拨款，保证保障线的顺利实施

社会救济属于政府财政支撑的社会保障项目，救济经费只能而且必须由政府承担，列入财政预算。基于这一原则，青岛市规定救济经费全部由各级

财政负担,具体做法是:原民政部门承担的社会救济对象的经费,仍按现行的资金渠道由各级财政负担。而对于新增的社会救济对象,每年需要增加经费 330 万元,其中,市财政负担 30%,区财政负担 70%。

4. 严格程序,规范运作

在制度初创时期,青岛市就很重视规范建设,主要体现在如下方面:建档立卡,严格审批制度;同时,根据接受社会救济的居民家庭情况的变化,实行动态管理。[1] 其中,审批程序规定,需要社会救济的居民,由本人向其户口所在地的居(家)委会提出申请,填写申请表,经街道办事处核实,民政部门审核批准后,发给社会救济金领取证,到本人所在街道办事处领取社会救济。当领取社会救济金满 3 个月后,需要继续救济的,必须重新申请。失业人员中享受社会救济的,由本人持劳动部门的有效证件,按程序办理救济。

除以上措施外,青岛市还在开展社会帮困、鼓励生产自救、强化保证措施上进行积极的制度建设,确保了城市居民最低生活保障制度的切实有效运转。通过青岛市各方的努力,青岛城市居民最低生活保障制度很快取得了明显成绩。以覆盖面为例,青岛市在建立城市居民最低生活保障制度以前,社会救济的人数逐年下降,由 1983 年的近 3000 人下降到了 1993 年的不足 2000 人,但在 1994 年 6 月实施城市居民最低生活保障制度以后,当年新增保障对象就达到了 3000 多人,救济面扩大了 1.5 倍。

(二)制度完善阶段:全面纳入、全面兜底(1996—2002 年)

在城市最低生活保障制度实施前和实施初期,青岛市的政府救济和低保

---

1. 张善斌:《青岛市建立最低生活保障制度的调查与思考》,载《社会工作研究》,1995 年第 6 期。

覆盖面比较窄，基本上采取了"谁家孩子谁抱走"的方式，所以事实上仍然有相当一批困难企业的困难职工、退休人员、优抚对象等困难群体没有能够得到应有的救助。为了进一步发挥最低生活保障制度的"保底线"作用，青岛市从1996年起开始实行对全部社会弱势群体"全面纳入、全部兜底"式的救助。城市居民最低生活保障制度从覆盖范围、低保标准、资金来源、救济方式等方面都得到了进一步完善。在这一时期，青岛市城市居民最低生活保障制度的完善主要体现在如下四个方面：

1. 覆盖范围扩大。从1996年起，青岛市对包括城市企业特困职工、下岗和失业职工、农村灾民、贫困户在内的社会成员进行了生活救助，并将居住在县城和乡镇的城镇贫困人口也全面纳入保障范围，提前完成了国务院国发〔1997〕29号文件的规定任务。而从2000年起，青岛市又将全市所有孤儿和安置期内的退伍战士纳入了最低生活保障范围，将保障范围从传统民政对象扩大到了社会全体弱势群体。

2. 低保标准提高。在低保标准上，青岛市城市最低生活保障制度从被动调整转变为科学的增长机制。具体而言，青岛市采用基本生活需求法，根据经济增长和群众收入、消费水平的变化，科学确定保障标准，城市最低生活保障标准从1994年的96元增长到2002年的210元，平均年递增11.1%，初步形成了保障标准与经济发展和人民群众生活水平同步科学增长的机制。同时，青岛市还注意区分了不同地区生活标准的差异，分别确定了城镇低保人员的救济标准。如青岛市崂山区是高科技园区，生活水平高，标准为220元，是青岛市最高的，其余地方的低保标准则在156—210元之间。

3. 资金来源合理化。在资金来源上，青岛市改变了财政和企业共同分担的筹资机制，建立了政府财政负担和社会福利基金适当补充的筹资机制。青岛市不仅把最低生活保障经费作为政府财政列支的重要项目，各级政府的年度预算均足额列支，还由市财政部门提前给市内4区拨付了30万元的最低生活保障预备周转金。根据市区财政"分灶吃饭"的现状和区级财政相对薄弱的特点，青岛市加大市财政的投入力度，不断提高市级财政在低保中的资金分担比例，由实施低保初期的 5∶5 分担的比例，提高到了 2002 年的 7.5∶2.5，由市财政负担了绝大部分的低保资金。而对于部分中央、省、市属困难企业较为集中以及财政相对困难的区（市），青岛市则采取了实际财政专项补贴的形式，较好地解决了由于资金引发的属地化管理难以落实的问题。截至 2002 年 9 月，青岛市共发放保障金达 2329.6 万元。

4. 救济方式多样化。随着青岛市政府财力的不断增长和人民群众生活水平的日益提高，青岛市除了保证足额按时下发低保补助外，还进一步加强了对低保对象中特殊群体的救济和特殊时期的关怀，建立了特殊津贴制度，并且大力倡导和全面推进社会互助活动。这样，青岛市的救济方式从单一的定期差额救济扩展到了定期差额救济、特殊津贴、临时补助三结合的模式。

（三）制度创新阶段：强调透明和参与的阳光救助工程（2002—2004 年）

试点、推广得到不断普及后，1999 年国务院正式发布了《城市居民最低生活保障条例》（以下简称《条例》）。在实施《条例》的过程中，各地不同程度地出现了资金发放不透明、不公平的假低保现象，成为当时的信访热点和难点。[1] 民政部对出现假低保的原因解释集中在三个方面：首先，最根本的是动态管理机制没有真正建立和运行起来。当收入超过城市最低生活保障水准以后，低保户没有及时退出低保群体。在实际生活中，这种情况并不在少数。其次，在低保审批程序上，对家庭隐性收入存在信息不对称，很难核准申请低保的家庭收入。最后，存在吃"人情保"或徇私舞弊现象，假低保现象难以避免。

---

[1]. 重庆市綦县的假低保事件就是一个突出例子。2003 年 9 月，重庆市綦县对城镇居民最低生活保障进行拉网式排查，将该县 587 户、1282 名城市居民低保对象清理出低保行列。这意味着有 1000 多人此前违规领取低保。此次检查，使得该县每年少发放低保资金 62 万元。

透明政府
Transparent Government

这些情况均表明，建立低保进入和退出的合理机制，是保障城市低保制度的公平和效率两者兼顾的关键。如何推进制度创新，有效解决低保资金的目标瞄准机制，真正实现动态管理，也就成了城市低保工作规范化建设的重点。

青岛市阳光救助工程对城市低保工作规范化建设作了大胆创新。与以往的社会救助体系相比，这个新型社会救助体系更加强调透明，参与度更高，提高了城市低保工作的规范程度，有效保障了城市贫困人口特别是下岗、失业职工的基本生活权益。其具体内容可以概括为三个方面：一是强调透明和参与，提高低保工作的规范程度；二是建立和完善城市低保工作管理组织，实现从制度创新到组织创新；三是上下互动创新，全方位治理城市贫困。

1. 强调透明和参与，提高低保工作的规范程度

2002年，青岛市印发了《青岛市民政局关于在全市城市居民最低生活保障制度工作中进一步实施政务公开、承诺服务的通知》（青民救〔2002〕50号）。通知指出，为认真贯彻国务院《城市居民最低生活保障条例》和山东省《实施〈城市居民最低生活保障体例〉的办法》，推进青岛市城市居民最低生活保障制度工作的规范化、法制化管理，决定在全市城市居民最低生活保障工作中进一步实施政务公开、承诺服务。根据省市的精神，2002年4月1日，青岛市民政局在新闻媒体上发表公告，决定在全市城市居民最低生活保障工作中进一步实施政务公开、承诺服务。[1]当时承诺服务的主要内容包括：各级城市居民最低生活保障工作机构和工作人员在从事城市居民最低生活保障工作全过程中，必须做到公开、公正、及时、准确、应保必保。公开范围从国家规定的三公开扩大到了五公开，即政策规定公开、工作程序公开、保障对象情况公开、保障救助金额公开和工作人员、监督电话公开。政务公开的具体内容包括保障标准、保障对象、申请审批程序、应享受的待遇、法律责任

---

1. 2002年4月1日《青岛日报》。

和义务。为了提高行政效能，青岛市民政局还实行了限时服务，建立起了最低生活保障审核审批绿色通道，从填写《申请暨审批表》到完成审批，不超过 20 个工作日等。这些措施都方便了群众，增强了青岛市政府的透明度，提高了政府的公共服务质量和效率，使青岛市在构建透明政府和服务政府上迈出了务实的步伐。

2. 建立和完善城市低保工作管理组织，实现从制度创新到组织创新的跨越

长期以来，城市低保工作组织不健全，工作队伍建设落后，制约着城市低保工作的发展。青岛市通过组织完善，有效地解决了城市低保工作中长期存在的组织结构不健全、工作经费不足、工作量大而人手不足等问题。青岛市把城市低保工作的重点放在社区，在区（市）街道办事处和乡镇人民政府建立最低生活保障站，与街政科或社会事务办公室合署办公，市内四区在最低生活保障工作站配备一名最低生活保障工作专职助理员，从聘用的社区助理中选调，妥善解决了人员和工作经费（青民救〔2002〕50 号）。

3. 上下互动创新，全方位治理城市贫困

在制度创新阶段，青岛市各级政府的创新活动是频繁的，这些创新活动相互联系，形成了互动型的创新链、创新群。如青岛市市南区在全国率先成立了慈善协会和公益协会，注册登记和备案的公益性社会团体和民办企业单位达 200 多家。在公益协会成立以后，市南区向社会推出了包括为低保对象提供服务的公益门诊、公益康复中心、公益培训教育基地等在内的十大公益项目，这些项目多数被社会团体和企业认领承办。2003 年 4 月，为全面实施阳光救助工程，做好有劳动能力的低保对象就业工作，提高其"造血自助"能力，更好地为困难群体服务，青岛市市南区在云南路设置"阳光救助求职窗口"，搭建救助平台。半年之内，通过窗口已接待和救助上门求职人员就达 1600 人次，其中，培训低保失业人员 860 人次，先后有 436 名低保人员通过

不同途径实现了弹性就业和经常性就业，使低保家庭和困难群众增加了收入，改善了生活，稳定了家庭，稳定了社会。此外，青岛市市北区2003年8月率先在社区居委会创建"阳光互助家园"，推出了"有困难，找家园"的品牌服务。作为市北区的服务品牌，"阳光互助家园"具有服务性、创业性、爱心性、透明性、信息性、家园性等特点，使市北区形成了区、街、居"三位一体"的救助格局，构筑政府领导、民政牵头、社区运作、群众参与的救助体系，真正实现了全方位的"零距离"服务。正是这些上下互动的创新活动，为全方位治理城市贫困作出了积极的探索，取得了良好的社会效果。

（四）制度持续创新阶段：城乡一体化的社会救助体系（2004年后）

2004年后，青岛市将阳光救助从城市推向农村，在制度上围绕建立城乡一体化的社会救助体系形成了对城市贫困进行综合治理和多元治理的战略。这个战略的形成与两次会议紧密联系在一起，一是2004年6月的山东省城市低保规范化建设工作会议；二是2004年9月的全国推进城乡社会救助体系建设工作会议。在2004年6月5日的山东省城市低保规范化建设工作会议上，来自山东省17个地州的民政系统工作人员参加了会议，青岛经验得到了国家民政部和山东省民政厅的高度评价。而在2004年9月8日召开的全国推进城乡社会救助体系建设工作会议上，国家民政部部长李学举提出，中国城乡社会救助体系进入制度体系建设新阶段。这两次会议在青岛市的召开，一方面是对青岛市城市低保工作的肯定，另一方面则为青岛市阳光救助工程提供了制度持续创新的动力。正是在贯彻这两次会议精神的前提下，青岛市推进了以阳光救助工程为平台的新型社会救助体系建设。这种新型社会救助体系的建设主要表现为四个方面：

1. 城乡最低生活保障标准进一步提高

从2004年1月1日起，青岛市提高了城乡最低生活保障标准，城市低保从原来的 210 元／人／月提高到 230 元／人／月。农村低保标准由原来的 600 元／人／年，提高到了 820 元／人／年，其中，现金保障由原来的 240 元／人／年提高到 480 元，实物保障为每年 200 公斤粮食。现金保障由青岛市与下属区市财政两级负担，镇财政不再承担现金保障部分。实物保障由镇财政和村集体共同承担，从而较好地解决了税费改革给村集体经济带来的困难。

2. 进一步规范城市低保工作程序，提高工作效能

2004 年，青岛市起草了《城市低保工作操作规程》，出台了《青岛市困难居民医疗救助制度实施细则》，使城市困难居民医疗救助制度在全市范围内全面推开。2004 年 8 月 31 日，青岛市人民政府印发了《青岛市城市居民最低生活保障工作规定》（青发〔2004〕57 号），指出"城市低保以政府差额救济为主，以分类救助、临时救助、医疗救助、住房救助、子女教育救助和政策扶持等配套措施为辅助实施"，遵循保障城市居民基本生活、鼓励劳动自救、以人为本、规范运作、公平公开原则。对管理部门职责，申请、评估和审批程序，城市低保对象的确定，家庭收入的确定，特别申请的处理，分类管理与救助，资金管理等内容，该规定也作了详尽的阐述。此外，为了加强对低保对象的动态管理，青岛市还专门印发了《关于加强和规范城市居民最低生活保障档案管理的通知》（青民救〔2004〕188 号），该通知规定：（1）要完善城市低保档案的范围；（2）对档案管理实行分级负责制；（3）明确档案管理工作职责；（4）对低保档案实行家庭、综合、财务三类档案分类管理。

3. 建立新型城乡社会救助体系

2004 年，青岛市民政局和市委政研室先后深入黄岛、胶州、平度等区（市）就建立新型城乡社会救助体系进行专题调研，并且学习借鉴了宁波、浙江、上海的先进经验。在调研的基础上，2004 年 9 月青岛市出台了《中共青

岛市委、青岛市人民政府关于进一步加强城乡社会救助体系建设的决定》(青发〔2004〕16号),提出青岛市从2004年开始全面整合城乡社会救助资源,进一步加强城乡社会救助工作,加快构筑城乡联动、一口上下、立体救助、运作规范的新型社会救助体系。建立这种新型城乡社会救助体系的基本原则有四个方面:一是政府主导,社会参与;二是城乡联动,分步实施;三是区别对待,分类救助;四是一口上下,规范运作。[1]其具体要求:(1)发挥政府主导作用,加强政府救助工作,包括完善城乡最低生活保障制度;建立城乡自然灾害援助制度;改革农村五保供养制度;实施特殊困难群体的分类救助;健全医疗救助制度;扩大教育救助范围;落实住房救助制度;实施就业援助制度;开展法律救助活动;加强流浪乞讨人员救助管理。(2)广泛动员社会力量,开展社会助困活动,包括开展"手牵手"结对助困活动;实施政策优惠扶持;开展经常性社会捐助工作;动员社会力量参与;开展社区志愿服务活动。(3)健全社会救助管理机构和服务网络,提高社会救助规范化建设水平,包括各级党委、政府统一负责社会救助工作;职能部门要充分发挥部门作用,各司其职;健全社会救助协调管理制度;加强基层社会救助机构和队伍建设;切实保障社会救助经费的投入;巩固社会救助一口上下运作机制;加快社会救助信息化建设;加强社会救助监督工作。

4. 建立部门协调机制

为全面整合城乡社会救助资源,进一步加强城乡社会救助工作,构建城乡联动、一口上下、体制完善、运作规范的新型社会救助体系,2004年,青

---

[1]. 一口上下运作机制,就是指各有关部门和社会团体的救助帮困信息,通过"社区(村)至街道办事处(镇)至区市至各有关部门、团体"的上行管理渠道进行汇总和搜集,政府有关部门、社会团体的救助帮困活动,通过"区市至街道办事处(镇)至社区(村)至困难家庭"的下行服务渠道进行款物发放和活动实施,避免出现重复和遗漏现象。具体内容参见:《中共青岛市委青岛市人民政府关于进一步加强城乡社会救助体系建设的决定》(青发〔2004〕16号)。

岛市从组织机构和规章制度上进行了探索。青岛市专门建立了社会救助工作协调委员会，制定下发了《青岛市社会救助工作协调委员会工作职责》、《青岛市社会救助工作协调委员会成员单位职责分工》和《青岛市社会救助工作协调委员会成员单位 2005 年主要任务目标》，为建立综合治理型的新社会救助体系提供了有效的协调机制。[1] 2004 年，青岛社会救助工作协调委员会由市委市政府相关部门组成，其成员共计 59 名，分别来自纪律检查委员会、民政局、发展和改革委员会、教育局、财政局、建设委员会、粮食局、公安局等市直机关、市辖属各区市相关机构以及红十字会和慈善总会等社会组织。社会救助工作协调委员会的主要职责是：统一组织协调全市和各区（市）社会救助工作，负责制定社会救助的规划方案，确定社会救助的对象、项目、标准和程序、制定社会救助政策、研究社会救助的重大事项、协调各有关职能部门相互合作，整合相关政策信息和资源，及时处理各类突发性矛盾，监督社会救助政策的落实和实施过程，推进社会救助工作全面、健康发展。

《青岛市社会救助工作协调委员会工作规则》还规定，"社会救助工作协调委员会通过举行全体会议和主任办公会议讨论研究、协调解决社会救助的重要问题"。我们从成员结构可以看到，青岛市在建立社会救助工作协调委员会时充分考虑了社会救助的复杂性和综合性，它既考虑到了从教育方面对贫困群体的救助，也考虑到了从住房方面对贫困群体的救助；既考虑到了政府对贫困群体的救助，也考虑到发挥红十字会和慈善总会等组织对贫困群体的救助。这些措施都是城市贫困治理机制的创新内容，它们在一定程度上确保了新型社会救助体系在青岛市的持续发展和完善。

---

1. 《关于印发〈青岛市社会救助工作协调委员会工作职责〉、〈青岛市社会救助工作协调委员会成员单位职责分工〉和〈青岛市社会救助工作协调委员会成员单位 2005 年主要任务目标〉的通知》（青社救委字〔2004〕03 号）。

三、阳光救助工程的创新动力

青岛市阳光救助工程的创新城市最低生活保障制度、下岗职工安置制度等多种制度与青岛市经济社会环境相互作用的结果。在互动过程中，既有微观主体的主观能动性，也有宏观制度背景的强化和协同作用。具体而言，青岛市阳光救助工程的创新动力主要可以归结为如下四个方面：(1) 作为经济发达地区，青岛市区域创新信息化等公共行政改革推动了制度创新；(2) 政府再造构建起了新型的官民关系；(3) 随着"单位人"向"社会人"的转变，城市社区的社会参与和社会保障功能在公民生活中日益彰显；(4) 随着公民社会的兴起，公民参与意识不断提高，为推动政府创新提供了现实的群众基础。这些创新动力既相互独立，又相互融合，共同促成了阳光救助工程的创新活动。

（一）区域创新活跃，创新能力突出

在青岛市，个人、团体和政府的创新是非常活跃的。正是在这个活跃的创新场域，青岛市阳光救助工程得以产生、完善和发展。一方面，青岛市政府从"划桨"转变为"掌舵"，善于把握社会经济发展趋势，整合社会资源，鼓励和支持创新；另一方面，青岛市的个人主动性和创造性也得到了发挥，广大市民积极参与创新，支持创新，推动创新，为创新活动提供扎实的民意基础。

从建立城市居民最低生活保障制度开始，青岛市委市政府领导就一直对城市居民最低生活保障制度给予高度重视和大力支持。山东省民政厅副厅长宋晓兵2003年11月21日在青岛市城乡低保工作会议上指出，青岛市"已基本建成了以低保为中心，以医疗、住房、子女、教育、临时救助、社会帮扶为补充，以社区运作为基础的社会救助体系。这里面有青岛经济条件相对比较好和困难群众相对比较少的原因，但是我感到，这里面最主要、最重要的

原因还是青岛市各级党委、政府和有关部门的高度重视。因为，低保工作不是形象工程，是只投入资金、不产出利润的社会保障工作，但是，它是民心工程，是暖心工程，是德政工程"[1]。笔者在调研中也切身感受到，经过改革开放的洗礼和多年的建设，在青岛这个沿海开放城市，敢于创新已经成为了各级政府的行为品格和实际行动。正是有一批重视民生的领导队伍和一支能吃苦敢创新的干部队伍，青岛市阳光救助工程服务品牌才得以创建，并通过市区各级政府的上下互动和对创新资源的整合，得以不断完善和发展。

青岛市各级政府发挥制度创新主体的作用是突出的。一般而言，越是发达的地区，其地方政府发挥的制度创新主体作用越大。青岛市地处中国东部沿海发达地区，经济发展长期水平以来处于全国前列。富于创新是青岛市不断前进的主要动因，有关的创新例子不胜枚举。"海尔"等品牌的发展离不开技术创新和管理创新；实施政府管理体系"五项工程"，创建"四型"机关，[2] 是对行政管理的创新；而青岛市市南区建立全国第一家公益协会，是公民社会兴起的写照，它对动员社会资源为弱势群体提供保障起到了很大作用。2004年7月，为实现街道体制由行政管理型向公共服务型的转变，青岛市市南区创新街道体制改革思路，撤销了江苏路街道办事处的设置，不再是一级行政主体，建立了江苏路社区公共服务委员会。这在全国亦是创举，为全国街道体制改革创造了经验，提供了借鉴。

（二）政府再造构建起了新型的官民关系

20世纪90年代以来，中国经济社会的转型带来了许多新问题和新挑战。

---

1. 山东省民政厅副厅长宋晓兵：《在青岛市城乡最低生活保障工作会议上的讲话》，2003年11月21日。
2. "五项工程"是指"转变职能、规范审批、政务公开、依法行政、效能监督"。"四型机关"即"学习型、创新型、竞争型、服务型"机关。参见《青岛市人民政府关于进一步深化政府管理体系"五项工程"的意见》（青政发〔2003〕32号）。

面对这些新问题和新挑战,地方政府最早做出了反应,对其自身进行了再造或者重塑活动。在青岛市阳光救助工程的创新活动中,政府再造起到了很大的作用。通过政府再造,青岛市形成了新型的官民关系,为实施阳光救助工程打下了良好的群众基础。具体而言,青岛市的政府再造主要体现为社会化、企业化、透明化和信息化等四个方面。

1. 还权于民,放权于民,让权于民,建立"有效政府"

在市场经济的建立和完善中,传统国家与社会一体化局面被打破,逐渐形成了与国家相对分离的民间社会和社会多元化格局。在此情形下,政府的权力与能力已难以及时地、全面地满足人民日益增长的经济与文化多样性的需要,以及人民参与政治、监督国家权力的权利要求。在青岛市,政府近年来已经逐步放权、让权、还权于民,扩大了公民的社会参与。如在目标管理绩效考核中,青岛市建委邀请市民代表巡检民心工程,有效地对市政工程进行了监督,提高了政府为市民提供服务的水平和质量。

2. 实施政务公开,建立"透明政府"

随着经济和社会的发展,公民的行政参与意识不断增强、行政参与能力不断提高,"阳光下的行政"成为不可阻挡的潮流和趋势。青岛市很早就实施政务公开,努力建立透明政府。从发展来看,青岛市政务公开分为三个阶段:第一阶段为动员发动阶段(1999年8月底前);第二阶段为全面推开阶段(1999年下半年);第三阶段为完善提高阶段(2000年)[1]。通过这三个阶段的发展,青岛市对政务公开内容、公开办事程序、政务公开形式、政务公开时间等进行规范,并且建立和健全了集体讨论决定制度、群众代表议政制度、

1.《青岛市人民政府关于全面推行政务公开制度的决定》,2004年8月21日。

民主评议制度、监督检查制度、考核奖惩制度等相关制度。通过政务公开的规范化、制度化、法治化建设，青岛市政府的透明度增加了，与市民的距离拉近了，树立了为公民提供优质服务的良好形象。

3. 用企业家精神来改造政府，建立"企业化政府"

在政府再造过程中，青岛市政府有效地汲取现代企业管理新理念，构建了企业化政府，提高了政府的效益、效能和效率。这些融入政府再造的企业管理新理念包括品牌意识、流程再造和绩效考核。

（1）品牌意识成为政府公共服务的核心价值观。从20世纪80年代中期开始，青岛市委、市政府就积极实施名牌战略，相继培育了一批名牌产品、名牌企业和名牌企业家。在深化效能革命的过程中，青岛市政府学习海尔、海信等产品的品牌理念，培育了大批机关服务品牌。青岛市不仅专门制定了《服务名牌创建管理办法》，建立了服务名牌考评体系，成立了服务名牌专家咨询评估团，还积极协助有关单位到工商部门办理服务商标注册。青岛市财办创建的"用心融通"品牌，是全国第一个申请了国家专利注册的机关服务品牌。截至2003年，在创造性地提出争创"政务名牌"的47个青岛市直机关单位中，36个已经有了属于自己的政务品牌。其中，青岛市劳动和社会保障局的"真情相助"、青岛市档案局的"文档服务连心桥"和青岛市统计局的"市情信达"3个品牌获得青岛市首批"机关服务名牌"称号。

（2）行政管理流程再造。1998年9月8日，青岛海尔集团开始了以市场链为纽带的业务流程再造，实现了流动资金零存款，提高了企业竞争力。海尔的这种业务流程再造启发了青岛市的行政改革。继海尔之后，青岛市行政机关实施了管理流程再造。政府再造后的青岛市行政流程以公众满意为目标，有两个基本特征：一是面向公众，以事务为中心；二是跨越职能部门、所属单位的现有边界。截至2003年9月，青岛市有12个市区机关进行政务流程再造，构建起了科学民主的目标化决策机制、责任制衡的刚性化执行机制、督查考核的制度化监督机制、奖惩兑现的导向化激励机制。

（3）目标绩效考核机制。青岛市目标绩效考核机制是在考察世界先进国家的政府管理和以海尔为代表的青岛成功大企业发展经验的基础上形成的。它引入先进的"结果导向"理念，提出了目标管理模式，将决策、执行、监督等行政权，以目标分解的形式建立了完整的发展目标体系、工作执行体系、考核监督体系。2003 年，在设定考核目标时，青岛市还引入了世界先进的"聚类分析理论"，将青岛市各个市区分别比照上海、苏州等国内最发达城市的同类区域设定目标，如要求市南区锁定上海卢湾区、市北区锁定上海徐汇区等等。此外，青岛市还在新模式中大胆引入了成本效能指数，对各部门的行政成本进行了考核，引入了当前世界政府改革中最超前的理念。截至 2003 年 9 月，青岛市已有 84 个市直单位纳入了考核体系。考核前，青岛市各市区各项经济指标都处在山东省中游，实行目标管理绩效考核 3 年后，2003 年，市区就全部进入了全省前列、全国百强。

4. 实施政府上网工程，建立"信息化政府"

20 世纪 90 年代以来，现代网络信息技术在中国逐渐得到普及，并为中国地方治理价值的实现和将理念转化为实践行动提供了技术支持。在"九五"期间，青岛市通过实施全市宏观决策和办公信息服务网络系统工程（简称"金宏工程"），全市电子政务建设在硬件基础、软件基础、应用水平和运行机制等方面，都进入了全国先进行列。1997 年，青岛市委市政府计算机中心就组织开发了大型综合通用无纸化办公支持系统——"金宏电子政务系统"。1998 年 4 月，青岛市开通了可提供中、英、日、韩四种文字服务的政府门户网站——青岛政务信息公众网，成为全国第一个严格意义上的政府公众服务网站。

通过实施政府上网工程，青岛市极大提高了政府向社会和公众开放的程度，使得公民有更加广阔的平台获得政务和管理信息，比较充分、有效地保证了公民的知情权、知政权，进一步拓展了公民直接"参政"的通道，增强了公民参政的实际能力。一方面,青岛市建立了政府与基层和群众的网上沟通系统。政务信息公众网设立了网上"市长信箱"、"市长专页"、"局长(主任)信箱"和各市、区的"市长(区长)信箱"。另一方面,青岛市也建立了政务信息网上发布制度。其内容包括:(1)在青岛政务信息公众网上建立市政府公文库,将市政府的非密级公文及时上网发布,方便基层单位和人民群众查询。(2)建立网上每日政务信息发布制度。市政府办公厅从每天收集到的政务信息中选择有对外发布价值、可公开的部分,在青岛政府信息公众网"每日要闻"栏目中发布,增强政府机关工作的透明度。(3)各级政府和有关部门按统一规划,在青岛政务信息公众网上建立网页,及时、全面、准确地发布有关政务公开的内容。

(三)健全社区建设,强化了社会保障功能

社会保障资源可以是资金、物品、服务、机会、关照和支持气氛,也可以是有利于社会弱者走出困境的政策及其他具有社会保障价值量的东西。这些社会保障资源存在于政府、单位、社区、家庭之中。[1] 青岛市阳光救助工程的有效实行离不开逐渐成熟的社区网络。

青岛市的社区建设经历了三个发展阶段:(1)倡导社区服务阶段(1986年至20世纪90年代初期);(2)社区建设的理论探索阶段(20世纪90年代初期到1996年);(3)各区进行广泛社区建设实验阶段(1996年到1998年6月);(4)社区建设在全市7区5市普遍推广和深入发展阶段(1998年6月至今)。多年来,围绕社区建设重点,青岛市在三个方面进行了体制改革创新:一是改革创新街道体制,二是社区服务运行机制改革创新,三是社区居委会成员任用制度改革创新。1999年,民政部确定的11个全国城市社区建设

---

1. 雷洁琼、王思斌:《中国社会保障体系的建构》,山西:山西人民出版社1999年版。

实验区中,就有两个在青岛市,分别是市南区和四方区。可见,青岛市社区建设模式在全国一直反响较大,具有典型性和代表性。2004年7月,为实现街道体制由行政管理型向公共服务型的转变,青岛市市南区创新街道体制改革新思路,撤销江苏路街道办事处的设置,建立了江苏路社区公共服务委员会。这改变了过去单纯由政府官员组成、行使政府行政管理职能的传统模式,组建了由政府主导、自治组织和社区单位参与的新型社区公共管理和公共服务组织。自建立以来,江苏路社区公共服务委员会实现了从硬性管理到软性服务的转变,从大政府单独治理到小政府共同治理的转变,从效率行政典范到民主行政典范的转变,从封闭型行政体制到透明型行政体制的转变。[1]

目前,青岛市已经形成了"政府领导、民政主管、社会参与"的社区建设运行机制。在不断完善社区建设的过程中,社区的社会参与和保障功能不断拓展,为深化青岛市行政改革,建立服务型、责任型、透明型政府提供了良好的社会环境。

(四)随着公民社会的兴起,公民网络参与度不断提高

20世纪80年代以来,因为改革开放所带来的经济和政治环境的变化,中国社会组织增长迅速,出现了增长高峰。这些社会组织"对社会政治和经济生活产生了重大的影响,在相当程度上改变了社会的治理状况,有力地促进了社会的善治,尤其是对公民的政治参与、政治公开化、公民自治、政府的廉洁与效率、政府决策的民主化和科学化等具有重要意义"[2]。

在计划经济体制下,中国缺乏独立从事社会保障、社会救助的社会组织和社会机构。随着市场经济体制的建立和完善,政府职能的转变为公益性社

---

1. 资料来源:人民网青岛视窗,2004年11月28日电。
2. 俞可平:《中国公民社会的兴起及其对治理的意义》,见俞可平主编:《中国公民社会的兴起与治理的变迁》,北京:社会科学文献出版社2002年版。

会组织的发展提供了广阔的空间。红十字会、慈善协会、志愿者服务组织等机构借助它们与国内国际社会组织的广泛联系募集资金，从事社会福利事业，并能发挥政府所不擅长的积极作用。这些社会机构以人道主义将具有爱心的人的力量聚集起来，以它们捐赠资金、物品及其中表现出来的精神对救助对象施以援手。[1]

在青岛市阳光救助工程这个案例中，我们看到，以志愿者组织和义工组织为主的公民社会的兴起，为实施阳光救助工程提供了强有力的支持。

青岛市的志愿者活动不仅活跃，而且志愿者素质高、志愿服务水平高。"志愿者服务品牌"是一个很好的例子。2003年，由团市委、市志愿者协会开展的"五环小蓝帽——奥运注册志愿者服务、朝霞重晚晴"——志愿者"一对一"结对助老服务，在国家工商管理总局商标局注册成功。同年，青岛市注册志愿者队伍已经达到13万人。广大社区志愿者在扶贫济困、帮老助残、树立社会新风尚、增进社会稳定与和谐方面作出了积极贡献。青岛市4个单位、6名个人因此获得全国社区志愿者先进表彰，在全国同等城市中名列前茅。2004年3月，青岛市开展"打造志愿服务品牌，唱响城市精神"活动，掀起了志愿服务活动高潮。在这次活动中，青岛团市委、市志愿者协会首次推出了"朝霞重晚晴"志愿服务品牌、"绿色义工"志愿服务品牌、"美丽心灵"残疾人志愿服务品牌、"周日志愿行动"志愿服务品牌等10个志愿服务品牌。此外，青岛市还邀请国际专业人士作"志愿者与志愿服务"讲座，学习志愿服务项目、志愿服务组织体系、志愿者激励制度等内容。目前，志愿者活动在青岛全市各单位、各企业广泛开展，建立起了有效而庞大的队伍。志愿活动成为了青岛市推动社会发展的新的组织方式、新的社会动员方式、新的参与方式。

除了志愿者活动以外，青岛市还组建公益组织，整合公益资源，开展了大

---

1. 雷洁琼、王思斌：《中国社会保障体系的建构》，山西：山西人民出版社1999年版。

量义工活动。青岛市市南区成立了全国第一个公益协会——市南公益协会[1]，建立了青岛公益网（www.0532gy.com），创建了义工网（www.gdsnyg.com），为打造"温馨市南"做了大量工作。根据义工网统计，截至 2004 年年底，市南区网上登记的义工管理队伍有 8 支，义工服务站有 10 个，特色义工组织有 15 个，建立了 8 个公益基地。这些低保义工公益服务中心和低保义工服务站的第一条职责就是"负责本社区（或辖区）'阳光救助工程'的具体实施"。[2] 正是这些公益组织的存在，为公民参与阳光救助工程提供了更多的渠道，确保了阳光救助工程的社会参与度。

四、阳光救助工程的内容和特征

青岛阳光救助工程是全方位、多层次、立体式的，它的基本原则和内涵是"以民为本，依法行政，政务公开，承诺服务"。在此基本原则下，青岛市阳光救助工程形成了很好的制度安排，而这个制度安排使行政人员的创造性得到了发挥，提高了他们为公众服务的能力。

（一）阳光救助工程的内容

在制度设计上，青岛市阳光救助工程从操作程序、救助形式、具体内容上进行了细致的构建。

---

1. 其目标是通过建立区公益协会、街道公益服务中心、社区公益服务站，形成区、街、居公益性社会组织网络。公益协会运行主要由"一个核心"和"四大机制"组成。一个核心是：公益资源与公益需求的有效对接。四个机制包括：一是建立"公益服务存储器"，形成公益服务时间存储机制；二是构建区、街、居三级公益服务网络，形成公益服务形式交换机制；；三是建立年度"公益之星"评比表彰制度，形成公益事业健康发展的激励机制；四是畅通各方监督渠道，建立公益信息发布、财务审计、例会报告等专项制度，形成公益网络有序运转的监督问责制度。
2. 资料来源：青岛市市南社区义工网，www.gdsnyg.com。

1. 在操作程序上，实行阳光操作、透明程序，落实政务公开、承诺服务，做到公开、公正、公平、及时、准确，实现该保障救助的家庭不漏一户，不错一人，随增随保，不该保障救助的家庭一人不保，随超标随注销。

2. 在救助形式上，实行了阳光救助、立体形式，以城市居民最低生活保障其基本生活，以临时困难救助制度解决因遭遇突发事件造成的生活困难，完善子女教育、住房和医疗救助制度，加大社会帮扶和优惠政策扶持力度，让贫困家庭全方位、多角度地感受政府的温暖和社会的关怀。

3. 在具体内容上，青岛市阳光救助工程主要由6个既相互独立又相互联系的机制组成（见图2）。

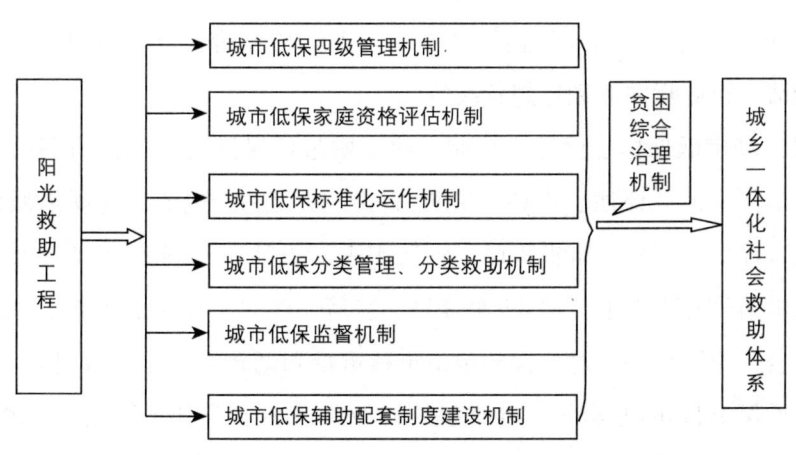

图2　青岛市贫困综合治理机制

（1）城市低保四级管理机制。为规范各级城市低保工作机构的职责，青岛市建立了由市、区（市）、街道（乡镇）、居民委员会（村）组成的城市低保四级管理机制，形成了城市低保工作规范化建设的组织领导机构。

（2）城市低保家庭资格评估机制。为了规范对低保家庭的收入、生活状况的核查核实方式，青岛市建立了城市低保家庭资格评估机制。它是低保工作规范化建设的基础，从组织架构、职责分工和有效证明的认定方面予以规范。首先,建立了三级评估组织体系。具体为:在社区居委会建立低保评估小组,在街道办事处建立低保评估委员会,在区建立评审工作委员会。其次,明确了三级评估组织的职责。其中,社区居委会评估小组主要负责对申请低保和需半年复核的低保家庭进行低保资格基本评估;街道低保评估委员会主要负责对经社区居委会评估审核后,第二审程序需由街道办事处进行处理的申请低保家庭低保资格复评;区评审工作委员会主要负责特别程序需要由区级以上部门进行协调审查的申请低保家庭资格评估和低保工作督查。最后,对家庭实际收入有效证明的认定作了详细规定。比如,从事家政服务、保洁、保绿等非正规就业工作人员的收入证明,由街道劳动保障服务中心、街道低保工作站或其管理机构出具。在进行收入认定时,采取"询问、察看、走访、取证"四种方法,达到"五清"(申请人家庭状况清、致贫原因清、基本职业技能清、择业意向清和思想状况清)。

(3) 城市低保标准化运作机制。建立城市低保标准化运作机制的目的是对低保工作申请、评估、审核、审批程序全过程进行规范。为规范低保工作的申请、评估、审核、审批程序,青岛市重新设计了《城市居民最低生活保障救助申请公开告知书》等15种表格、表薄,建立了评估、审核、审批、反馈、监督工作流程图,对低保的申请审核审批和动态管理全过程进行了规范,使城市低保审核审批运作由粗放型的初级阶段,上升到了标准化、程序化、规范化、法制化的新层次。整个程序包括9个工作程序:申请程序、调查评估程序、评估审核审批程序(由一般、第二审和特别程序组成)、公示程序、复核程序、就业管理程序、公益性劳动管理程序、信息化管理程序、低保标准自然调整程序等。

其中,在公示程序上实行两次公示制度(有的地方实行三次公示制度)。在社区民主议事会通过申请后,由社区居委会对申请低保家庭的情况在社区最显著的位置进行第一次张榜公示,公示时间为3天。对已纳入低保的家庭,由社区居委会每季度在社区显著位置进行第二次公示,公示内容包括本社区低保家庭人数、月领取保障金额数及其他补助情况。此外，对低保标准进行自然调整，其调整程序为：在每年十月的第二周，即国务院《城市居民最低生活保障条例》正式实施的月份里，进行城市居民最低生活保障工作宣传周活动。同时，根据全市年度居民收入、物价指数、社会平均和最低工资，以及下岗职工保障金、失业保险金等情况，研究确定下年度城市居民最低生活保障标准，并在新闻媒体上公布。

（4）城市低保分类管理、分类救助机制。为了规范对低保人员的管理、帮助低保人员再就业和对未纳入低保范围且有特殊困难的家庭进行临时困难救助，青岛市建立了"城市低保分类管理、分类救助机制"。这样便于对低保人员进行管理，便于准确实施救助，以提高管理水平和救助质量。比如，四方区将低保人员分为 A，B，C 三类管理[1]；规定低保人员参加公益劳动的时间；规定在法定劳动年龄内有劳动能力而未就业人员申请低保时，必须首先到劳动部门进行就业申请、登记和参加培训；对低保家庭实行子女就学、住房、医疗方面的优惠；对孤残、孤老人员实施生活补贴等。针对低保人员及其家庭的情况，提供不同的救助服务。

（5）城市低保监督机制。为了规范低保工作的公开、公正、公平运作和服务行为，青岛市建立了城市低保监督机制。整个监督机制主要由群众自我监督、社会监督和舆论监督三方面构成，三管齐下。群众监督主要是在全市各区（市）设立尾数为"999"的低保监督电话，实行 24 小时为困难群众服务。对群众的投诉及时调查核实，调查结果由所在街道负责反馈给投诉人。同时，实行了低保双向审报，即申请低保家庭在向社区居委会递交申请的同时，向区民政局提出申请登记备案，由区民政局对社区居委会和街道办事处

---

1. A 类家庭，是指家庭主要成员为孤寡老人或一、二级重度残疾人，大病重病患者，其家庭收入情况无变化且困难较大的家庭；B 类家庭，是指家庭主要成员已退休或已正规就业，且收入来源比较明确、相对稳定的家庭；C 类家庭，是指家庭主要成员在就业年龄段有劳动能力但未就业，家庭收入波动幅度大或家庭成员结构易变动、明显不稳定的家庭。参见《青岛市城市居民最低生活保障工作规定》（2004 年）。

的评估、审核实施全程监督。社会监督主要是从辖区范围内的人大代表、政协委员中聘请城市低保工作监督员,参与社区居委会、街道办事处和区民政局的评估、审核、审批工作。舆论监督,主要是定期在报纸和广播等媒体上开辟专栏,听取社会和广大群众的意见。

(6) 城市低保辅助配套制度建设机制。为了规范低保家庭的社会救助,保障贫困群体除基本生活困难之外的其他需求,青岛市建立了城市低保辅助配套制度建设机制。这些辅助配套制度包括临时困难救助制度、子女教育和住房救助制度、医疗救助制度、优惠政策扶持制度、社会帮扶制度等方面。其中,在社会帮扶上,青岛市广泛动员社会力量,开展"串百家门,知百家情、解百家忧、暖百家心"的知民心、暖民心、聚民心活动。各社区居委会、街道办事处还普遍开展了"每月谈心"、"每周公益"、"每日关注"活动,了解困难家庭的"最难的"和"最想的",为他们解开"心中的结"。通过组织有劳动能力而未就业的困难居民参加社区的公益劳动,为社会服务,让他们体会自身的价值。

(二) 制度创新特征

在基本实现应保尽保后,城市低保工作向何处去,是各级民政部门面临的一个新课题。青岛市阳光救助工程对这个新课题进行了探索。首先,青岛市加强了低保的制度化、规范化建设。低保的入口、出口和低保人员的管理实行程序化、标准化;对低保工作实施全过程、全方位的监督,保证公平、公正、准确、及时;实行对低保工作人员的考核、考评、奖励和惩处。其次,将低保工作与就业、再就业工作接轨。以云南路"阳光救助求职窗口"为例,民政、劳动等职能部门联合在街道形成"一门式服务"、"一条龙办公",很好地将低保工作与就业、再就业工作接轨,实现了社会救助资源的有效整合。[1] 再次,对低

---

1. 山东省民政厅副厅长宋晓兵:《在青岛市城乡最低生活保障工作会议上的讲话》,2003 年 11 月 21 日。

保家庭进行多方位帮助。低保家庭需要的救助资源是多方位的，不仅仅需要物质和资金上的救助，也需要医疗、教育资源的救助，更需要精神救助。青岛市阳光救助工程从收入、医疗、教育等多个方面对低保家庭进行救助，为低保家庭摆脱贫困状况提供了可能。最后，针对城市化步伐不断加快，城乡二元化逐步被打破的情况，青岛市还进行了农村低保的改革，构建了城乡一体化的社会救助体系。总体上，阳光救助工程有六个突出的创新特点，渗透出现代企业管理新理念。

（1）设计出一套包括具体程序、方法和手段的比较完整的工作机制，从而提高了《国家城市居民最低生活保障条例》的可操作性，其中的一些程序、方法和手段具有非常好的推广价值。

（2）充分利用现有的制度资源，为城市救助工作提供了制度支持。比如利用居委会的民主议事会来解决低保评估过程中的"暗箱操作"问题，发挥了居委会的自治功能。动态管理，严把低保的"进口"，探索建立家庭收入评估体系；理顺低保的"出口"（实施低保工作和再就业联动方案）。这样就解决了"容易进，退出难"的问题。此外，与公共行政改革相一致，建设了公开政府、透明政府、服务政府、责任政府。

（3）充分发挥政府和社会两个积极性，突出抓好社会结对帮扶。整合社会各界的帮扶活动，形成合力，建立政府主导、社会参与、民政牵头，社区运作，一口上下的社会救助运行模式；做到"条上工作，块上落实，条块结合，以块为主"，避免错漏和重复救助现象发生，保证救助效果。依靠"出口"多样化贯彻"积极救助"的理念，通过提供技能培训、就业岗位、从事公益劳动等，使低保人员及其家庭能够融入社区和社会，从单向互助转向了双向互助。从社区低保评估委员会的构成，我们可以明显感觉到社会的参与程度在扩大。以市南区云南路街道低保评估委员会的成员名单为例，在所有评估委员会成员中，除了街道低保评估委员会的成员均由来自各相关行政部门的人员组成外，社区低保评估小组成员的来源是多样的，由社区助理、居民组长、社区居委会主任、副主任、社区志愿者组成。

此外，青岛市还建立了与政策救助、社会互助、精神救助、就业援助等帮扶措施相配套的救助体系。这包括从监督保障上规范低保评估和审批程序；实施承诺服务（限时服务）、建立救助"绿色通道"、严格实行低保工作属地化、规范化、标准化、专业化、微机化管理等，政府公开，强化监督。

青岛市阳光救助工程不仅仅局限在物质救助上，它们还实施精神救助，振奋低保对象的精神面貌。比如，市南区开展了三项主要活动：①广泛开展谈心活动，帮助低保对象从消沉中振作起来；②开设低保教育课堂，帮助低保对象把生活的希望点燃起来；③组织开展公益劳动，帮助低保对象鼓起融入社会的勇气。为此，市南区在各街道办事处成立"社区低保公益服务中心"，在社区居委会建立了"社区低保公益服务站"。

(4) 探索社区社会互助帮扶新模式，充分发挥社区建设、社区服务的辐射作用。在阳光救助工程中，青岛市社区居委会建立了"社区社会互助银行"，把每个人在社区互助中所作的贡献和好事，随时记录在个人卡片上，年终进行"结账"，使对别人有帮助的人在自己需要帮助时，能够及时得到社会的帮助，把过去只付出的单项互助，变成付出和得到帮助的双向互动、双向互赢的互助，让贫困家庭进一步得到社会各界的关爱，有利于公民道德建设的实施，有利于社区精神文明建设。

(5) 探索经常性捐助工作新路子。为提高经常性社会捐助工作水平，青岛市建立了"捐、助、卖"三位一体的"社会捐助超市"。社会捐助超市改变了过去接受品种单一、方式简单、时间固定，以及只对外不对内、不能帮扶本地困难群众、不方便群众经常捐助的不足。一是方便了群众的"随时捐、任意捐"。社会各界的捐赠款物由社区居委会、街道办事处收集，也可以直接到超市捐赠；物品不局限于以前的衣被，各种生活用品包括家具、家电和企业的产品都可以接受，满足了社会各界捐赠的热情；二是有利于对低保对象"经常助、灵活助"。过去，低保对象得到的政府救济仅仅能够满足最基本的家庭生活需求，而一部分家庭收入略高于低保标准但生活仍较困难的家庭，政府的救济往往延伸不到。有了捐助超市，这些问题得到了一定缓解。社区居委会可以根据这些家庭的实际情况，发给"实物帮扶证"，让他们到超市选一些生活必需品，以解生活燃眉之急。三是可将捐赠物品实行变卖。过去有些捐赠品，由于不属于困难家庭的必需品，接受机构往往拒收或者压在仓库；现在有了捐赠超市，一些困难家庭不适用的捐赠物品可以在这里进行变卖，变卖后的经费再购买成群众需要的物品供困难家庭挑选。

（6）中间扩散型的制度创新和变迁。青岛市在实施阳光救助工程的过程中，首先是对基层组织的创新经验进行总结，比如市南区的"阳光求职窗口"、四方区的"城市低保规范化运作"试点和市北区社区居委会建立的"阳光互助家园"的先进经验，然后通过规章制度和统一规划，将阳光救助工程向全市推广和完善，具有典型的中间扩散特征。

五、阳光救助工程的绩效

关于地方政府在社会保障上的制度创新绩效，我们可以有三套指标体系作为参照。其中，世界银行、联合国等国际组织从治理的角度提出了总体性的绩效目标；"中国地方政府改革与创新研究与奖励计划"课题组对地方政府的制度创新绩效制定了包括创新程度、参与程度、自愿程度、效益程度、重要程度、节约程度、推广程度、持续程度等8个指标在内的体系；而郑功成等学者则对社会保障制度的变迁提出了包括价值取向与建制理念、制度的适应性、制度的有效性、制度的可持续性等四个层次在内的客观评估指标体系。本文按照中国地方政府改革和创新奖的评估指标对青岛市阳光救助工程进行绩效评估。

（一）阳光救助工程的效果

（1）创新程度。青岛市阳光救助工程解决了困扰全国城市低保工作中的两大难题：第一个难题是申请低保家庭的隐性收入难以掌握和准确计算。为了解决这一问题，青岛市在四方区进行了试点，制定出《关于居民（小商品经营者）申请低保收入的评估标准》。第二个难题是城市低保工作中长期存在的低保对象"易进难出"的问题。为解决这一难题，青岛市在市南区进行了试点，建立了"阳光救助求职窗口"，使有劳动能力的低保对象实现了求职、培训、就业和再就业，最终退出低保范围。为此，市南区专门出台了《"阳光救助求职窗口"试行办法》。在试点的基础上，青岛市结合全市低保工作建设的实际，认真总结提高，制定了《青岛市城乡居民最低生活保障"阳光救助"工程工作规程》，这个规程对解决以上两大难题进行了规范。

（2）效益程度。2003年上半年退出低保的共有868户，共2173人，其中445人主动退出低保，占上半年退保人数的20%。上半年，共有628户申请低保的家庭因为不符合低保条件未通过居委会一审评估，经街道办事处和区民政局审核属实，发给《不予批准通知书》。仅仅上半年，在低保公示期间，全市共接到群众举报192起，查实并且清理出低保的72起，不属实的120起。

阳光救助工程还具有明显的社会效益。阳光救助工程在全国产生了较大影响，人民日报、中国社会报、中央人民广播电台、中央电视台等新闻媒体都相继进行了多次报道。同时，在青岛市政府组织的2002年度重点责任目标年终考核工作中，城市低保工作被评为优秀；2003年5月，阳光救助工程被青岛市委组织部、市人事局评为"青岛市市直党政群机关优秀工作成果优秀奖"；2003年11月获"中国地方政府创新奖"提名；2004年3月获"中国地方政府创新奖"优胜奖。截至2004年11月，全市城市居民最低生活保障对象已达到15870户，共37110人，人均低保标准达到230元。

青岛市阳光救助工程对人民生活或者社会主义市场经济建设、民主政治和社会安定具有重要意义。一是坚持了以民为本的基本原则。二是顺应了社会主义市场经济的发展。党的十六届三中全会《关于完善社会主义市场经济体制若干问题的决定》提出，要加快建设与经济发展水平相适应的社会保障体系，完善城市居民最低生活保障制度。青岛市的实践是对中央精神的充分贯彻和落实。三是该项目体现了民主政治，坚持了一切为了群众，一切依靠群众，从群众中来，到群众中去的群众路线。在制定低保的计划、规程、实施意见和办法时，阳光救助工程广泛听取了群众的意见，先试行、讨论并修改后再实施，以更符合人民群众的利益，更具有可操作性。四是维护了社会的稳定。

（3）推广程度。阳光救助工程具有适度的示范效应和推广意义，可以被其他地区的党政机关、群众组织或社会团体借鉴、仿效。它较好地体现了以民为本的宗旨以及公开、公正、公平的原则，符合全国各地城市低保工作的实际。

（4）持续程度。由于以解决实际问题为目的，项目参与各方普遍从中受益并给予广泛支持，因而具有很强的可持续性。该项目是为了解决城市困难群众的基本生活这个实际问题和规范操作服务程序为目的而实施的，因而得到了政府和人民群众的广泛支持。

（二）青岛市阳光救助工程的不足之处

在探索切实可行的城市贫困治理机制的道路上，青岛市阳光救助工程取得了令人瞩目的成果，但是与社会发展的需要相比，仍然存在一些亟待改进的地方。这些不足既有长期未解决的问题，也有随着经济社会发展而不断提出来的新要求。

（1）低保对象增长明显，各级财政负担不断增加。由于青岛市低保资金采取的是分级财政负担模式，市内四区由青岛市和各区按照 7.5∶2.5 的比例分别负担，其他区（市）由本级财政全额负担。不断增长的低保人数、保障资金，使各级财政特别是一些财政相对困难的区（市）的资金负担不断加重，中央、省和市属企业困难职工较集中的区（市）压力更大。

（2）部分城市低保家庭的实际收入认定存在困难。对那些非正式就业人员的实际收入难以确定，比如在市场、早夜市等从事经营的人员，无部门可以出具这部分人员的收入证明；一些无业人员从事股票投资、家中有大额存款和有价证券等更是难以查证，从而影响了对低保家庭实际收入情况的准确认定。

（3）低保家庭看病难的问题比较突出。城市低保对象没钱看病，看不起病是当前的一大社会问题。在青岛市城市低保对象中，截至2002年底，参加医疗保险和参加商业保险的仅占低保总人数的20.1%，未参加医疗保险的占低保总人数的79.9%。这些人大多数不在医疗保险范围内，不仅没钱看大病，就连小病也看不起。

（4）城市低保家庭的心理问题。低保对象作为一种特殊的社会弱势群体，存在一些共同的心理特征，包括渴望救助、等靠依赖、相互攀比等特征。通过调研，我们感到低保对象觉得"吃低保不光荣"的心态比较普遍，大多数低保对象都有自卑心理，有感觉被社会排斥的想法。

（5）城市低保户与低收入家庭的关系问题。实际上，城市低保户仅仅是城市贫困群体的部分构成。在城市中，还存在很多不符合领取低保资格的低收入家庭。这些低收入家庭的生活境况同样很糟糕，甚至有时候比低保户的生活境况还糟糕。因为低保户能够享受医疗、水电、住房等优惠政策，而低收入家庭不能享受这些优惠，从而出现相对剥夺感，成为一种新的不公平。

社会保障体系的健全与否直接关系到社会的长治久安和社会经济的有序发展。在社会保障体系中，社会救助在长期内是必不可少的、占据基础地位的一个子系统。青岛市阳光救助工程对构建新时期的社会救助体系作出了积极探索，给我们带来了很多经验和启示。综合而言，青岛市的经验可以概括为五点：

第一，在政府的主导下，扩大社会参与，对城市贫困进行综合治理。城市贫困问题是一个系统而复杂的问题，对它的治理不是单一主体的责任，更不是单一主体所能完成的事情。事实上，公民社会（第三部门）的兴起，对解决"政府失灵"和"市场失灵"提供了补充。目前世界各国主张的"多元福利"便是基于这种认识。在中国，随着政府职能的转变，政府的角色将从"划桨"转变为"掌舵"，政府对城市贫困问题的治理必须通过整合和动员社会资源来实现。在青岛市阳光救助工程这一案例中，正是政府发挥主导作用，扩大社会参与，整合和动员广泛的社会救助资源，才有效地保障了弱势群体的权益，为广大弱势群体构建了切实的安全网。

第二，贫困问题并不能单单归结为收入匮乏，它实际上涉及行为主体的物质、精神、社会地位等多个维度。因此，对贫困的治理，不能仅仅局限于提高贫困主体的收入水平上，而要全方位地改善贫困主体的状况。就最低生活保障制度而言，当从物质收入上解决了弱势群体的生存问题后，更重要的是要解决弱势群体的社会参与权，帮助困难群众提高社会参与能力。青岛市阳光救助工程对贫困群体的全方位救助，就是对这种观念的很好贯彻。

第三，从社会救济到社会救助，发挥个人主体性和能动性。在社会保障体系中，社会救助与社会救济目标似乎一致，都是为了克服贫困，保障人民群众的基本生活，维护社会稳定。然而，前后两者却有着层次和内涵上的区别。后者带有一定的恩赐观念、被动性和随意性，前者则体现互助、扶助的主动性和公平性。青岛市阳光救助工程从消极救助向积极救助转变，对发挥个人主体性和能动性起到了催化作用。

第四，城市社会救助体系是一个多目标、多层次的社会系统，包括救灾、救济、五保、就业、医疗等社会救助制度。一个健全和完善的城市社会救助体系的构建需要政府相关部门从政策法规、资金、人力等多方面进行协调合作。只有这样，才可能保证城市社会救助体系的内耗减少，最大限度地为被救助对象提供救助资源。青岛市阳光救助工程在实施的过程中充分认识到了协调合作的必要性，及时从组织结构和规章制度上建立了协调合作机制，确保了社会救助资源管理的顺畅，避免了社会救助资源的浪费。

第五，充分发挥社区在社会救助工作上的作用。长期以来，中国社会保障体系的构成分散叠加，缺乏整合，表现为各保障项目的目标分割，部门和政策的分割。不仅各保障项目难以实现功能的互补和有机结合，而且政出多门且缺乏协调，结果，有的政策因相互叠加而失效，有的政策因为未覆盖而出现政策死角，有的政策则因相互冲突或衔接不力而产生矛盾。因此，需要对现有的社会保障项目和政策进行整合。这种整合的目标就是要围绕城市贫困家庭的需要，将最低生活保障、灾害救助、失业保障、再就业培训和服务、教育与医疗救助等制度和政策整合为一体化的城市贫困救助体系。从现实的情况来看，一体化的城市贫困救助体系形成合力的前提，是各保障项目在目标和政策上的整合，其运行的基础则是健全的社区网络体系。如何利用社区资源，帮助贫困人口脱贫是现代社会的一个现实基础。青岛市的社区建设一直走在全国前列，具有良好的硬件设施和软件基础。在阳光救助工程中，社区网络体系发挥了很大的作用。比如在低保家庭收入调查和评估中，来自社区的组织和个人起到了提供信息、参与和监督公共事务的作用。而社区志愿者组织和义工组织从物质、精神等方面对弱势群体给予了支持，对政府职能起到了补充作用。贫困群体在社区中参加公益劳动，增强了他们的社区认同感。

2004年9月，党的十六届四中全会指出，执政党应该"提高构建社会主义和谐社会的能力"。这是对我国近年来处理社会矛盾、社会问题、维护社会稳定的丰富经验的总结。和谐社会是一个高度融合的社会，它内在地要求消除各种社会排斥。目前，在我国社会经济急剧转型时期，社会矛盾和社会问题呈现多元和复杂性特征，社会排斥在多种领域存在，也呈现多样性。在城市，与贫困问题交织在一起的失业问题、住房问题、教育问题、医疗问题，均是社会排斥可能发生的领域。青岛市以阳光救助工程为突破口在城市贫困综合治理上的创新，实际上是针对社会排斥问题所做出的努力，而不再仅仅局限于过去的"贫困"和"剥夺"问题上。比如，让享受低保的市民参加公益劳动，就是让他们仍然有机会参与社会，获得社区认同感。对低保人员进行就业培训，是避免他们遭受劳动力市场排斥的一种对策，而为低保人员提供医疗救助，则是消除排斥的另一种措施。

我们欣喜地看到，青岛市阳光救助工程在构建新型城乡一体化社会救助体系上作出了积极探索，为城市贫困治理提供了可资借鉴的路径选择。但是，我们也看到还有不少问题有待解决，城市贫困的综合治理还远未达到和谐社会的要求。新型城乡一体化社会救助体系要真正建立起来，关键在于立足社区建设，巩固和扩大公民的参与网络，形成多元治理或者复合治理的格局，举社会全力营造"自助、他助、互助"的良好社会风尚，实现从社会排斥到社会融合的跨越。而在理论上，搞清与城市贫困紧密联系在一起的社会排斥的特征、构成和作用机制，提出消除社会排斥的针对性政策建议，将是研究者们应该下工夫进一步探讨的问题。

（原载俞可平主编：《中国地方政府创新案例研究报告 2003—2004》，北京：北京大学出版社 2006 年版）

区域卫生信息化
——厦门"市民健康信息系统"案例研究*

江 洋
（中央编译局比较政治与经济研究中心）

区域卫生信息化是指借助现代信息网络和通讯技术，构建区域卫生信息平台，实现区域内各种卫生信息系统的互联互通，从而实现卫生资源和信息资源的共享，以降低社会卫生服务成本，提高卫生服务质量，改善居民健康状况的综合信息工程。近年来，随着世界各国人口老龄化问题和慢性病问题的加剧，推进区域卫生信息化建设已经成为世界各国卫生改革的重要内容。我国医改也将建立实用共享的医药卫生信息系统、大力推进医药卫生信息化建设作为重要内容，提出"以推进公共卫生、医疗、医保、药品、财务监管信息化建设为着力点，整合资源，加强信息标准化和公共服务信息平台建设，逐步实现统一高效、互联互通"[1]。

---

* 本文是笔者于 2009 年 11 月 16 日—18 日在厦门进行实地调研的基础上写成的报告。报告的写作以笔者调研笔记为基础，同时参考了厦门市政府、厦门市卫生局等单位提供的其他文献资料、统计数据和权威媒体的相关报道。在此一并表示感谢。
1. 《中共中央国务院关于深化医药卫生体制改革的意见》，www.gov.cn，2009 年 4 月 8 日。

厦门市自 2004 年开始区域卫生信息化协同平台的规划，着手建设厦门"市民健康信息系统"，2006 年底，该项目被纳入国家"十一五"科技支撑计划项目"军民协同共建医疗服务示范工程·厦门示范区"。2008 年初，该系统正式投入使用，2009 年荣获第五届"中国地方政府创新奖"。本报告以厦门"市民健康信息系统"为研究对象，试图全景展示这一项目的诞生背景和主要目标，系统阐述其具体做法、创新之处和主要经验，客观分析其基本特点、初步成效和需要进一步思考的问题，以为进一步有效应对突发公共卫生事件，逐步缓解人民群众反响强烈的"看病难、看病贵"问题提供可供参考的思路和做法。

一、厦门"市民健康信息系统"的诞生背景和主要目标

（一）诞生背景

厦门"市民健康信息系统"是厦门市政府和厦门市卫生局积极回应时代对卫生系统发展的要求，顺应国际卫生信息化发展必然趋势的产物。具体来讲，厦门"市民健康信息系统"的诞生主要基于三方面原因：

1. 提高政府应对突发公共卫生事件能力的需要

随着社会主义市场经济体制的逐步建立和不断完善，我国市民逐步由"单位人"向"社会人"转变。然而，就政府管理部门而言，尽管可以及时统计并发布宏观经济运行状况、财政收支情况、社保基金使用情况等，却很难及时掌握居民的整体健康情况、就诊费用情况、疾病分布情况等。就居民个人而言，虽然有完整的户籍档案、人事档案、信用记录等，但居民个人健康信息却总是散落在家、办公室或存储在相应的医疗保健机构。2003 年 SARS 疫情的发生和蔓延，更是充分暴露了我国公共卫生信息系统存在的缺陷，疫

情报告、疾病监测时效性不强,卫生信息网络覆盖面不够大,缺乏国家统一的公共卫生信息平台,信息整合能力不强等。SARS疫情过后,我国卫生部门和全社会对于加强公共卫生体系建设的重要性形成新的共识。2003年9月,卫生部信息化领导小组办公室组织起草了《国家公共卫生信息系统建设方案(草案)》,提出国家公共卫生信息系统建设的总体目标是:"综合运用计算机技术、网络技术和通讯技术,构建覆盖各级卫生行政部门、疾病预防控制中心、卫生监督中心、各级各类医疗卫生机构的高效、快速、通畅的信息网络系统,网络触角延伸到城市社区和农村卫生室。"[1] 至此,进行区域卫生信息化建设,为居民建立统一的电子健康档案、全面实现区域医疗业务协同,实时掌控整体卫生状况,切实提高政府应对突发公共卫生事件的能力,已经成为卫生部门工作的重要目标之一。

2. 缓解"看病难、看病贵"难题的需要

近年来,随着社会主义市场经济体制的建立和发展,"看病难、看病贵"问题已经成为社会关注的焦点问题之一。一方面,我国医疗卫生资源配置不均衡,城乡之间、区域之间、大型医疗机构和基层医疗机构之间相差较大,居民出于对基层医疗机构的不信任,无论大病小病都要到大型医疗机构就诊,这种状况直接导致了基层医疗机构病源不足、大型医疗机构人满为患的局面。大型医疗机构不但挂号难,而且挂号时间长、缴费时间长、取药时间长、实际就诊时间短,"看病难"问题日益突出。另一方面,种种因素共同作用,如医院之间临床信息不共享,医学检验、医学影像检查不互认,传统医学影像耗材成本高、存放、查找、借阅难,病人病历、出院小结易遗失,部分职业道德较差的医务人员为了经济利益开大处方等,致使患者不得不做许多不必要的重复检查、重复化验,病人看病费用居高不下,"看病贵"问题日益严

---

1. 《国家公共卫生信息系统建设方案(草案)》,http://www.moh.gov.cn/open/tjxxzx/wstjxxgzjz/1200309270045.htm。

重,成为危及民生的首要问题之一。

3. 国际卫生信息化发展的必然趋势与厦门的良好基础

目前,区域卫生信息化建设已经成为世界各国关注的热点问题。英国、美国、加拿大、澳大利亚等一些国家先后投入巨资开展了国家和地方级的以电子健康档案和电子病历数据共享为核心的区域性卫生信息化建设。通过卫生信息共享来提高医疗服务效率、提高医疗服务质量、提高医疗服务可及性、降低医疗成本、以及降低医疗风险的作用已经得到充分验证,并被公认为未来卫生信息化建设的发展方向。[1]世界各国对于区域卫生信息化建设的各种探讨和建设实践,为我国基于健康档案的区域卫生信息化建设提供了可资借鉴的宝贵经验。

根据发达国家的经验,医院信息化发展一般将经历三个阶段。第一个阶段是建设以财务结算为中心的医院管理信息系统阶段,其目标是提高医院经济管理效率、降低医院运行成本;第二个阶段是建设以病人为中心、医疗为主线的临床信息系统阶段,其目标是提高医院医疗服务质量和提高医护人员的医疗服务能力和工作效率;第三个阶段是建设以临床信息共享为特征的区域或者集团信息系统的阶段,其目标是整合医疗信息资源,提升整体医疗水平和效率。[2]

截至2004年,厦门市传统的以具体业务为推动的医院信息系统已基本建立,具备了由"以收费为中心"的管理信息系统向"以病人为中心"的临床信息系统和以临床信息共享为特征的区域信息系统转变的基本条件。

(二)主要目标

在上述动因的共同驱动下,厦门市卫生局于2004年开始区域卫生信息化

---

1. 参见卫生部信息化工作领导小组办公室编:《基于健康档案的区域卫生信息平台建设指南(试行)》,2009年5月。
2. 《厦门市民健康信息系统区域 PACS/RIS 项目》,厦门市卫生局信息版,2007年2月18日。

协同平台的规划,着手建设基于居民个人健康档案的厦门"市民健康信息系统",旨在实现两个目标:

1. 以人为本,为居民建立个人终身健康档案

在时间域上,为居民建立包含从生命的孕育至生命的终结的整个生命周期的终身健康档案;在健康状态上,为居民建立包含从健康到疾病、再从疾病到康复的整个生命周期的全息化诊疗康复管理信息链;在空间域上,为居民建立不仅可在单个医疗卫生机构调阅,而且可以在厦门市整个行政管辖区域内以至在全国和全世界任何一个有互联网的地方查阅,包含从生命孕育至生命终结的完整健康信息的终身健康档案,实现健康信息无国界。

2. 实现区域内卫生信息的共享和区域协同

彻底打破医疗机构间长期以来形成的行政壁垒和业务壁垒,打破以往城乡之间因医疗卫生事业发展不均衡造成的医疗卫生机构的二元结构,以现代信息技术为支撑,对区域有限的卫生资源进行整合,实现区域内外各医疗卫生机构与相关部门的信息共享和业务协同。

二、厦门"市民健康信息系统"项目的具体做法、创新之处和主要经验

(一) 具体做法

厦门"市民健康信息系统"为全体市民建立健康档案,通过六个平台和一个中央数据中心,实现医疗卫生信息资源在厦门行政区域内的医疗卫生单位间的互联互通、共享调阅、业务协同,从而减少患者不必要的重复检查和检验,优化患者就诊流程,缓解群众"看病难、看病贵"等问题,加强医疗

卫生信息资源的管理和使用率，提高对突发公共卫生事件的应急处置能力，实现对医疗卫生机构实时的行为监控。

1. 为全体市民建立健康档案

厦门"市民健康信息系统"以社会保障卡（或市民健康卡）作为患者的唯一身份识别标识，通过卫生信息专网（VPN）为厦门市行政区域内的每一位居民（包含全体城市和农村居民）建立统一的电子健康档案，该档案包括从生命孕育到终结的整个过程及与该生命有关的所有健康信息。

2. 建立六个平台

第一，面向公众的开放服务平台。市民可通过该平台实现自我健康信息的查询和管理，及时进行自我保健，可通过网络、电话、短信等多种非现场方式进行预约挂号、健康咨询和诊疗查询，可通过网络、电话、短信等实时了解相关部门反馈的检查检验报告、体检结果和疾病预防提醒等。第二，面向医疗机构的数字化集成平台。实现医疗机构的数字化管理、业务协同，流程优化、患者健康信息调阅共享、与社区的双向转诊等。第三，面向妇幼保健的服务平台。以厦门市妇幼保健院为中心连接厦门市所有的妇幼保健机构，对全市孕产妇提供全程保健，对儿童提供全程计划免疫监管。第四，面向社区的服务平台。为全体市民提供全生命周期的健康服务和健康管理；为社区慢性病患者建立慢性病档案，并针对统计数据进行有效干预；为社区提供"六位一体"（医疗、预防、康复、健康管理、健康教育、计划生育）的服务及与综合性医院的双向转诊服务。第五，面向第三方的服务平台。为医疗机构和患者提供代理检验、代理检查等第三方服务，同时提供数据挖掘方面的增值服务。第六，面向政府的服务平台。为政府主管部门提供日常监控、疾病预警和决策支持等服务。

3. 建立一个中央数据中心

该中央数据中心支持存储患者临床就诊电子病历、体检信息、社区居民健康档案、妇幼保健信息、患者自我信息等，是实现医疗卫生信息资源互联互通和共享调阅的中心枢纽。[1]

（二）创新之处

厦门"市民健康信息系统"是我国医疗卫生领域的一次全新实践，不仅打破了建国60多年来各医疗卫生机构依照行政关系形成的区域和部门条块分割的格局，打破了长期以来不同类型不同等级医疗机构之间以本单位为中心形成的业务信息壁垒，打破了以往城乡之间因医疗卫生事业发展不均衡造成的质量差异和信息障碍，同时也为每一位市民构建了从人生起点到终点的全过程的终身健康信息链，构建了患者从健康到患病、再到康复的全过程诊疗康复信息链，构建了从社区（乡镇）、市、省、国家到国际的符合全球化和区域一体化潮流的网络医疗协同信息链，实现了真正意义上的区域协同医疗、终身健康管理和一体化、网络化的医疗服务。厦门"市民健康信息系统"具有其独特的创新性，具体表现在三个方面：

1. 理念创新——由以业务为本转向以人为本

传统的卫生信息化建设以业务为本推动系统建设，其结果是各专业信息系统互不相通，造成"信息孤岛"。厦门"市民健康信息系统"建设把着眼点从以业务系统建设为中心转向以居民健康为中心，围绕市民健康信息的产生、采集、加工、存储和使用来设计、建设系统，致力于为厦门市全体市民

---

1. 有兴趣的读者可参阅："中国地方政府创新奖申请表"，载厦门市人民政府主编"厦门市民健康信息系统"申报项目《中国地方政府创新奖申报材料》，2009年9月25日。

构建从人生孕育到终点、从健康到患病、再到康复的完整的终身电子健康档案和全程诊疗康复信息档案，真正体现了以人为本的建设理念。生成的市民健康信息档案所有权属于市民，只有市民自身才有权查看其健康档案和授权医生调阅、查看其健康档案、对个人健康信息进行权限设置、决定其信息对谁开放及开放程度等。居民在任何有互联网的地方都可以对自己的健康档案进行管理与利用，既实现了自我保健管理，也实现了真正意义上的区域协同医疗、终身健康管理、一体化网络医疗和健康信息无国界。

2. 就医模式创新——努力打造社区（镇卫生院）首诊、双向转诊的就医新模式

区域医疗资源未整合创新之前，厦门市面临着一方面三级医院人满为患、医疗资源无法满足人民群众的正常就医需求而另一方面社区医院、镇卫生院和军队卫生队等医疗资源门庭冷落、医疗卫生资源闲置的情况。为了妥善解决这一问题，厦门市以医疗重组、资源垂直整合为主，以加大财政投入、完善财政补偿政策为辅，努力打造社区（镇卫生院）首诊、双向转诊的就医新模式，实现医疗卫生资源利用最大化，提升全市整体医疗水平。

首先，以医疗重组、资源垂直整合为主，努力打造社区（镇卫生院）首诊、双向转诊的就医新模式。厦门市把三级医院与社区医院整合，把城市医院与农村医院整合，把军队三级医院与军队卫生队整合，努力实现医疗资源的垂直整合。具体做法如下：（1）对社区卫生服务中心（镇卫生院）的管理体制和运行机制进行改革，整合全市医疗资源。将社区卫生服务中心（镇卫生院）的基本医疗服务职能与公共卫生服务职能彻底分开，成立社区医院（镇卫生院）和社区卫生服务中心（镇卫生服务中心）两个独立机构。社区卫生服务中心（镇卫生院）原从事医疗服务的在编人员，编制划转到社区医院（镇卫生院），主要承担基本医疗服务职责，由所属的综合性三级医院实行人、财、物一体化管理；原从事公共卫生服务的在编人员、编制划归社区卫生服务中心（镇卫生服务中心）。社区医院（镇卫生院）所属综合性三级医院按照三级医院门诊部标准建设社区医院（镇卫生院），定期派医师到社区医院（镇卫生院）坐诊，为社区医院（镇卫生院）提供代理检验、检查、培训等服务。厦门市通过医疗资源的垂直整合，逐步形成了由综合性三级医院分区、分片延伸医疗服务，以综合性三级医院为骨干、与社区医疗机构、工业集中区医疗配套服务机构实行人、财、物管理一体化的"医疗服务集群"，带动了社区医疗服务和镇卫生院医疗服务的发展，提高了百姓对社区医院、镇卫生院的信任度，从体制上解决了社区、镇医疗资源匮乏的问题。（2）对军队医疗机构进行改革，把军队三级医院与军队卫生队整合，军队三级医院为军队卫生队提供培训、远程医疗指导等服务，提高军队卫生队医疗水平。

其次，以加大财政投入、完善财政补偿政策为辅，努力打造社区（镇卫生院）首诊、双向转诊的就医新模式。一方面，厦门市在推进医疗资源垂直整合的同时，对归入三级医院的社区医疗分支机构给予项目补助和基本支出补助，以确保整合社区医院（镇卫生院）的三级医院的积极性。项目补助包括基本建设补助和一次性开办费补助。基本建设补助主要用于满足新设立社区医疗机构（镇卫生医疗分支机构）必要的用房需求，一次性开办费补助主要用于按照三级医院门诊部的标准建设社区医院（镇卫生院），按标准配备诊疗、辅助检查等基本设备，补助标准为 100 万元。项目补助由市、区两级财政各按 50% 的比例承担。基本支出补助包括在编人员的基本工资、城镇职工社会保险费用、收费标准降低的减收部分（挂号费减免，医疗服务收费和药品加成率的减收部分）及离退休人员的离退休金。另一方面，厦门市政府出台一系列优惠政策，引导市民到社区医疗机构（镇医疗机构）首诊，试图逐步建立服务规范、运转高效的社区首诊（镇医疗机构首诊）、双向转诊制度，使患者的流向科学合理，有效分配和充分利用医疗资源，真正实现"小病不出社区，大病上大医院"的基本就医方式。例如，厦门市市民凭社会保障卡以及其他相关证件在社区医疗机构（镇医疗机构）门诊就诊，可享受免收挂号费，检查、检验、治疗费用执行一级医疗机构收费标准，社区基本药物目录范围内的药品零差价，其他药品实行优惠差率，医保个人首付比例优惠的优惠政策。与此同时，对需到上一级医疗机构进一步诊疗的患者，由社区医疗机构（镇医疗机构）负责联系进行转诊。病人在有效期内到上级医疗机构就诊，可享受免挂号费和预约专家门诊、预约住院等优惠服务。

3. 医疗服务模式创新——打造全新数字化市民健康信息系统和区域协同医疗服务模式

厦门市以现代信息技术为支撑，打造了全新数字化市民健康信息系统，实现了区域内居民的门诊、住院、体检、社区保健、妇幼保健等医疗保健信息在区域内医疗卫生保健机构间的共享，这在国内外均属首创。对于当地市民来说，只要手持"社会保障卡"而不必携带病历便可到各大医院看病；如果授权医生查阅自身健康档案，就可避免医生重复检查和重复开药，降低就医费用；可以随时查阅检查结果，减少就诊时间。对于医疗卫生机构来说，只需患者授权，便可通过"社会保障卡"实时调阅患者以往的就诊信息，及时掌握患者病史和诊疗的整体情况，借鉴其他同仁的经验，减少误诊或误治，提高医疗服务质量。对于政府来说，通过检查、检验信息的共享，大大提高了卫生资源的使用效率，在降低医疗支出的同时减少了政府和医疗机构对大型设备重复投资造成的浪费；可以通过市民健康信息系统实时收集全市医疗保健机构有关信息，及时了解全市医疗卫生状况，提高应对突发公共卫生事件的能力；可以随时监控大处方、大额病历及不合理用药等各类异常情况，加大对医疗机构医疗行为的监管力度。对于第三方服务机构来说，代理检查检验为第三方服务机构提供了就业机会、创造了商业机会；市民健康信息系统提供的强大数据，为第三方服务机构（科研、药品厂商、保险机构等）提供了科学决策的依据。

市民健康信息系统促成了区域协同医疗服务模式，使市民在社区医院便可享受到三级甲等医院的服务，看病更为方便快捷。首先，三级医院会定期派医生到社区医院坐诊，使患者在社区医院（镇卫生院）用一级医院的医疗费用，享受三级医院的服务。其次，市民健康信息系统的建成使代理检验、检查等成为可能，市民可以在社区医院（镇卫生院）做抽血化验，由社区医院委托第三方送至所属三级医院进行代理检验、检查，通过市民健康信息系统实时了解检验、检查结果。区域协同医疗平台的建立不仅可以使三级医院的医疗资源（如专家资源、设备资源等）得到充分利用，而且改变了医疗资源投入与配置不合理不平衡的状况，节约了政府和医疗机构的投入。再次，社区医院和三级医院可数据共享、双向转诊。社区医院患者如需转往三级医院，社区医生可通过市民健康信息系统把患者诊疗信息实时提交到区域卫生信息数据集成平台，系统向所有医院开放此信息，以确保被转诊患者自由选择就诊医院的权利。患者到三级医院后，医院系统自动从区域卫生信息数据集成平台读取患者的社区诊疗信息，进行自动挂号或者办理入院手续等操作。

（三）主要经验

厦门"市民健康信息系统"之所以能够成功实施，并在我国开区域卫生信息化之先河，源于两点经验：

1. 强有力的行政执行力是推进区域医疗资源整合的根本保证

该项目于 2007 年和 2009 年两次被厦门市委、市政府列为"为民办实事"项目。"以民为本"和"以病人为中心"的执政理念是厦门市能够利用行政垂直管理力量打破行政壁垒，最终推进完成区域医疗资源整合的根本保证。

区域卫生信息化建设的初衷是实现信息资源的共享。区域卫生信息化建设的特殊性决定了只有政府亲自挂帅，运用强有力的行政执行力，才能够保证区域卫生信息化建设的顺利进行。首先，打破行政壁垒是实现区域卫生信息化的关键。受传统行政、管理体制等因素的影响，各医疗机构分属不同的部门管辖，行政壁垒严重。与此同时，由于卫生信息资源涉及大量的商业信息，牵涉巨大的经济利益，因此，打破行政壁垒难度很大。在这种情况下，只有政府亲自挂帅，才能够打破行政壁垒，从而实现信息资源的采集及对区域卫生信息资源的统一规划。其次，协调工作是区域卫生信息化建设的重中之重。区域卫生信息化建设涉及建设流程设计、系统规划设计、网络建设、软硬件建设、医疗卫生机构系统改造、人员培训、普及宣传等一系列工作，没有足够的组织资源很难进行有效的协调、沟通和实施。政府的行政执行力是区域卫生信息化建设顺利实施的根本保证。再次，区域卫生信息化建设投入大、周期长、公益性强（不仅与经济效益有关，而且与社会效益和政治效益有关），与此同时，往往还涉及个人隐私及法律层面的种种问题，这些因素决定了区域卫生信息化建设的责任主体只能是政府。最后，区域卫生信息化项目的建成并投入使用，将改进卫生行政管理机构的管理模式，约束医疗卫生机构及医护人员的不规范行为，将医护人员的行为置于政府和百姓的监督之下，实施之初难免会遇到医院方面的阻力。只有在政府的引导和行政管理干预下进行组织协调才能确保医疗卫生机构主动接受居民或政府的监督。

2. 总体规划，分步实施，是厦门"市民健康信息系统"成功实施的技术保证

"市民健康信息系统"形成之初，厦门市政府便在充分调研的基础上进行了总体规划，确立了以人为本、以居民健康为中心的基本原则，确立了实现卫生部门信息化、整合化的总体目标。之后几年，按照顶层规划、分步实施、先易后难、逐步整合、不断完善的实施原则，"市民健康信息系统"经历了五期建设工程，逐步走向完善。

第一期（2005—2006 年）：统一电子身份识别，完善基础信息建设；规划设计市民健康档案结构，建立市民健康档案测试平台（包括部分医院、部分社区服务中心及其他医疗机构）。

第二期（2006—2007 年）：正式建立市民健康档案平台，并进一步推广应用，尽可能加入所有的医院、社区服务中心及其他医疗机构，实现集中管理与索引，提供健康档案的查询和访问服务。

第三期（2007—2008 年）：升级市民健康档案结构为电子病历平台，加入更丰富的信息，使之能够满足医疗、管理的需求。

第四期（2008—2009 年）：完善市民健康信息系统结构，优化软件流程。

第五期（2009—2010 年）：在前期建设的基础上，结合新医改方案要求，进一步完善系统方案的总体设计，提升系统质量。[1]

三、厦门"市民健康信息系统"的基本特点、初步成效和需进一步思考的问题

（一）基本特点

厦门"市民健康信息系统"具有三个突出特点：

1. 惠及面广，多方共赢

该项目是一项百姓、医院、政府多方共赢的项目。首先，对居民来说，通过医疗保健信息共享，就医无须携带以前的有关纸质记录，方便了就诊，也避免了重复检查和重复开药，降低了就医费用。与此同时，就医更加容易、方便、快捷。网上预约、电话预约、短信预约使就诊更加容易，挂号、就医等候的时间大大缩短。其次，对医疗卫生机构来说，通过医疗保健信息共享，只需患者授权，医护人员便可实时调阅患者信息，及时了解患者病史和诊疗

---

[1]《厦门市财政性投资信息化项目建设方案·厦门市民健康信息系统》，厦门市信息产业局，2009 年 7 月。

的整体情况，减少误诊和误治；医疗资源整合有效提高了社区医院和镇卫生院的就诊人数，分流了三级医院的医疗压力。再次，对政府来说，通过医疗保健信息共享，尤其是检查、检验信息的共享，提高了卫生资源的使用效率，降低了政府和医疗机构对大型设备重复投资造成的浪费；提高了政府对医疗机构和公共卫生情况的监管能力；创造了就业机会和商业机会，催生了更多的第三方服务机构；有效提升了政府形象，提高了政府威望。

2. 先进性和节约性并存

目前，卫生信息化已经成为世界众多发达国家和地区的重要战略方向，众多发达国家和地区不惜重金建设本国的卫生信息化网络。

美国前总统布什在2004年众议院的年度国情咨文中专门强调医院信息系统建设，要求在10年内确保绝大多数美国人拥有共享的电子健康记录。2009年，新一届奥巴马政府提出在未来5年投入500亿美元用于医疗卫生信息化建设，先期投资200亿美元用于发展电子健康档案信息技术系统。目前，美国印第安纳州卫生信息交换系统是美国仅有的几个能够提供慢性病和预防性健康服务的卫生信息交换系统之一。

加拿大联邦政府于2000年9月注资成立了名为Infoway的非营利性机构以促进卫生信息网络的建设。自2002年起，Infoway投资12亿加元开发区域卫生信息共享基础架构，推动地方卫生信息化，计划于2009年为50%的加拿大人口建立电子健康档案，于2020年覆盖全国。2007年，Infoway出版了《电子健康档案蓝图》一书，这是加拿大政府为实现上述目标所制定的纲领性文件和路线图，连同它的构件库成为Infoway集大量人力、物力、财力奋战8年后产生的最重要的产品。

英国政府于2003年底到2004年陆续与多家跨国卫生信息化巨头签署了为期10年、总金额逾60亿英镑的合同，拟搭建一个全国性的卫生信息网，从而实现患者可以选择并预定医院服务、获取自身的电子病历档案并办理出院手续等；医生可以实现包括电子病历、网上预约、电子处方、医学影像共享及远程医疗咨询等。目前，该全国性卫生信息网已经取得阶段性成果，成为欧洲国家级卫生信息化建设的典型代表。

日本政府于 2001 年投入 200 亿日元资助电子病历系统的安装实施，2003 年投入 250 亿日元资助区域化电子病历的实施，2004 年投入 15 亿日元支持电子病历基本数据集等标准化活动，2006 年投入 8800 万日元对拟在全国推广的静冈县电子病历系统进行升级并免费在全国推广。截至 2004 年，日本 12% 的 400 张床以上的医院和 3% 的诊所已经实现了无纸化的电子病历。这是世界上应用比例最高的国家。[1]

与其他发达国家相比，厦门"市民健康信息系统"先进性和节约性并存的特点尤为突出。厦门"市民健康信息系统"不但已经付诸实施，且已经覆盖全市 95% 以上的医疗卫生机构，并为厦门市一半以上的常住人口建立了个人健康档案（约 130 万份）。与此同时，截至 2009 年 11 月，厦门"市民健康信息系统"耗资仅为 3300 万人民币。[2]

3. 可持续性和可推广性强

首先，从身份识别和系统开放性两方面来讲，厦门"市民健康信息系统"具有很强的可持续性。一方面，厦门"市民健康信息系统"以社会保障卡作为唯一的身份识别标志，社会保障卡具有唯一性，不仅在厦门市范围内能唯一标识个人身份，而且加上厦门市的识别码在全国范围内也能唯一标识个人身份，与此同时加上中国的识别码又可在全球范围内唯一标识个人身份。另一方面，厦门"市民健康信息系统"建设之初就考虑到了系统的可持续性及

---

1. 对国外卫生信息化建设感兴趣的读者可参见卫生部信息化工作领导小组办公室编：《基于健康档案的区域卫生信息平台建设指南（试行）》，2009 年 5 月；黄如欣主编：《区域卫生信息化建设实践》，北京：人民卫生出版社 2009 年版，第 6—10 页。
2. 引自江洋 2009 年 11 月赴厦门考察评估该项目时的调研笔记，江洋调研笔记 2009—11—17。

将来与其他信息系统的对接问题,因此系统设计之初就充分考虑到了其开放性、可扩展、可升级、可与新的业务子系统无缝或很好对接的问题。

其次,厦门"市民健康信息系统"具有很强的可推广性,在打破医疗机构间行政壁垒的情况下,地方政府只需视自身能力购买与健康系统匹配的相应软件(注:厦门"市民健康信息系统"软件可免费提供给其他地方政府[1])便可移植厦门"市民健康信息系统",免除了重复开发、试验、探索和改进的过程。

(二)初步成效

厦门"市民健康信息系统"在实践中取得了良好效果。

1. 实现了为全体市民建立终身健康档案

厦门"市民健康信息系统"为厦门市行政区域内全体居民构建了从人生孕育到终点的完整的电子健康档案,突破了行政管辖区域和不同医疗卫生单位的限制,确保了居民在任何有互联网的地方都可以对自己的健康档案进行管理和利用,实现自我保健管理和终身健康管理。

2. 解决了"看病难"问题

首先,优化医疗资源配置,有力解决"看病难"中的资源供给不足问题。厦门市采取了医疗资源总量扩大、质量提升、存量盘活的总体思路,优化医疗资源配置。总量扩大:厦门市按照"海西一流、国内先进、与国际接轨"的标准,重点建设了厦门市第一医院、厦门大学附属中山医院、厦门市中医

---

1. 引自江洋 2009 年 11 月赴厦门考察评估该项目时的调研笔记,江洋调研笔记 2009—11—17。

院等重点医院,进一步提高了几家医院的规模效应和综合服务能力;加强了市妇幼保健院等重点公立专科医院的建设;以高等医学院校附属医院和三级甲等综合医院标准新建了五缘医院和翔安医院,引入了极具竞争力的台湾长庚医院。质量提升:由于"市民健康信息系统"的成功应用,医生询问患者病史的时间明显减少,单位时间诊治患者增多,使医疗资源供给质量得到有效提升。存量盘活:通过三级医院对社区医院(镇卫生院)的垂直兼并和将医疗资源发达的岛内闲置三级医疗资源搬到医疗资源相对不发达的岛外,盘活了社区医院和原闲置的三级医疗资源,进一步优化了医疗卫生资源的配置。

其次,杜绝"倒号"难题,有效去除"看病难"中的附加环节。由于厦门"市民健康信息系统"以"社会保障卡"为唯一身份标识进行预约挂号,因此倒号行为在一定程度上被有效杜绝,居民到三级医院看病挂号难的现象得到有效缓解。

再次,挂号方式多样,就诊流程优化,有效解决"看病难"中的医患对接问题。除传统的排队挂号外,厦门市民还可利用"市民健康信息系统",通过网络、手机、短信、电话等多种方式预约专家,极大地提升了挂号成功率;通过实现社区首诊、代理检验检查,向社区分流了部分病症较轻的就诊人员,实现了分层诊疗,使就诊流程更为优化,有效解决了"看病难"中的医患对接问题。

3. 解决了"看病贵"问题

小病患者可以到社区医院就诊,用一级医疗机构的医疗费用享受三级医疗机构的医疗服务(如在社区医院以及医疗机构的医疗费用享受三级医院的高端设备和高技术检查服务);诊疗结果共享节约了患者重复检查、重复拍片的费用;卫生监管部门通过系统对"大处方"的监控,有效抑制了过度医疗问题。诱发"看病贵"问题的众多因素得到有效遏制。

4. 提升了医疗服务质量,完善了医疗行为监管

通过全市就诊一卡通系统(社会保障卡或健康卡),在病人对医生授权的

前提下，医生便可以在线及跨机构调阅该病人以往的就诊记录，便于医生掌握病人病史和诊疗的整体情况，减少了误诊或误治的概率。同时医生也可以了解到其他医疗机构对该病人的诊疗情况，辅助医生借鉴其他同仁的经验，帮助提高诊疗水平。另外，由于实现了信息共享，在一定程度上起到了同行监督的作用，进一步完善了医疗监管机制。

5. 政府对医疗机构的监管能力和对突发公共卫生事件的应急处理能力显著提高

政府可通过系统自动生成的全市医院门诊量、处方大小、疾病种类等信息对医疗机构进行有效监管，对就诊人群疾病频率变化等进行分析，有效预警传染病等公共卫生事件，对突发公共卫生事件应急处理能力显著提高。

6. 经济、社会效益显著提高

系统的预约功能和信息共享功能极大地缩短了患者就医等待时间和医生诊疗时间，避免了重复检查、重复拍片造成的资源浪费，据统计，2008年仅诊疗结果共享一项节约重复检查、拍片、冲洗、打印等费用约2100万元[1]；区域医疗资源整合使每一个医疗机构的医疗能力都得到了充分的发挥；建立和广泛使用居民电子健康档案，不仅为区域共享医疗保健信息、提高居民健康水平提供了宝贵的信息服务，同时也为政府卫生管理部门提供了及时高效的监管和决策信息服务。

（三）需进一步思考的问题

厦门"市民健康信息系统"项目引起了社会各界和各级领导的广泛关注，

---

1. 《厦门启用市民健康信息系统　市民和多家医院实现医疗资源和信息共享》，人民网，2009年2月28日。

得到了温家宝总理、李克强总理（时任副总理）、刘延东副总理（时任国务委员）等领导的批示；《人民日报》、《光明日报》、《经济日报》、《科技日报》、中央电视台《新闻联播》、《焦点访谈》、《军事新闻》、中央人民广播电台、人民网、新华网等国内权威媒体对其进行了深度报道；财政部、卫生部、科技部等部委领导，昆山市、乌海市、都江堰市等市领导，河南省卫生厅、福建省卫生厅、福建省数字办、成都市卫生局、广东省卫生信息中心、广州市卫生信息中心等相关单位负责同志，先后到厦门考察调研。

但与此同时，与所有的创新项目一样，厦门"市民健康信息系统"在实践中也遇到了一些需要进一步思考和探讨的相关问题，这些问题的解决已经超出了卫生信息系统的一己之力，呼唤其他相关领域政策、法律的及时出台与厘清。

1. 电子签章的合法性问题

随着网络信息技术在医疗卫生行业的广泛运用，电子病历、电子处方、电子申请、电子报告等在全国许多医院已经开始应用，但电子签章的合法性问题一直是一个存在争议的问题。尽管我国于2004年颁布了《电子签名法》，2005年4月1日起正式实施，但是由于医疗行为具有特殊性，因此在医疗卫生领域，《电子签名法》实际上无法具体应用，医务人员诊疗过程中的电子签名的法律性质、法律效力仍不明确。针对这种情况，目前全国各地区、各医院采取了不同的做法。有的医院严格依照现有法规制度办理，坚持不用计算机承担上述工作，因而影响了现代化进程；有的医院为了既不违法又能应用计算机技术，采取了计算机录入和手写处方同时进行的办法，结果费时费力，遭到医务人员的反对；有的则相反，完全采取电子签名的办法，结果是尽管应用效果很好，但是由于信息化进程过快，在出现意料外纠纷时往往得不到法律的保护。目前多数医院则采取两者兼顾的方法，即医院内部采用电子签名运行、对外发出的文书则采取打印后手写签名的办法，电子病历则普遍采取病人出院后打印一份签名后归档的办法。因此,为了进一步推动区域卫生信息化的发展,医疗卫生系统电子签章的合法性问题需要相关法律进一步厘清。

2. 隐私保护的相关法律后果问题

现行体制下出于对居民隐私的尊重,厦门"市民健康信息系统"将隐私设定与居民健康档案的开放程度等相关权利交给了居民个人,因此可能出现居民因刻意隐瞒某种健康问题而误导医生诊疗活动,进而影响健康信息区域共享和医疗保健业务的正常开展的情况。一旦出现这种情况,相关的法律后果由谁承担,是区域卫生信息化提出的新的法律问题。据悉,即将迎来首次修改的《中华人民共和国消费者权益保护法》,在其征求意见稿中有这样一条条款,即"患者如果刻意向医生隐瞒病情,误导医生诊疗活动,则需承担相应的法律后果"。但最终出台的这项法律修正案能否包含这一条款还需拭目以待。

3. 远程医疗行为的责任归属问题

尽管厦门"市民健康信息系统"实现了远程医疗,但远程医疗行为的责任归属问题仍需进一步厘清。目前的通常做法是,远程医疗活动中远端医疗专家所作出的各种诊疗建议均属建议性质。至于远端专家的意见或建议是否被采纳,则属于近端专家的责任范围,与此相对应,采纳后的医疗行为的法律责任亦由近端医疗机构和当事医务人员承担。但这仅是权宜之计,远程医疗行为的责任归属问题还需相关法律规范进一步明确。

4. 经济利益的分配问题

区域卫生信息化的关键阻力就在于经济利益的分配问题。尽管区域卫生信息化将使医疗资源共享成为现实,可起到盘活现有医疗资源的积极作用,但是对于跨地区、跨部门、跨行业、跨系统的医疗机构来说，检查费、检验费由谁来收、如何分配等问题，是摆在这些机构面前的一个十分现实的重要问题。尤其是对于最后接诊的医疗机构来说，其检查检验收入可能会大幅下降，如何提高这一环节的医疗机构接诊的积极性，是推进区域卫生信息化过程中不得不思考的问题。[1] 另一方面，区域内居民检查检验结果共享固然能节省居民的费用支出，但医疗机构整体被减少的那部分检查和治疗收入如何弥补，在社会主义市场经济条件下如何确保医疗机构的正常运营及其积极性，也是值得进一步思考的问题。因此如何打破原有的经济壁垒，使经济利益在医疗机构间合理分配，如何在降低居民医疗支出费用的同时确保医疗机构的正常运营及其积极性，是一个地区或一个国家在推进区域卫生信息化过程中需要思考的首要问题和难点问题。

（原载俞可平主编：《中国地方政府创新案例研究报告2009—2010》，北京：北京大学出版社2010年版）

---

1. 在厦门，由于市政府及时采取强力措施，从体制和机制上进行了重大改革，对医疗卫生资源进行了重大重组，取消一二级医院，将社区医院分配捆绑给三甲医院，因此这一问题还不突出。

规范地方政府公共支出的治理变革
——南宁市实施"政府采购"的个案研究

陈家刚

（中央编译局比较政治与经济研究中心）

"政府采购"也称为公共采购，它指的是各级国家机关、事业单位和群团组织，使用财政性资金采购依法制定的集中采购目录以内的或者采购限额标准以上的货物、工程和服务的行为。[1] 相对于个人、家庭、企业和团体采购而言，政府采购具有以下特征：（1）资金来源的公共性，采购资金来源于国家或地方财政收入，是纳税人的钱；（2）采购主体的特定性，采购者是依靠财政开支的行政机关、事业单位或其他社会团体；（3）采购活动的非商业性，采购不以赢利为目的，只是为了消费；（4）采购对象的广泛性，采购没有体积与数量的限制，它主要涉及货物、工程、服务三个领域，等等。

政府采购制度最早形成于18世纪末的西方资本主义国家，其目的在于对政府采购行为进行法制化管理。美国在1761年颁布了《联邦采购法》、英国

---

1. 《中华人民共和国政府采购法》2002年6月29日第九届全国人民代表大会常务委员会第二十八次会议通过，2003年1月1日实施。

在 1782 年设立了专门采购政府办公用品的文具公用局,并对政府采购管理立法。我国政府采购的实践开始于 20 世纪 90 年代的试点运作,北京、上海、广州、深圳、广西和珠海等地相继开始了政府采购的尝试,并取得了相当的成效,政府采购制度逐步形成和完善。[1] 在各地的政府采购实践中,1998 年开始的广西南宁市政府采购实践比较完整、系统地反映了我国公共财政支出管理的治理变迁与创新。

一、南宁市建立政府采购制度的缘起

1996 年,原财政部部长刘仲藜在全国财政工作会议上提出"试行政府采购制度"。经过比较充分的准备,深圳、河北、上海、重庆等地开始试行政府采购制[2]。经过几年的实践,我国的政府采购工作取得了相当的成效。最明显的就是节约了财政支出,缓解了财政收支的紧张,有效遏制了传统采购制度不规范所引起的权钱交易等腐败现象。随后,政府采购制度开始在全国较大范围内施行。南宁市也于 1998 年开始了政府采购的实践。

南宁市实行政府采购制度既有宏观的背景,也存在着地方层面的诱致因素。从大的方面讲,实行政府采购是与世界经济的融合及本国经济结构紧密结合在一起的;而地方因素则主要集中于如何有效地实施政府公共财政支出的管理方面。

首先,南宁市实行政府采购制度是我国经济结构调整,适应世界经济发展,融入世界经济的战略组成部分。20 世纪 70 年代末,政府采购制度延伸到国际贸易领域,《政府采购协议》(Agreement on Government Procurement,

---

1. 中国的政府采购已逐渐走向规范。2003 年 1 月 1 日正式实施《中华人民共和国政府采购法》;2001 年实施政府采购节约财政资金 78 亿元;2003 年政府采购规模将达到 1500 亿,各级国家机关、事业单位和团体组织将全面推行政府采购。
2. 刘宏:《政府采购制:一道亮丽的风景》,载《四川统一战线》,1998 年第 9 期。

GPA）已成为各国加入世界贸易组织必须签署的文件之一。在我国成功加入世界贸易组织之后，实施政府采购制度既必要也紧迫。经济发展的客观要求推动南宁市政府必须在财政收支管理上创新制度安排。

其次，市场经济的进一步发展也要求实行政府采购。传统的控购办法已经远远不能适应市场经济的客观要求，财政支出的分散使用为地区封锁、行业垄断提供了便利，造成大量不平等竞争。出于自身利益的考虑，一些地方政府和部门往往迫使支出单位购买本地区、本部门的商品和劳务，而对商品和劳务的质量很少考虑。这不仅使公共产品和服务的有效提供受到很大影响，还严重阻碍了全国统一大市场的形成和发展，限制了市场配置资源的基础性作用的发挥。通过政府采购既可以调节社会供求总量，实现社会总供求平衡，也可以在一定程度上调节产业结构和产品结构，还有利于保护民族工业，通过公开竞争的方式形成对民族工业的压力，促使其不断改进技术和加强管理，提高公平竞争能力。要建立社会主义市场经济体制，必须从实际出发，处理好政府与企业之间的关系，利用政府采购这一财政杠杆调节经济、促进企业发展，不再通过拨款、政策等行政手段干预或支持企业，真正实现市场经济的运作。

再次，实施政府采购可以节约财政支出，缓解财政紧张状况。在南宁，长期以来是按照计划经济体制的财政模式来运用政府财政资金的，没有形成一种统一的采购制度。因此，在相当程度上无法对政府财政支出的具体使用情况进行有效的管理，进而导致了一系列严重问题，如财政资金的分配与使用相脱节，难以实现财政资金由价值形态向实物形态的延伸管理等。政府财政依然是"吃饭"财政，发展事业与建设的资金非常紧张。[1] 政府采购要求以公开招标、公平竞争的方式购买货物、工程与服务，可以大幅度节

---

1. 政府采购管理处吉海宁处长：南宁市年财政收入 38 亿元左右，而政府的财政支出则会达到 50—60 亿，资金缺口很大。2002 年 10 月 29 日座谈会。

约财政支出，减少资金流通环节，提高资金使用效率，强化财政监督。据相关统计资料，政府采购规模一般占 GDP 的 5%—10%，节约率大约为 10%。1997 年南宁市 GDP 为 230 亿元，按照 10% 节约率来计算，在 23 亿政府采购支出中可以节省 2 亿元，占南宁市地方财政收入的近 1/5。[1] 因此，实行政府采购也是很紧迫的。

另外，消除财政资金使用的随意性所导致的权钱交易等腐败现象是实行政府采购的另一个关键性原因。由于财政资金使用是各单位分散的、自主的，采购过程不公开、不透明、随意性强，这就滋生了许多腐败现象。[2] 采购环节的权钱交易如"回扣"与"让利"等腐败现象严重影响了政府形象。1998 年初，南宁市政府采购管理处与南宁晚报、南宁早报联合对南宁市市场进行暗访，采购环节腐败现象惊人：在市内及市郊的数家加油站，电脑、复印机等办公用品销售点，汽车维修厂等地，汽车加 10 升的油可以开 30 升的发票；购买一台夏普复印机可以拿 3000 元的回扣；买一台电脑可以获得 2000 元的商场购物券；如果定点汽车维修可以获得更多的好处。

在计划经济体制向市场经济体制转轨过程中，南宁市一些政府部门在市场采购中吃回扣的风气滋长很快。广西自治区纪律检查委员会、广西自治区监察厅的一份调查报告显示，1997 年南宁市因吃回扣受贿被查处的党员干部已多达 345 人，比 1996 年增长 34.78%。因为吃回扣，政府官员蓄意加大采购开支，增加财政负担，从而使全市财政陷入困境。这样的方式很容易滋生腐败。政府行为不规范、不透明，容易出现幕后交易和腐败行为；政府花钱效益低，浪费很大；纵容企业的低效率经营。因此，"为了很好地克服这些弊端，切实加强财政支出管理，增加政府采购环节的透明度，杜绝过去公务分散采购中存在的'吃回扣'等损公肥私行为，有效抑制各种腐败现象，使政

---

1. 和立强：《政府采购任重道远》，载《政府采购》，1998 年第 1 期。
2. 在调研中，南宁市财政部门的官员反映，因为没有制度性的规范，财政支出管理很混乱，权钱交易的腐败现象也很严重。"政府采购"项目发起者座谈会，2001 年 8 月 28 日。

府花更少的钱办更多的事，必须实施政府采购制度"。[1]

二、南宁市政府采购制度的内容

为了走出财政支出管理的困境，有效遏制腐败现象，平息群众对政府部门及其工作人员吃回扣的强烈不满，南宁市政府根据中央关于要建立公开、公正、公平竞争制度的要求，借鉴国外近200年的政府采购经验，于1998年对各个部门自行开展的采购活动进行大胆改革，在全市范围内推出了由政府统一管理的公开采购制度。

（一）制度导入

与其他地方政府通过归纳政府实践活动而开启制度创新不同的是，南宁市政府采购制度一开始就把制度建设摆在了各项工作的首位，力图以制度创新带动政府实践。在南宁市实行政府采购制度的创新性实践中，制度很多时候是以政府令、办法、规定和措施等比较规范的形式表现出来的，制度规定了政府采购活动的基本方向和内容。

为了规范政府采购行为，建立健全政府采购机制，南宁市从本地实际情况出发，认真研究了国外的政府采购制度，借鉴外地经验，制定了一系列政府采购政策、法规。如，1998年4月23日，南宁市政府颁布了《南宁市政府采购实施办法（试行）》和《南宁市政府采购制度实施细则》，成立了政府采购管理机构，开始施行政府采购制度。1998年5月12日，南宁市政府《关于对市级行政事业单位公务用车及专项设备实行公开招标采购的通知》出台，要求对各单位用财政性资金购买的公务用车及专项设备等，采取统一向社会

---

[1]. 林国强：《政府采购，大势所趋》，载《政府采购》，1998年第1期。

公开招标的方式购买。1998 年 10 月 21 日，南宁市政府采购管理处发出了《南宁市行政事业单位实行办公设备定点采购的通知》，通过向社会公开进行办公设备采购定点招标，确定了 21 家办公设备定点商家；从 1998 年 10 月 18 日至 1999 年 5 月 18 日，各单位按规定购置列入政府采购范围的办公设备，均凭政府采购管理处签发的"采购证"到任一采购定点单位自行采购；1999 年 1 月 4 日，南宁市政府采购管理处发出《关于对南宁市级行政事业单位实行公务用车定点采购的通知》，确定了广西区机电设备总公司等 7 家公务用车定点商家；从 1999 年 1 月 1 日到 1999 年 12 月 31 日，各单位按规定购置列入政府采购范围的公务用车，均凭采购管理处签发的"采购证"到任一采购定点购买。1999 年 6 月 8 日，南宁市政府采购管理处发布了《南宁市政府采购"网上竞价采购"管理暂行办法》，通过互联网发布招标采购信息，接收供应商投标电子邮件，网上定价，网上公布中标供应商和中标价格。2000 年 1 月 12 日，南宁市政府发布第 33 号政府令，开始实施《南宁市政府采购管理办法》，规定南宁市的党政机关、人大、政协、公检法机关及其他事业单位或者其他社会组织（采购单位）使用财政性资金采购工程、货物或者服务时，应当遵循公开、公平、公正和效益优先的原则。在同等质量情况下，应优先购买价格低的工程、货物或者接受费用低的服务。2002 年 3 月 12 日，南宁市财政局印发了《南宁市政府采购资金财政直接拨付管理暂行办法》和《南宁市政府采购管理程序规定》，对政府采购资金实行财政直接拨付，统一管理，统一核算，专款专用。同时，对政府采购管理程序作了相应规定，内容包括采购申请、集中审批、编制采购计划、资金汇集、实施采购、支付申请、支付等。[1]

南宁市政府制定的各项政策、法规并没有局限于某个特定的阶段，而是具有很强的连续性，制度建设推动了政府采购活动，在政府采购活动过程中，

---

1. 资料来源：南宁市政府采购管理处。

制度建设也在不断地完善和发展，制度创新表现出很大的持续性。这些规章、制度对政府采购的范围、原则、管理机构、管理模式、采购方式、招投标和履约验收、采购资金的拨付，以及采购监督检查等问题作了明确的规定，并对中介机构准入政府采购市场的条件、程序也作了原则性规定，为南宁市全面推开政府采购工作，使之不断走上规范化、法制化的管理轨道提供了有力的保障。

首先，政府采购应该遵循的原则是"公开、公平、公正和效益优先"，在同等质量情况下，应优先购买价格低的工程、货物或接受费用低的服务。

其次，南宁市政府采购只限于行政事业单位用财政性资金（包括预算安排资金、预算外资金、单位事业收入等）支出的采购，其范围主要集中在：基础设施和公共工程建设；办公设备、通讯工具、交通工具以及构成固定资产的专用设备、房产和使用较多、规格一致的低值消耗品等；为开展公务而发生的大额、大宗、批量性的财政公共消费行为及部分可以利用市场竞争开展的业务。

再次，政府采购采用招标采购和非招标采购两种方式，达到财政部门规定金额以上的采购项目，一律采用招标采购方式；不足规定金额的采购项目，可以采用非招标采购方式。前者分为公开招标采购、邀请招标采购和定点采购。后者则主要有：询价采购、竞争性谈判采购、单一来源采购；采购金额在一定数额以下的项目，采用批量采购、小额采购等方式。[1]

（二）机构保证

南宁市实行政府采购之初，就建立了政府采购的管理机构、执行机构，从而保证了政府采购活动的健康运行。1998年5月9日成立了政府采购管理

---

[1]. 南宁市政府第33号政府令：《南宁市政府采购管理办法》，2000年1月12日。

委员会，作为政府采购的管理机构。由市长任主任，成员包括政府办、财政、物价、监察、审计、国资、预算外资金管理等部门的领导。[1]

南宁市政府采购委员会下设立政府采购管理处，作为采购委员会的日常办事机构。政府采购管理处由策划与信息咨询部、招标采购部和综合部构成，编制20人，实际有13人，代表政府对纳入采购范围的商品和劳务进行对外采购联络、管理与监督。其主要职能是：（1）具体执行政府制定的采购政策和法规，保证政府部门及所属单位对采购的正常要求。（2）具体负责政府部门及其所属单位纳入采购范围的物品、工程及劳务的公开招标投标工作，确保采购过程的公正和透明度。（3）收集采购供求信息，建立南宁市政府采购管理信息库，广泛宣传政府采购信息，提供政府咨询，增加竞争性。（4）负责采购预算的编制、采购款项的支付和采购统计分析。（5）负责供应商资格标准的制定与审查。（6）对政府采购事务全过程进行监督管理，协调解决存在的问题。协调与财政、控购办、纪检、监察、物价、公证、技术监督部门及有关行业部门的联系。[2] 在政府采购活动中，采购管理处的地位和职能是充当管理者和裁判员，而不是代替申购单位去采购，只能为商家和申购单位提供高效、无偿的服务。

（三）实践活动

1998年6月，南宁市政府举办了首次政府采购招标会，政府采购制度正式启动。在这次政府采购招标会上，共采购公务用车及办公用品927.5万元，比各行业行政事业单位按市场价报来的资金总额节约120.5万元，节约率为11.39%。到2000年底，通过公开招标、邀请招标、谈判采购、询价采购、

---

1. 《南宁市市人民政府办公室关于成立市政府采购委员会的通知》（南府办〔1998〕67号），1998年5月9日。
2. 同上。

定点采购和网上采购等方式，南宁市实际完成采购金额达 16507 万元，节约资金 2650 万元，资金节约率达到 13.83%。[1]

1998 年 9 月底，南宁市在全国率先开通政府采购网站，并于 1999 年 6 月开始试行网上竞价采购，使政府采购在全国首次通过竞价实现高效、实时采购。到 2001 年 6 月止，南宁市通过网上采购方式共采购公务用车、办公设备等达 4853 万元，节约资金 396 万元，资金节约率达到 7.54%。[2] 通过网上竞价采购这种方式，符合资质的供应商可以直接通过电子系统进行竞争报价，政府则按公开的、规范的定标原则，由计算机系统自动确定中标供应商。这种采购方式降低了采购成本，提高了采购效率和采购环节的透明度，便于对采购过程的监督，也解决了目前部门预算没有全面推行的情况下采购单位急需物品的采购和零星采购项目。电子政府与电子商务的结合，可以大大提高政府工作效率。

2001 年 2 月，南宁市政府采购管理部门在全国首创政府采购市场，从而将政府管理职能与采购职能分离开来，合理配置政府采购资源。政府采购管理工作重心从事务管理转移到制定政策规则并监督执行等宏观方面上来；而确需集中采购的项目则被纳入到政府采购市场，由市场具体组织实施。同时，将委托中介机构组织和采购单位自行组织的采购活动都纳入到市场内统一管理，按规范的程序和方式运作，增加政府采购工作的透明度。政府采购市场通过建立商家库、商品信息库、专家库等信息管理库，将采购单位与供应商联系了起来；逐步拓展对外代理政府采购业务，合理利用政府采购资源，打破地域界线，发挥中心城市的作用，代理各地的地方采购工作，以此带动市场经济不发达地区的政府采购工作。从 2001 年初到当年 6 月，南宁市政府采购市场共组织公开招标 5 次，谈判及询价采购 37 次，网上采购 260 多次；完

---

1. 韦英思、吉海宁：《在推行政府采购制度上突破——南宁市实施政府采购制度的经验与做法》。
2. 南宁市政府采购管理处资料：《南宁在政府采购运行机制上求突破》。

成采购金额 6219 万元，节约资金 1818 万元，资金节约率达 22.64%。代理武鸣、宾阳等县、市及部分中央单位和企业的政府采购业务 10 多批次，采购金额近 200 万元。[1] 建立政府采购市场是南宁市政府采购制度在运行机制上的创新，它消除了"裁判员"与"运动员"集于一身的现象，为明确财政部门的监管职能提供了制度保证。[2]

南宁在全国较早实行政府工程招标采购，并把工程采购内容正式纳入市政府采购范围。1998 年 11 月，南宁市高新经济技术开发区赫斯特公路工程的公开招标采购在广西建设工程机电设备招标中心举行。此次招标以工程合理最低造价为标准，最终确定了中标单位。南宁市政府采购管理处首次组织市政道路工程的公开招标采购是对建设工程进行政府采购的新尝试。

三、南宁市政府采购制度的创新

（一）互动式学习

实行政府采购并不是南宁市政府的首创。在此之前，深圳、河北、上海等地就已经开始了政府采购的实践并取得了相当的成效。南宁市的政府采购实践是学习的结果。从理论和实践中学习较早实行政府采购的其他地方经验，在学习中创新是南宁市政府采购制度的一个显著特点。[3]

虽然从 1998 年 5 月开始，南宁市就开始了政府采购制度的创新实践，但初期基本上是摸索阶段。为了进一步做好政府采购工作，南宁市政府开始学习其他省市的政府采购先进经验，采购处领导决定"跳出南宁看南宁"。1998

---

1. 南宁市政府采购管理处资料：《南宁在政府采购运行机制上求突破》。
2. 曾磊：《政府采购市场"破土而出"》，载《政府采购》，2001 年第 2 期。
3. 在对南宁市"政府采购"的实地调研中，吉海宁处长表示，"政府采购"我们不是最早的，我们是学习来的；监察局田主任说，主要是从深圳学来的。2001 年 8 月 28 日下午，项目受益人座谈会。

年 11 月 7 日—11 月 15 日，南宁市政府采购管理部门派员分别到深圳、河北两地学习考察政府采购先进经验。通过考察，他们了解到，深圳的经验是通过人大立法，为政府采购提供了法律依据和保证，其法制化、高效、规范和创新理念给考察人员留下了很深的印象。在河北，考察团了解到政府采购是由初级向纵深发展的过程，河北政府采购除工程采购外，几乎覆盖了与财政性支出有关的所有项目。[1] 通过这次学习，南宁市政府采购管理部门与执行部门的同志意识到，做好政府采购工作必须依靠制度，必须创新。[2]

1999 年 3 月 26 日—4 月 3 日，由广西财政厅、广西法制局、南宁市财政局有关人员组成的广西政府采购考察团到北京、上海、合肥、石家庄等地进行了学习考察。通过考察学习，考察团总结了各地的先进做法与经验：领导重视是推行政府采购制度的重要保证；规范政府采购需要建章立制；建立政府采购管理机构；对政府采购项目实行项目化管理；编制政府采购计划，强化预算支出管理；政府采购资金由财政部门按采购合同的规定直接支付；采取集中和分散相结合的采购模式；采取以招标采购为主的各种采购形式。[3] 从整体上全方位地考察学习各地政府采购制度，既看到了别人的长处与优点，也知道了哪些地方应当再改进，从而为自身的政府采购制度实践准备了比较多的经验。在考察学习之后，这些政府采购的制度先行先试省市的工作人员对广西以及南宁市的政府采购提出了几点建议：积极推进政府采购；通过立法加强对政府采购的管理，规范政府采购活动；大胆改革，坚持创新，同时注意循序渐进，量力而行；形成规模采购，实现采购资金统一支付。

不管是南宁市政府采购部门的考察学习，还是整个广西区的考察学习，都是一种整体上的学习，即是对政府采购制度进行全方位的考察、认识和借

---

1. 武文：《他山之石，可以攻玉——赴深圳、河北学习考察政府采购经验见闻》，载《政府采购》，1999 年第 1 期。
2. "政府采购"项目组织者座谈会，2002 年 10 月 29 日。
3. 南宁市赴广东顺德考察学习工程造价改革联合小组：《关于赴广东顺德考察学习工程造价改革的报告》，载《政府采购》，2000 年。

鉴。通过这样的考察学习，相关部门有了整体上的观念和构思，从而规划出南宁市政府采购制度的原则、出发点、架构、方式与效果要求等。在这样的基础上，才可以进一步推动政府采购实践。

政府采购是个系统工程，其中的每个环节都需要认真地审视和定位，并在实践中改进、完善。南宁市政府采购较早地将工程采购纳入到政府采购活动之中，在这一领域的政府采购中，一直困扰着南宁市采购管理部门的是工程造价问题。工程造价是建筑市场和建筑业发展的关键，而南宁市的建设工程一直就沿用以政府指令定额、固定费率为计价依据，以"量价合一、固定费率"为计价模式的管理方式。随着固定资产投资主体的多元化和市场经济的发展，这种旧的计价模式的弊端就明显地表露出来了。为了解决造价问题，2000 年，南宁市财政局由副局长胡志崇同志带队，会同纪检、监察、计委、审计、建设和政府采购管理等部门的同志赴广东顺德考察学习"工程造价改革"的实践。在充分考察的基础上，创造性地提出了南宁市工程采购中的造价改革方向，即，在原有工程招投标成功经验的基础上，走"控制量、放开价，由企业自主报价，最终由市场形成价格"[1]的改革模式。

制度创新过程中的学习不是单向性的，而是互动的。1999 年 11 月 1 日—11 月 7 日，上海浦东新区政府采购考察组一行四人先后在南宁、深圳、珠海等地考察政府采购工作。考察组对南宁市政府采购的印象和评价是，南宁市政府采购管理处的信息管理系统投资虽少，却取得了良好的经济效益和社会效益。该信息管理系统委托专业软件公司开发，由国际互联网站及网上采购系统、局域网系统（内部办公自动化系统）和中国 C 网（城市网）信息系统组成，日常维护由管理处策划与信息咨询部（共 4 人）负责。以此为基础，南宁市政府采购管理处制定了网上竞价采购的具体操作规程，成功利用国际

---

1. 南京市赴广东顺德考察学习工程造价改革联合小组：《关于赴广东顺德考察学习工程造价改革的报告》，载《政府采购》，2000 年。

互联网及网上采购系统进行网上竞价采购，而且成效显著。

在政府采购方面互动式学习最突出的表现就是南宁市承办的政府采购经验交流会。2000年10月27—30日，南宁市举办了全国部分省市政府采购经验交流会，来自上海、重庆、湖北、西安、济南、合肥等20个省市政府采购部门的40多名代表参加了交流会。各地代表在会上就当前政府采购开展情况、政府采购范围、采购资金的拨付、工程采购的难点和解决办法、政府采购市场的建设和政府采购的网络化、信息化管理等方面进行了交流和探讨。[1] 互动式学习实现了相互交流、相互促进、共同提高的目的。

南宁市政府采购管理部门还十分注意国内外在政府采购工作上所取得的先进经验。南宁市政府采购管理处于1998年创办了全国第一家《政府采购》杂志，通过学习发表在《政府采购》杂志上的各地政府采购的经验，南宁市政府采购工作也受到很大启发。例如，关于香港和澳门的政府采购。香港的政府采购机构是香港政府物料供应处，其前身为香港政府物料管理处，成立于1938年6月。当时人数不足150人，每年采购总值约700万港元。它是香港政府的中央采购及供应部门，为港府的各单位和部门采购、保管、供应及维修各种设备和物品。政府采购在澳门常被称为公共行政购买，即公共采购。由于受当地财政状况和收支政策的制约，公共事业经营的范围有限，澳门政府采购规模比较小，但比较注重法规的建设。规范澳门政府采购的法规有《澳门行政程序法典》、《有关社会房屋建筑内从事商业活动间的批给制度》、《公共工程及公共服务特许制度的基础》、《有关房屋发展合同的制度》等。[2] 这种经验性学习的对象还包括国内其他地区的政府采购经验。例如，《政府采购》杂志曾经发表了兰州、大庆、武汉等地实行政府采购工作做法的文章。

从整体上学习到局部学习，以至于互动式学习和经验学习，南宁市政府

---

1. 李明：《政府采购，任重道远——2000年全国部分省市南宁政府采购经验交流会综述》，载《政府采购》，2001年第1期。
2. 刘惠：《澳门的政府采购及法律》，载《政府采购》，1999年。

采购管理部门通过多种多样的学习路径,吸取不同地区的经验,积累成丰富的创新资源,极大地推动了南宁市政府采购制度的改进和完善。

(二)技术性创新

南宁市政府采购制度的创新主要表现在支撑着整个采购制度的技术创新方面,这种技术创新可以分为这样几类:一是便利政府采购活动的技术性安排;二是信息沟通、经验交流与学习的技术性安排。

首先,便利于政府采购活动的技术性安排包括:建设、利用国际互联网实现网上竞价采购;推行采购代理制。1998年7月,南宁市政府采购域名(http://www.purchase.gov.cn)在中国互联网信息中心成功注册,南宁市政府采购主页建立。1996年6月,南宁市政府采购的部分工作开始实现高效率实时网上竞价采购。网上竞价采购的技术性安排在中国地方政府采购实践中是第一家,这种技术性安排通过电脑网络使招标的相关信息快速流通,既建立了有利于厂商获取并利用采购信息的平台,也方便了政府采购资料的收集与统计。采购过程的招标与决标透明化,有效地防止了在某种程度上存在的"暗箱操作"所带来的弊端。

广西的县市很多处于比较偏远的地区。为了有效地整合分散的采购额度,形成规模效益,降低成本,南宁市政府采购部门开始实践采购代理制。

其次,获取信息与经验交流的技术平台:出版《政府采购》;建立政府采购信息管理资料与档案库;建立政府采购声讯服务系统。1998年9月15日,南宁市政府采购部门出版了全国第一本关于政府采购的专业刊物《政府采购》。《政府采购》主要围绕中国政府采购理论与实务、政府采购法规制度以及其与社会、经济、文化等方面的关系,海内外政府采购的交流、合作为主题,全面系统和深入地介绍政府采购各方面的内容,出版《政府采购》杂志意味着建立了一种经验与信息交流,以及相互学习的技术平台。

1998年6月,南宁市政府采购管理处工作启动后,就筹建了"南宁市政府采购资料与档案库",明确由"策划与信息咨询部"负责对资料进行系统的规范性分类、汇总、归档和统计。内容主要包括:信息档案、投标会档案、投标书存档、文书档案、统计汇总档案和互联网信息资料等。

建立了政府采购声讯服务系统。市政府采购管理处与市电信局下属的金信信息公司合作,利用市电信公用电话网发布政府采购有关信息。各供应商及行政事业单位均可以通过电话对政府采购有关信息进行查询。获取信息与交流经验的技术性安排有力地促进了政府采购制度的实践运作。

(三) 拓展性创新

从举办首次南宁市政府采购招标会,到实行网上竞价即时采购,以至建立起政府采购市场,南宁市政府采购制度从一开始就表现出了拓展性创新的发展趋向。政府采购制度的创新实践在南宁市不是一下子全面铺开的,而是采取"先易后难、逐步推开"的做法,从便于操作的采购金额较大的办公设备、公务用车及定点消费入手,积极稳妥地组织实施。以此为基点,扩大政府采购范围。目前纳入到政府采购范围的品目已经涉及货物、工程和服务,而将占政府采购份额最大的公共工程纳入政府采购的试点,效果尤其突出。[1]南宁市政府采购制度的实践引发了一些连续性、拓展性的创新设计。

预算改革。政府采购要求采购单位在预算编制之初就制订详细的采购计划,预算执行过程中不得随意追加和减少,这就使得各单位精打细算,用好每一笔财政资金,硬化预算约束,提高支出效益。2001年,南宁市财政局启动了预算编制改革,这是南宁市财政工作的一项重大改革。由于考虑到部门预算编制工作难度大、经验不足,南宁市政府首批确定了市农业局、卫生局、

---

[1]. 韦英思、吉海宁:《在推行政府采购制度上突破——南宁市实施政府采购制度的经验与做法》。

公安局和科委四个部门作为部门预算试点单位,待南宁市机构改革完成和总结试点经验后逐步推开。南宁市预算编制改革的主要内容有以下几个方面:一是细化预算编制;二是实行综合预算;三是实行零基预算;四是硬化预算约束;五是将预算编制时间提前。

国有资产管理改革。 据南宁市预算外资金管理部门2002年2月的摸底,市党政机关、事业单位、人民团体的房屋、土地及铺面资产账面价值为13.74亿元,考虑到部分单位不愿如实填报,估计这个数字只有实际价值且南宁市即将进行机构改革的60%—70%。而且,这基本上是原始价值,很多单位上报的数字是早年行政划拨的入账金额,如按当前市值重新评估,估计会超过30亿元人民币。但是,由于各单位自行行使财政支配权、建小金库等导致了大量国有资产的流失。为了改变这种状况,2002年4月16日,南宁市政府决定成立南宁威宁资产经营有限责任公司,其职能是将南宁市本级党和国家机关、人民团体、事业单位占有和使用的国有房屋、土地、铺面等国有资产以及相关经济实体,全部移交给威宁公司来进行统一管理、营运,从而优化资本结构和资本配置,盘活国有资产。从2002年4月24日—6月20日,第一批移交资产的市委、市人大、市政府、市政协、财政局、审计局、规划局等25个单位已基本移交到位。

四、南宁市实行政府采购制度的效果

自1998年实行政府采购制度以来,南宁市政府公共财政管理的治理结构和治理方式都发生了很大的变化。在治理结构上,公共财政的有效使用已经涉及管理部门、采购部门、供应商和评估部门以及监督机构。公共财政支出的管理、使用出现了多主体参与、竞争与合作状态;在治理方式上,公共财政的支出开始从传统的分散管理、集中采购走向统一管理、市场竞争方式来运作。南宁市政府采购制度创新在强化支出管理,提高财政资金的使用效益;

促进反腐倡廉，防范腐败行为发生；保护国内企业、支持优势企业发展、促进公平竞争等方面取得了显著的治理绩效。

（一）节　约

实行政府采购发挥了集中统一、规模采购的优势，在规模采购中获取10%的节约资金优惠。由于实行公平竞争，政府采购部门可以利用供应商之间的竞争，形成一种买方市场，从而降低了购买成本，节约公共支出。即使在同等价格水平情况下，政府采购也可以使采购部门选择那些品质较好、质量较高的商品和劳务。

南宁市政府实行公开采购制度后，为财政节约了大量开支。例如，南宁琅东污水处理厂主体工程由法定部门编制或审定的预算是3081.62万元（标底），而经过政府采购管理处公开招标后，中标价仅为2278.36万元，节约803.38万元，节约率达26%。民族广场改造土建工程，法定部门预算是250多万元，而公开招标后的中标价也只有163万多元，节约率达34.8%。在其他办公设备采购方面，公开招标所带来的节约也很明显，通过这种采购方式采购到各类公务用车及办公设备594台，总共节约资金238.5万元，节约率为11.21%。[1] 在1999年南宁至凭祥高速公路吴圩机场段工程公开竞争性招投标采购中，工程合计中标金额234063967元，比相关参考价303341605元节省资金总额6900多万元，总节约率为22.8%。

1998年起，南宁市政府对政府投资的工程进行试点，将工程施工、监理及其招标代理机构的采购均纳入政府采购，实行"市场竞争定价，无标底合理低价中标"的招标方式。南宁市国际会展中心采用无标底但有控制上限的招标方式确定施工单位，中标价为567.84万元，比预算价1003万元节约

---

[1]. 中共广西区纪律检查委员会、广西区监察厅：《南宁市实行政府采购制度情况的调查报告》，1999年9月。

435.16万元,节约资金率为43.39%;茶花园路采用控制上限的无标底评标办法选择施工单位,中标价880.5万元比预算价1795万元节约914.5万元,资金节约率为50.59%;市社会福利院福利楼工程招标,中标价501.83万元比预算价750万元节约资金248.17万元,节约率为33.09%。类似纳入政府采购的政府投资工程项目还有沙井大道土方工程、市十三中教学综合楼工程、农业科瑞市场主体楼等近20个项目,总中标金额为11399万元,比预算价16887万元节约资金5488万元,总资金节约率为32.5%。[1] 南宁市投资额较大的国际会展中心第一期土方工程按定额估计的预算价为1753.35万元,在有效报价内选择最低价840万元,节约912万元,节约率为52%。

南宁市从1998年6月至2001年6月按政府采购规范的程序和方法实行货物、工程和服务的采购项目实际完成采购金额达21972万元,共节约资金4149万元,节约率为15.88%。[2]

除此以外,政府采购机构还通过建立政府单位部门的消耗性资产档案,统一采购政府各部门和单位所需的商品和劳务,并直接将商品及劳务分配到有需求的单位和部门。财政部门在评估采购单位采购要求的合理性后,实行以旧换新的方法,将采购了新的办公设备和固定资产的单位仍可用的旧设备和固定资产调剂给其他单位和部门,花一个钱,做两件事。政府采购的社会化服务体系,如社会化用车制度、定点维修和定点供油制度以及会议接待制度等,也都大大节约了财政性资金的使用。

(二) 公 开

最典型的例子就是1999年南宁至凭祥高速公路吴圩机场段工程的公开竞

---

1. 曾肄业:《盘点南宁市政府工程采购》,载《政府采购》,2002年。
2. 南宁市财政局:《南宁在政府采购运行机制上求突破》。

争性招投标采购,整个过程是完全公开与规范的。1999年8月,该工程通过《人民日报》(华南版)、《广西日报》、《南宁晚报》和中国电信公众网等新闻媒体向全国公开招标。截至1999年9月10日,共有126家施工单位报名投标,最后有108家施工单位按要求提交了资格预审文件。10月8日,评审专家组对108家施工单位进行审查,综合评定结果推荐42家施工单位参加工程投标。10月23日,在市纪委、监察局、公证处、市招标办等部门的监督下,40家施工单位近200人参加了开标会。10月24日,专家组对投标书进行算术性修正。10月25日,专家组对投标单位报价进行综合评审。10月26日,评标专家组集体讨论拟订工程各标段入围单位候选名单;同日,候选单位就有关问题进行答辩。10月29日,评标专家组在监督机构的监督下,写出评标结果,推荐中标施工单位名单。11月7日,广西南宁机场高速公路建设有限责任公司组织专家召开第二次评标会议,最终确定了中标单位。

在规范的政府采购制度中,政府采购的有关法律、政策、采购程序及采购活动都要公开。公开和透明是公共支出过程的一个重要特征。采购项目和采购合同条件要公开登广告;资格预审和评价投标标准要事先颁布,等等。采购活动处于公众的直接监督之下,避免了采购机构和上级主管作出随意性或不正当的决定而导致国家财产的重大损失。

(三) 廉 洁

南宁市实行政府公开采购以后,商家只能靠商品价格和质量来公平竞争,"回扣"失去了市场。甘肃天水长城开关厂的同志在报纸上看到南宁市政府公开采购的广告后,来南宁参加南宁市污水处理厂高压开关柜招标,中标成交额60万元。[1] 这不但减少了企业找关系的麻烦,同时还有效地遏止了政府部门

---

1. 中共广西区纪律检查委员会、广西区监察厅:《南宁市实行政府采购制度情况的调查报告》,1999年9月。

透明政府
Transparent Government

在采购中拿回扣、红包的现象。

在不成熟、不完善的市场经济中,法制的不健全、交易过程的不透明,最易引起"寻租"行为。厂商暗中从政府权力掌握者那里争取到占国家便宜的优惠待遇,而政府工作人员则从厂商那里获得私下的"好处"。建立政府采购制度,通过规范的采购方式,可以依托法制明显地提高政府采购过程的透明度和规范性,减少"权钱交易"等腐败行为产生的。例如在公共工程建设过程中,存在着工程招投标活动中弄虚作假、施工单位转包、违法分包,无证、越级承接工程业务以及挂靠,不执行工程建设强制性标准、偷工减料等问题。实行政府采购,其实质是通过技术安排、制度创新,形成一种"制度监督",规范政府的"消费行为",以消除政府采购中的"寻租"现象。

(四) 竞 争

政府采购是通过公开透明的竞争方式来选择供应商的,具有强大竞争能力的企业在政府采购活动中是处于优势地位的,政府采购活动可以有力地促进企业生长、发展与成熟。南宁海润电梯冷气有限责任公司是1995年注册成立的私营企业,业务范围包括销售、安装、维修保养各种进口或国产名牌电梯、自动扶梯、中央空调设备、备用柴油发电机设备、建筑机电设备、电梯空调配套设备、厨具家具以及装饰工程等,到1998年就已成为同行业中的佼佼者。该公司已通过投资合作的方式成立了包括海润声光器材有限责任公司和海润机电有限责任公司在内的4家公司,走上了集团化发展道路。该公司董事长兼总经理屈星认为,"实力"与"信任"是成功的关键。公司的成长是在南宁市政府采购市场中逐渐成熟的。1999年下半年,海润公司在南宁市政府采购管理处举行的南宁市政府办公大楼、南宁市工商局办公大楼的中央空调设备、备用发电机设备采购招标中连连中标,是目前在政府采购设备招标过程中参与投标中标项目最多、中标金额最大的公司。[1]

不仅如此,南宁市政府采购管理处的同志介绍说,南宁市首次公务用品采购定点供应的南宁市中洋电子有限公司、广西科学器材公司、广西农业物资仪器设备公司等16家企业的成长发展都是与南宁市政府采购制度的实践分不开的。[2]

南宁市推行政府采购制度,实行"阳光采购"最直接的效果是:规范了公共支出的管理,提高财政支出的效益,从源头有效遏制了腐败,规范了市场竞争秩序,促进企业改善经营管理,有效地实现政府宏观调控的目标。更重要的是,规范了政府采购行为,树立了政府廉洁的形象,密切了党群、干群关系,取得了良好的经济效益和社会效益。

经过4年的有效运作,南宁市政府采购制度在规范性建设与具体落实等方面已经非常成熟,并且推广到政府工作的其他方面。但是,还有些细节或环节应该进一步改进,从而使政府采购制度更完善。第一,部门和行业阻力大。政府采购活动主要是向社会实行公开招标、通过竞争采购商品或劳务,这会对一些垄断行业构成相当威胁,这必然触及到一些部门和行业的既得利益,碰到各种各样的阻力,推行起来难度较大。如一些地方政府和部门为了保护自己的经济利益格局,往往强制所属单位购买本地区和本部门的商品与劳务,在支出领域中实行贸易保护和经济垄断,反对实行政府采购。[3] 第二,政府采购制度要求的直接付款与现行的预算会计制度冲突。地方政府的行政、事业单位的会计管理体系和具体操作方法,是按国家机构的建制和经费领报关系确定的。其年度预算由财政部门层层下拨,年终上报经费使用情况,汇

---

1. 2001年8月访谈。
2. 南宁市政府采购管理处访谈,2001年。
3. 据南宁市政府采购管理部门的工作人员介绍,有时是采购单位的选择权受到限制而与政府采购管理部门发生矛盾;有时是部门为维护自己利益而与管理部门发生冲突,如建设部门就工程采购与采购管理部门的矛盾等。2002年10月29日座谈会。

编决算。而实行政府采购制度,客观上要求财政部门不是简单地按预算下拨经费,而是按批准的预算和采购合同的履约情况直接向供货商拨付货款(支出)。由于采取直接付款形式,支出的决算也不需再层层上报,财政总会计应该根据支出数直接办理决算。第三,政府采购是政府为满足其政务活动按一定标准给所属单位提供必要工作环境和物质条件的一项重大的财政改革。但是,政府机关、社会团体设备配备没有统一标准是加强财政支出管理的最大障碍,同时也是实施政府采购过程中政府采购管理机构审核各采购单位的采购要求时无所适从的难点。第四,就南宁市而言,人员素质尚未能适应全面开展政府采购的需要。由于政府采购涉及面广,涉及招标、决标、履约管理、仲裁等许多环节,同时还要求对市场行情、商品和劳务的特性有准确细致的了解,这是一项技术性、法律性都很强的事务。目前开展政府采购最缺乏的就是经过专业培训的高素质管理人员。[1]

南宁市政府采购实践中存在的这样或那样的问题,在全国的政府采购实践中也是存在的。就全国范围来讲,2001年全国政府采购预算731.6亿元,实际采购金额653.2亿元,比预算节约资金78.5亿元,资金节约率为10.7%。但是在653.2亿元政府采购规模中,只有50%左右是通过公开招标方式完成的。政府采购范围和规模比较窄,采购项目结构单一,工程的采购力度小。2001年的政府采购规模只占到当年全国财政支出的3.5%和GDP的7‰左右。货物类所占比重很大,工程作为财政支出的大项,其所占的比重(29%)仍然偏低。财政直接支付金额仅占采购金额的33.63%,财政直接支付对推进政府采购的手段和保障作用还未充分发挥出来。基础档案资料不完备、人员力量缺乏、统计手段落后等方面,也影响了政府采购工作。[2]

南宁市"政府采购"制度的治理实践走过了从易到难、逐步推进,依靠

---

1. 曾庆智、宁旭初:《广西实施政府采购制度的现状、问题和对策》,载《政府采购》,1999年。
2. 《关于2001年全国政府采购情况的报告及分析》,http://www.ccgp.gov.cn 中国政府采购网。

技术安排支持制度创新的发展过程。健全的政策法规、互动式学习、声讯服务系统与网上竞价等技术性安排都是影响南宁市政府采购制度生长、发展和完善的关键因素。在公开、公平、公正原则下通过制度创新来规范地方政府公共支出，既节约了政府开支，也最大限度地防止了权钱交易等腐败现象的发生，重塑了政府的廉洁形象。

（原载俞可平主编：《地方政府创新与善治：案例研究》，北京：社会科学文献出版社 2003 年版）

昆明市电子政务建设模式的实证研究

冯 松
（云南省昆明市工信委信息化推进处）

一、背景介绍

随着电子政务建设的不断深入，后续的问题也越来越多地呈现出来，引起了国家领导人的重视和关注，也引发了许多学者和研究人员对电子政务建设各方面的讨论和研究，大量的研究主要从以下三个方面着手来研究电子政务：一是从电子政务的技术方案和信息系统工程方面，二是从现有电子政务流程拟合和技术流程再造方面，三是从国民经济和社会发展方面。以上研究，取得了许多有益的成果。但从电子政务建设的组织模式着手，从行政管理者的角度，研究电子政务建设，分析在不同的组织模式中对电子政务建设效果差别的并不多见，如何在深入了解目前电子政务建设情况的基础上，分析上述问题产生的原因，并提出相应的对策和建议，是本文的初衷。

根据调查，昆明市党政机关各单位采用的电子政务建设组织实施模式主要有如下4种类型。其一是企业开发，软硬件均由政府投入，建设和维护由政府自行完成，我们称之为委托建设模式，如昆明市政府便民服务中心电子化行政审批系统,除软件开发外,设备由市便民服务中心另行采购,日常运行维护工作由市便民服务中心信息网络处完成,软件开发方协助提供技术咨询和少量现场技术指导,根据后面的实证统计,此类建设模式占有相当大的比例;其二是由政府部门和企业共同完成开发、软硬件投入和后续的维护工作,我们称之为合作建设模式,如昆明市电子政务中心机房日常技术管理与维护外包项目;其三是由政府部门自主开发,我们称之为自行组织建设模式,如昆明市公安局禁毒管理信息系统完全是由市公安局禁毒支队与市公安局科技处自行研发的;其四是由企业开发,软硬件均由企业投入,建设和维护由企业完成,我们称之为外包建设模式,如部分政府单位门户网站,由政府单位委托电信公司开发,并建设在电信公司的机房中,日常技术管理工作由电信公司完成,政府每年按一定费用支付运行费用,如昆明市工商局的红盾315网站等。自行组织建设模式、委托建设模式、合作建设模式、外包建设模式4种类型的分布情况如图3所示:

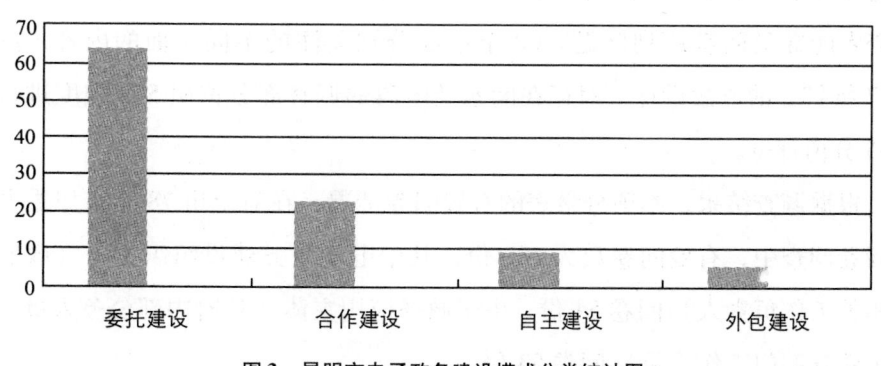

图3 昆明市电子政务建设模式分类统计图

根据调查统计,昆明市党政机关各单位电子政务建设采用委托建设模式的最多,采用合作建设模式的其次,而采用自主建设和外包建设的相对较少,因此在下面的实证分析中,主要考虑委托建设和合作建设两种建设模式的比较。

二、抽样调查及问卷设计

本文在实证调研中,主要采取了访谈和问卷的方式进行了抽样调查。本文主要调研的对象是电子政务建设组织主体(政府部门相关工作负责人),对电子政务应用主体(政府内部公务人员,非电子政务部门工作人员)也设置了问卷,少数问题是交叉的,其目的是希望对某些问题的看法能从建设组织者与应用者的不同角度进行比较分析,以完善和丰富研究的结论。两种调查问卷中,本文关注的重点是电子政务建设主体,并对这一部分进行了统计分析,对电子政务应用主体部分则进行了频数分析。

问卷共分为 8 个部分,根据所调查对象的不同分为 60 个小项。其中,针对电子政务建设组织主体(政府部门相关工作负责人)的问卷设置了 51 个小项;针对电子政务应用主体(政府内部公务人员,非电子政务部门工作人员)问卷设置了 9 个小项。两份问卷针对专业特点控制了填写的难度,以保证被调查者能准确回答所列问题。60 个小项分别关注的不同层面的内容,按照 5—7 级打分的方法设计,对存在问题及障碍的调查部分按照 5 级强度进行了 1—5 分值评分。

根据调查结果,本项分量表的有效问卷情况:在对全市 78 个市属委办局的问卷调查中,有效问卷数为 107 份,其中电子政务建设组织主体(政府部门相关工作负责人)问卷 54 份,电子政务应用主体(政府内部公务人员,非电子政务部门工作人员)问卷 53 份。

三、建设模式与建设效果满意度的实证分析

电子政务建设中相关因素对建设效果是存在影响的,本文将相关影响因素的如下指标,分别是需求来源、论证情况、投入资金、维护时间、主

要领导参与度、建设方参与度、监理机构、最终效果指标与规划目标的吻合度、建设效果满意度与最终效果指标进行因子分析,采用因子得分进行回归分析。

研究现有的建设模式与最终导致的建设效果满意度的关系,从调查结果来看,现有建设模式主要是委托建设和合作建设,而自主建设和外包建设很少,因此实证主要考虑委托建设和合作建设两种建设模式的比较(图4)。

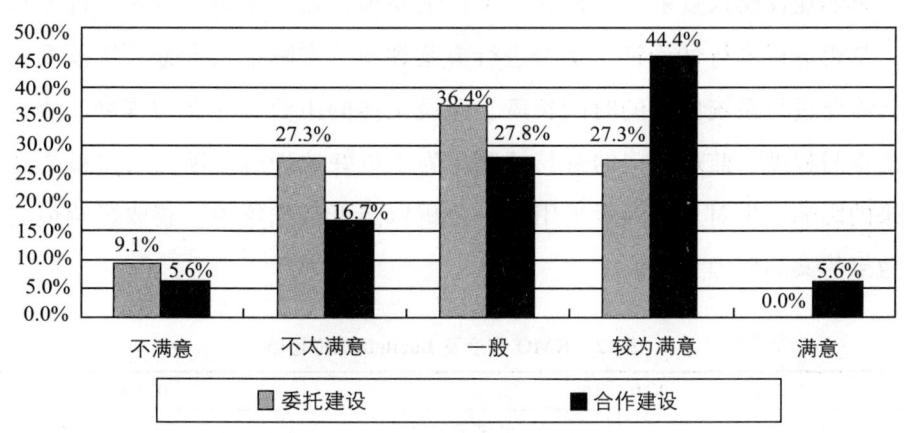

图4 委托建设和合作建设两种建设模式的满意度比较

从结果来看,72.8%的基于委托建设模式的单位对建设效果的满意度处于中等及以下,而基于合作建设模式的单位则有50%的单位对建设效果比较满意,可以看出,委托建设模式的建设效果满意度低于合作建设。

(一) 对两种建设模式的效果满意度的检验

对两种建设模式的效果满意度进行双样本均值T检验,结果显示双侧检验的P值为0.011,表明在5%的显著性水平下两种建设模式的效果满意度具有显著差异,合作建设模式的效果满意度高于委托建设模式(表11)。

表 11　委托建设和合作建设的效果满意度 T 检验

方差齐性检验		T 检验	
F 统计量	检验 P 值	T 统计量	检验 P 值（双侧）
3.73	0.071	-2.866	0.011

（二）对影响建设效果满意度的因素的分析

影响建设模式效果的因素有 9 项：主要项目需求来源、是否进行需求会审、是否进行可行性论证、是否进行方案评审、实际投入资金、从投入运行后到需要进行系统修改的时间长度、建设主体的主要领导参与程度、建设主体的参与程度、监理机构的参与情况。为了更好地理解各项因素对最终建设效果的影响，先对上述因素采用因子分析以降低数据维数，获取影响最终建设效果的共同性因素。

表 12　KMO 测度及 Bartlett 球形检验

KMO 测度		0.510
Bartlett 球形检验	渐进卡方值	71.190
	自由度	36
	显著性	0.000

首先，计算上述变量数据的 KMO 测度并进行 Bartlett 球形检验（表 12），以探测数据是否适合进行因子分析。结果如下：结果表明：上述 9 项相关因素的指标数据通过 Bartlett 球形检验（P = 0.000），表明数据适合进行因子分析。

使用 SPSS 对调查数据进行主成分法因子分析，结果如下：

表 13　对影响因素进行主成分法因子分析的结果

主成分	特征值	方差比例（%）	累计方差比例（%）
1	3.948	43.862	43.862
2	1.549	17.211	61.074
3	0.970	10.777	71.851
4	0.847	9.413	81.264

从结果来看，如果萃取 4 个因子，则累计可以解释 80% 以上的数据变差，但是后两个因子的特征值均小于 1，且各自可解释的数据变差均在 10% 以下，因此综合考虑因子特征值大于 1 的萃取原则和可以解释的数据变差比例，上述 9 个变量可以萃取 2 个因子，此时累计可解释的数据变差比例可以达到 60% 以上，对于本文研究而言，可以接受。进一步采用方差最大化方法对因子负载矩阵进行旋转，结果如下：

表 14　旋转后的因子负载矩阵

指标序号	影响指标	因子 1 主观参与要素因子	因子 2 客观辅助要素因子
A	需求来源	0.808	0.008
B	需求会审	0.507	0.072
C	可行性论证	0.382	0.663
D	方案论证	0.405	0.570
E	投入经费	0.067	0.810
F	需要修改完善时间长度	0.790	0.306
G	主要领导参与度	0.931	0.017
H	建设方参与度	0.752	0.385
I	监理方参与情况	-0.077	0.736

从旋转后的因子负载情况来看，因子 1 主要解释了建设方主要领导参与力度、需求来源、建设方参与度、需求会审、需要修改完善的时间长度等因素，这些因素基本属于在项目建设过程中建设方的主观参与程度，因此可以把因子 1 归纳为主观参与要素因子。而因子 2 则主要解释了可行性论证、方案论证、投入资金、监理方参与等客观辅助因素，因此可以把因子 2 归纳为客观辅助要素因子。由此，通过因子分析，我们可以明显寻找到影响建设效果的两个基础性因素，即建设方的主体参与因素和保障项目建设的客观辅助因素。

（三）建设效果的因子分析

本文研究中对建设效果的评价主要从两个角度进行，即：建设完成情况与规划目标的吻合度、对建设效果的满意度。类似的因子分析的结果表明，两项评价指标可以合并为一个公共的因子，其特征值大于1，可以解释的数据变差比例达到85%。我们称之为建设效果因子。

表15 对建设效果进行主成分法因子分析的结果

主成分	特征值	方差比例（%）	累计方差比例（%）
1	1.703	85.128	85.128
2	0.297	14.872	100.000

（四）效果因子和影响因子的回归分析

为进一步探明各影响因子对最终建设效果的影响，我们利用"建设效果因子"和"主体参与要素因子"、"客观辅助要素因子"的因子得分进行同归分析。结果如下：

其中：

$Y = 0.840X_1 + 0.232X_2$

(6.631) (1.834)

$R^2 = 0.759$ $F = 23.664$ $P = 0.000$

Y—建设效果，X1—主体参与要素，X2—客观辅助要素。回归分析的结果显示，主体参与要素和客观辅助要素对于最终的建设效果均具有正向影响作用（回归系数均为正值），回归方程具有较高的拟合优度（R2 = 0.759）和显著性（P = 0.000）。在5%的显著性水平下，回归系数均具有显著性（t = 6.631、1.834）。

这一结果表明，主体参与要素和客观辅助要素对于最终的建设效果均具有显著的影响作用，从二者的回归系数和显著性水平来看，主体参与要素的影响作用要明显高于客观辅助要素，说明在影响最终效果的要素中，主体参与性要素具有决定性作用。由此，我们可以认为在项目建设模式的设计中，必须充分重视和考虑发挥建设主体的主观参与性。

四、讨 论

对昆明市电子政务建设组织模式现状进行分析，得出在电子政务建设中主体参与要素和客观辅助要素对于最终的建设效果均具有显著的影响作用，二者回归系数和显著性水平表明，主体参与要素的影响作用要明显高于客观辅助要素，说明在影响最终效果的要素中，主体参与性要素具有决定性作用。由此，我们可以认为在项目建设模式的设计中，必须充分重视和考虑发挥建设主体的主观参与性。

在电子政务应用推广过程中，应用行政力度要素和行政基础要素对于最终的应用效果均具有显著的影响作用，由此，我们可以认为在电子政务系统的推广应用过程中，既要充分借助行政主体的行政力量加强推广力度和强度，同时又要注重应用推广的行政基础的建设。

（原载《数理统计与管理》，2007 年第 2 期）

图书在版编目(CIP)数据

透明政府／刘承礼主编.—北京：中央编译出版社，2013.8
（中国的民主治理：理论与实践／俞可平主编）
ISBN 978－7－5117－1739－9

Ⅰ.①透…
Ⅱ.①刘…
Ⅲ.①国家行政机关－行政管理－研究－中国
Ⅳ.①D630.1

中国版本图书馆 CIP 数据核字（2013）第 179853 号

透明政府

出 版 人	刘明清
出版统筹	薛晓源
学术统筹	陈家刚
责任编辑	薛迎春
责任印制	尹　珺
出版发行	中央编译出版社
地　　址	北京西城区车公庄大街乙 5 号鸿儒大厦 B 座（100044）
电　　话	（010）52612345（总编室）　（010）52612335（编辑室） （010）66161011（团购部）　（010）52612332（网络销售） （010）66130345（发行部）　（010）66509618（读者服务部）
网　　址	www.cctphome.com
经　　销	全国新华书店
印　　刷	北京印刷一厂
开　　本	787 毫米×960 毫米　1/16
字　　数	221 千字
印　　张	19.75
版　　次	2013 年 8 月第 1 版第 1 次印刷
定　　价	60.00 元

本社常年法律顾问：北京市吴栾赵阎律师事务所律师　闫军　梁勤
凡有印装质量问题，本社负责调换。电话：（010）66509618